汉译经济学世界名著丛

U0671683

GENERAL THEORY

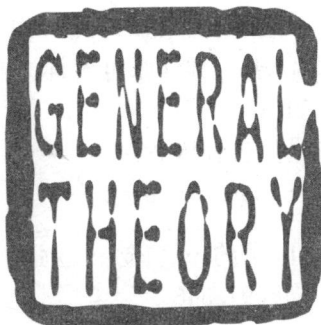

就业、利息和货币通论

[英] 约翰·梅纳德·凯恩斯 著
John Maynard Keynes

金 碚 张世贤 译

经济管理出版社
ECONOMY & MANAGEMENT PUBLISHING HOUSE

图书在版编目(CIP)数据

就业、利息和货币通论/(英)约翰·梅纳德·凯恩
斯(Keynes, J. M.)著;金碚,张世贤译.—北京:经济
管理出版社,2011.10

(汉译经济学世界名著丛书)

ISBN 978—7—5096—1638—3

Ⅰ.①就… Ⅱ.①约… ②金… ③张… Ⅲ.①凯
恩斯主义 Ⅳ.①F091.348

中国版本图书馆 CIP 数据核字(2011)第 214725 号

出版发行：**经济管理出版社**

北京市海淀区北蜂窝 8 号中雅大厦 11 层

电话：(010)51915602　　　邮编：100038

印刷：北京银祥印刷厂　　　　　　经销：新华书店

责任编辑：徐　雪

责任印制：黄　铄

责任校对：陈　颖

720mm×1000mm/16　　　　15.5 印张　　　269 千字

2012 年 1 月第 1 版　　　　2012 年 1 月第 1 次印刷

定价：38.00 元

书号：ISBN 978—7—5096—1638—3

译者前言

约翰·梅纳德·凯恩斯（John Maynard Keynes，1883~1946）是世界公认的经济学大家，在西方经济思想史上完全可以同斯密和马克思齐名。凯恩斯的经济学成就中最具影响力的是他的《就业、利息和货币通论》（The General Theory of Employment，Interest and Money）。正是这部被称为"一本拯救资本主义的经济学名著"奠定了凯恩斯在经济学思想史上的地位。

—

凯恩斯 1883 年生于英国一个学者和文官家庭，1897 年考入伊顿学院，很快就以数学神童而闻名。1902~1906 年凯恩斯在剑桥大学学习数学，1905 年为参加大学毕业后的文官考试，开始向剑桥学派创始人马歇尔学习经济学，深得马歇尔赏识。毕业以后，凯恩斯考取了文职公务员，在印度事务部工作。1908 年应马歇尔邀请，回到剑桥大学担任经济学讲师。1911 年凯恩斯开始担任《经济学杂志》主编，直到 1945 年，并在杂志上发表了不少有影响的文章。1913 年他被聘为通货和财政皇家委员会委员。1915~1919 年凯恩斯在英国财政部任职，1919 年作为财政部首席代表参加"巴黎和会"，因反对战争赔款而愤然辞职，重新进入剑桥大学从事学术研究工作，并于年底出版了《凡尔赛和约的经济后果》一书阐述自己反对战争赔款的观点。1930 年任内阁经济顾问委员会主席。1940 年当选英格兰银行董事会董事。1942 年晋封勋爵。1944 年作为英国代表团团长，出席了在美国布雷顿森林召开的国际金融会议，在他的倡议下，为了尽快恢复第二次世界大战之后的经济秩序，会议提出建立国际货币基金组织和国际复兴开发银行（俗称"世界银行"）。两组织于 1945 年成立。凯恩斯参与了前期的筹组工作，并出任两个国际金融机构的董事，为第二次世界大战以后国际货币体系的建立做出了贡献。1946 年凯恩斯因心脏病去世，享年 63 岁。

凯恩斯一生著述颇丰，比较有影响的著作如：《印度的通货和财政》

（1913）、《凡尔赛和约的经济后果》（1919）、《货币改革论》（1923）、《丘吉尔先生的经济后果》（1925）、《货币论》（1930）、《劝说集》（1932）、《如何筹措战费》（1940）等。当然，最具代表性的著作是他1936年出版的这部《就业、利息和货币通论》（一般简称为《通论》）。该书的出版，标志着以总需求分析为特征的现代西方宏观经济学的诞生。《通论》改变了西方经济学研究的范式，成为西方经济学的里程碑式学术著作之一，使经济学发生了划时代的革命。此后，《通论》的经济思想也成为西方国家制定和实施经济政策的重要理论依据。尽管在20世纪60年代以后，凯恩斯经济学的影响受到新自由主义的挑战而有所减弱，但是到目前为止，《通论》仍然是20世纪以来最重要的西方经济学著作之一，有人把他的理论誉为一场像"哥白尼在天文学上，达尔文在生物学上，爱因斯坦在物理学上一样的革命"。《通论》出版以来，在经济政策主张上，大致可以分为凯恩斯主义和反凯恩斯主义两大阵营，而无论是拥护和发展凯恩斯，还是批判和挑战凯恩斯，凯恩斯经济的基本理论都是不可忽视的前提和学术基础。

二

　　凯恩斯理论的形成有其深刻的历史背景。19世纪末到20世纪初，西方自由放任的私人企业制度开始向垄断制度转变。凯恩斯亲眼目睹了英国经济的衰落，失业频仍、世界性经济大危机的爆发、罗斯福新政等国家干预的增强。这些无疑是凯恩斯理论体系形成的现实基础。

　　第一次世界大战是英国国运的转折点。战争导致政府开支剧增。为了弥补财政赤字，英国被迫中止一直沿用的"金本位制"，从此通货开始迅速膨胀。由于大英帝国的企业经营管理方式陈旧，产业结构调整升级迟缓，在国际贸易中的优势地位逐渐式微。战后的英国开始从世界工厂和大殖民帝国的巅峰衰退下来。而像英国那样的岛国，国内市场狭小，一旦在国际贸易中丧失优势地位，必然给国内经济造成很大影响。从1920年开始，英国经济就陷入停滞状态。纺织、造船、煤炭等主要产业部门因出口受阻而陷入困境。为了巩固伦敦作为国际金融中心的地位，扩大英国在国际金融界的影响，英国在1925年恢复了金本位制。结果是提高了英镑的汇率，进口增加，而出口受到抑制。为了维持国际收支平衡，英国又提高了利率以减少资本输出，这又导致了国内投资需求不振，失业人数剧增。但是占主导地位的经济思想却反对用投资公共工程来缓解失业问题，结果，英国经济在20世纪20年代的萧条一直持续到大危机爆发。凯恩斯正是在英国经济的不景气中较早地思考了失业问题，观察到了通货紧缩与失业之间的关系，以及财政政策对失业的影响，这为他日后的失业理论的形成奠定了基础。

1929～1933年的资本主义世界大危机是有史以来最严重的经济危机。这次危机的特点是：①持续时间长。不同于以往的周期性危机一般持续8～10个月就能够复苏，这次危机长达5年之久。②破坏严重。这次危机造成的生产下降、失业增加是空前的。1932年，整个资本主义世界的工业生产下降了1/3以上，美国更是下降达到危机前的46％。5年时间里，整个资本主义世界的失业人数由1000万增加到3000万，还有处于半失业状态的人数高达5000万，其中美国的失业率高达25％。整个资本主义世界的工业生产倒退了30年，美国倒退到1905年的水平，英国倒退到1897年的水平。③这是一场从金融到生产的全面危机。不同于以往的生产过剩危机，这次危机爆发的导火索是1929年10月纽约股票交易所的股市暴跌，危机中美国股票价格平均下跌了79％，大批银行倒闭，整个银行信用系统瘫痪。英国于1931年被迫再次放弃金本位制，但仍然没有能够扭转衰退的局面。这场危机充分表明市场的自发运行有其难以克服的缺陷。这一方面宣告了以供给会自动创造需求的"萨伊定律"的破产，另一方面也证实了马克思关于资本主义经济危机不可避免且日益严重的结论的正确性。

为了摆脱危机，1933年，美国新任总统罗斯福上台伊始就开始了国家干预经济的所谓"新政"。其核心内容是举办公共工程，增加就业机会；实施扩张的财政政策，刺激人民群众的购买力；整顿和重建紊乱的银行机构和制度；公布相关法案和法规，建立旨在加强管理的机构，如联邦紧急救济署、公共事业振兴署和农产品信贷公司等。这些着重于需求管理的措施一反自由放任的经济思想，强调国家计划和需求管理，收到了明显的效果。德国、瑞典等国家也相继采取了一系列国家干预经济的措施。所有这些都需要寻找一种理论来系统解释政府干预的必要性。在这种背景下，就产生了凯恩斯的宏观经济理论。

三

1936年，凯恩斯的代表作《就业、利息和货币通论》发表，标志着凯恩斯经济学说的创立。在该书中，凯恩斯在经济理论、分析方法和经济政策三个方面对传统经济学进行了彻底的变革，因此，在西方经济思想史上被称为"凯恩斯革命"。

1. 有效需求和就业理论

在《通论》中，凯恩斯否定了传统经济学的均衡理论，他指出，以往传统经济学中所谓的均衡，是建立在供给本身创造需求这一错误理论基础上的充分就业均衡。他认为这只适合于特殊情况，而通常情况总是表现为小于充分就业的均衡，因而他自称他的就业理论才是一般理论，既可解释充分就业的情况，也可解释小于充分就业的情况，因此才能称为"通论"。

凯恩斯就业理论的政策意图是以实现充分就业为目标的，其逻辑起点是"有效需求原理"。他首先批驳了以往的古典学派根据萨伊定律对于充分就业均衡所作的错误假设，指出现实经济生活中不仅存在着"自愿失业"、"摩擦失业"，而且还存在着"非自愿失业"。这种小于充分就业的均衡是通常存在的，造成这一情况的原因在于"有效需求不足"。

所谓"有效需求"，按凯恩斯的解释，就是商品的总供给和总需求达到均衡状态时的总需求，即"总需求函数与总供给函数相交点的值"。总就业量决定于总需求，失业是由总需求不足造成的。有效需求表现为收入的消费，当就业增加时，收入也随之增加，而且社会实际收入增加时，消费也会增加，但不如收入增加得快，因此经常引起需求不足。这是造成小于充分就业均衡的原因，为此，就需要增加社会投资以刺激消费需求的增长，并借此扩大就业量。

有效需求包含两个方面的内容，即对消费品的需求和对投资品的需求，那么，只要找到影响这两个方面需求的变动因素，就可以发现有效需求不足的原因所在。于是凯恩斯转向三大心理规律的分析。

2. 三大心理规律

凯恩斯认为，对于消费品的需求，取决于"边际消费倾向"，而对投资品的需求，取决于"资本边际效率"和"货币利息率"，因此提出了"三大基本心理规律"：边际消费倾向规律、资本边际效率规律和流动性偏好规律。这是凯恩斯整个就业理论的支柱。

第一，边际消费倾向规律。凯恩斯把消费倾向看作是收入和消费之间的函数关系。那么，边际消费倾向就是增加的收入量和增加的消费量之间的函数关系。边际消费倾向规律就是，随着就业和收入的增加，在每一收入的增量中，个人用来增加消费的部分越来越少，用来储蓄的部分却越来越大。造成这一现象的原因，在于人性的一些基本动机，如

"谨慎、远虑、筹划、改善、独立、进取、骄傲和贪婪"。这一结果势必带来储蓄绝对额的增加，实际需求量与实际消费量之间出现了裂痕。如果储蓄不能及时转化为投资，就会出现"有效需求不足"，从而减少国民收入，造成失业。而储蓄能否有效地、全部地转化为投资，这又受另外一个规律的影响。

第二，资本边际效率规律。凯恩斯这样来定义资本边际效率："我给资本边际效率的定义就等于一个贴现率，用这个贴现率将该资本资产的未来收益折为现值，则该现值正好等于该资本资产的供给价格。"实际上，这就是资本家预期的利润率，即预期收益和供给价格的比率。资本边际效率规律是指，在其他条件不变的情况下，随着资本品的增加，资本边际效率呈现递减趋势，这必然导致投资的下降，因为资本边际效率是刺激资本家增加投资的动力，加之不确定性、风险、期望、投资者的态度和信心等因素的影响，更扩大了预期需求量和现实消费量之间的裂痕。按照古典学派的主张，解决这一问题的唯一办法便是降低利息率，但是，凯恩斯指出，这又会遇到流动性偏好规律的阻碍。

第三，流动性偏好规律。凯恩斯认为，利息率取决于个人和企业持有货币的愿望和数量。也就是说，货币供应数量影响利息率。那么流动性偏好则是不同利息率水平上人们对持有货币的不同需求，原因在于人们有货币在手比较灵活。人之所以偏好持有货币，是由于存在以下三个动机：①出于交易的动机，满足日常生活需要；②出于预防的动机，以备应付意外的开支；③出于投机的动机，"即相信自己对未来的判断比市场上一般人高明，想由此从中获利"。正因为这样，利息率就不可能太低，如果太低，人们就不会放弃这种流动性偏好，而宁愿把货币放在手头随时支用。流动性偏好规律的影响，又使投资不足更为严重了。

总之，凯恩斯认为，资本主义经济的总需求受三大心理规律和货币数量调节。对消费品的需求随消费品生产的增加相对减少；对投资品的需求随投资品生产的增加相对降低。投资取决于资本边际效率和利息率，由于资本边际效率的递减和利息率的提高引起的投资阻碍，生产就不能扩大到充分就业的程度，失业必然出现。所以凯恩斯的结论是，增加消费，扩大投资，提高资本边际效率，降低利息率，才能从根本上克服经济衰退，实现充分就业。

3. 乘数原理

凯恩斯在消费倾向的基础上，进一步阐述了乘数原理。乘数原理的经济含义可以归结为，投资变动给国民收入总量带来的影响，要比投资变动本身更大，这种变动，往往是投资变动的倍数（乘数）。比如最初投资为 1000 万元，设边际消费倾向为 4/5，通过一系列派生的购买过程，则会使总收入增加 5 倍，从而带来 5000 万元的效果。在增加的收入中，用于消费的部分越大，投资引起的连锁反应的效果也越显著，总收入增长得也就越快。乘数是边际储蓄倾向的倒数，它的大小取决于消费支出和再支出。一般地说，投资的增加和就业量的增加方向是一致的，假如每增加 100 万元投资可以增加 100 人就业，如果边际消费倾向为 4/5，那么乘数为 5，结果增加 100 万元投资就将增加 500 人就业，通过乘数的作用，政府投资扩大就业的能力就大大加强了。

在凯恩斯的宏观经济理论中，乘数原理占有重要地位，它并不只是一个简单的"数学概念"。用凯恩斯的话来说：它是"整个就业理论中不可或缺的一步。有了这一步，在消费倾向为既定的条件下，我们就可以在总就业量、总收入量和投资量之间构建一个确切的关系"。也正是以此为出发点，凯恩斯将其经济理论进一步导向经济政策，并用于指导经济实践。

4. 工资与物价理论

传统就业理论认为，工资率的变动可以自动调节就业量，使之实现充分就业。凯恩斯则认为，工资的削减虽然会对企业发生有利的影响，但货币工资率的全面削减又会影响总需求，使之按比例下降。企业家由于预期成本降低，于是扩大开工率，可是由于需求缩减，生产的产品卖不掉，难以实现市场出清。所以从长期看，增加的生产量和就业量只有在总需求增加时才能维持，因此，用削减工资的办法换取好处并非良策。

凯恩斯的物价理论主要分析总需求的改变与物价水平的改变之间的复杂关系，也就是货币数量的增加不能直接影响物价。货币数量的增加首先是降低利息率。由于利息率降低，利润率便提高，因此，企业投资扩大，投资品的需求增加，随之国民收入也增加，又由于国民收入的增加，通过乘数效应，对消费品的需求也会增加。需求的增加会刺激生产，从而供给也将增加。需求增加虽使价格提高，但供给扩大又使价格降低。在需求与供给未达到均衡状态时物价不必与货币同比例增加。凯恩斯的物价理论还包括这样的内容：一旦达到充分就业，劳动供给开始短缺，就不应再增加货币数量，否则将引起真正的通货膨胀。当非自愿失业广泛存在的时候，如果不增加货币数量，降低利息率，刺激有效需求，就会形成就业压力，对扩大生产形成障碍。因为资本主义社会经常存在着一个失业大军，所以，增加货币数量，刺激有效需求，从而提高物价，这就成了凯恩斯实现"充分就业"的重要方法之一。

5. 危机理论

对于资本主义的经济周期，凯恩斯认为经济周期产生的主要原因还是资本边际效率的周期性变化。而要充分解释经济周期，还有一个特征不容忽视——那就是危机（Crisis）现象。关于危机的原因，凯恩斯指出："向来对于'危机'的解释都侧重在利率上涨方面；利率之所以上涨，是因为商业和投机两方面对于货币的需求增加。这个因素，虽然有时可使事态严重化，偶尔也引起恐慌，但是我认为，一个典型的（常常是最普通的）危机起因往往不是利率上涨，而是资本边际效率突然崩溃。"

未来收益的预期，一部分决定于资本品的丰裕程度，另一部分决定于企业家的悲观或乐观情绪。危机发生在繁荣后期，按凯恩斯的解释，是由于人们对资本品的未来作了过分乐观的估计，甚至资本品逐渐增加，生产成本逐步提高，利息率上升，也不能阻止投资的增加。当失望来临时，人们对未来收益骤然失去信心，流动性偏好大增，利息率上涨。资本边际效率崩溃加上利息率上涨，会使投资量减退得异常严重。投资下降的结果，必然会导致总收入和总就业量的大幅度降低。

对于危机的周期性，凯恩斯依然用投资、消费和乘数的关系做解释的根据。他认为危机爆发后生产萎缩而形成萧条，由萧条到复苏的恢复一般需要3～5年。一是因为资本边际效率的提高要以资本品恢复稀缺为前提；二是由于存货的原因。只有经过一段时间以后，资本品稀缺性恢复了，存货吸收完了，资本的边际效率也随之增加，因此投资扩大。投资的增长引起投机旺盛，经济周期又转入高涨，直到资本边际效率再度崩溃，危机又开始重演。为此，凯恩斯反对用高利率的办法遏制投资。他认为，医治经济周期的正确办法不在于抑制繁荣，使经济永远处于萧条状态，而在于消除萧条，使经济永远处于准繁荣状态。

凯恩斯认为，导致危机的根源在于有效需求不足，而一国的就业水平是由有效需求决定的。有效需求是指商品总供给价格与总需求价格达到均衡时的总需求，而总供给在短期内不会有大的变动，因而就业水平实际上取决于总需求或有效需求。凯恩斯认为，之所以出现有效需求不足，是因为"边际消费倾向"、"对资本未来收益的预期"以及对货币的"流动性偏好"这三个基本心理因素的作用。他指出，总需求是消费需求与投资需求的总和，总需求或有效需求不足是消费需求与投资需求不足的结果。心理上的消费倾向使得消费的增长赶不上收入的增长，因而引起消费需求不足。心理上的流动性偏好及对资本未来收益的预期使预期的利润率有偏低的趋势，从而与利息率不相适应，这就导致了投资需求的不足。凯恩斯还认为，心理上对资本未来收益的预期即资本边际效率的作用在三个基本心理因素中尤为重要，危机的主要原因就在于资本的边际效率突然崩溃。

6. 分析方法

在经济学的分析方法上，传统的以马歇尔为代表的新古典经济学主要关心个别厂商和消费者的经济行为活动，主要分析单个商品和要素市场的交换过程及其相对价格的决定，着重个量和微观分析。即使是瓦尔拉斯均衡也仅仅是分析一个具体市场的总体均衡，而不是宏观经济的总量分析。凯恩斯在《通论》中提出了总量分析方法，着重总收入、总需求、总供给、社会总投资与总消费、总的就业水平、物价水平等总量之间相互关系的分析，两者有显著区别。现代经济学界常称前者为"微观经济分析"或"个量分析"；称后者为"宏观经济分析"或"总量分析"。凯恩斯用总量分析方法开创了宏观经济学的研究。凯恩斯通过对经济活动中的总量问题，如社会产品的总产量、国民收入总量、总消费、总投资、就业总量等，特别是消费、投资和政府购买等总支出所产生的收入效应的研究，从而开创了经济学的宏观分析方法。

此外，凯恩斯使用的是流量分析方法，对一定时期内的总收入、总消费、总储蓄和总投资的变动进行分析。他还采用短期静态的分析方法，把总需求作为决定国民收入、就业总量和物价水平等国民经济活动水平的主要解释变量。再加上他的心理分析和边际分析等方法，从而构成了他完整的分析方法系统。这些都为后世经济学家所接受并不断发展完善。

7. 政策主张

凯恩斯是第一个提出系统的经济政策主张的经济学家。凯恩斯否定传统经济学的自由放任，主张实行积极的国家干预经济运行的政策。传统经济学对"看不见的手"和萨伊定律给予过分的信任，认为市场经济制度是和谐和完美的，不存在失业和经济危机，国家没有必要对经济进行干预。凯恩斯认为，资本主义不存在自动达到充分就业均衡的机制，因而主张政府干预经济，通过政府的政策、特别是财政政策来刺激消费和增加投资，以实现充分就业。一个社会的消费倾向在短期内是相对稳定的，因而要实现充分就业就必须从增加投资需求着手。凯恩斯指出，投资的变动会使收入和产出的变动产生乘数效应，因而他更主张政府投资，以促使国民收入加倍地增长。

凯恩斯《通论》的核心问题是如何解决就业，以缓解市场供求力量失衡的问题，凯恩斯从理论上论证了有效需求不足，失业和危机的不可避免性，并提出了国家干预经济的必要性和具体措施，即用宏观财政政策和宏观货币政策进行需求管理，通过政府举债投资，解决失业问题，可以有效促进经济增长，增加国民收入。

四

凯恩斯《通论》的出版是经济思想史上的一个里程碑。一些经济学家把《通论》的出版称为经济理论上的"凯恩斯革命"，并把它与斯密的《国富论》及马克思的《资本论》并列为经济学思想史上三本同样伟大的著作。凯恩斯在《通论》中提出了一整套就业理论和反危机政策措施，使经济学从以马歇尔的新古典经济学自由放任为基本内容的价格和供求等微观经济分析中摆脱出来，建立了以需求管理和政府干预为中心思想的收入（就业、产量）分析的宏观经济学。在理论上，凯恩斯否定了萨伊定律的存在，提出了"有效需求原理"，摈弃了"供给会创造它自身的需求"以及否认普遍意义上的生产过剩经济危机这种传统理论。在分析方法上，凯恩斯开创了现代宏观经济分析，研究总就业量、总生产量和国民收入及其波动原因以区别研究单个商品、单个消费者和单个企业的经济行为等微观经济分析。在经济政策上，凯恩斯主张扩大政府职能对经济进行干预，并认为这是可以避免现行经济制度"全面崩溃"的唯一办法；在经济政策的具体运用上，他提出了膨胀性的财政政策，扩大政府支出，赤字预算和举债花费，同时使原来居于首要地位的货币政策退居次要地位。自此，凯恩斯主义经济学在西方经济学界和大学讲坛上一直占有统治地位。

凯恩斯经济学的现实意义是为国家干预经济运行提供了理论根据。他承认资本主义存在失业和危机，但并不认为其是资本主义发展的必然产物，而只是"有效需求不足"的结果，国家可以通过"看得见的手"干预经济生活，增加投资以刺激消费，实行赤字财政，膨胀通货，举办公共工程，鼓励投资和消费，扩大社会总需求，实现充分就业。凯恩斯经济学说为代表的凯恩斯主义对第二次世界大战之后资本主义社会经济的复苏和发展起了非常重要的作用，把国家干预经济提到了更高的地位。从罗斯福新政改革开始，几乎历届美国总统都是凯恩斯主义的奉行者。在第二次世界大战后，特别是在 20 世纪 50～60 年代，凯恩斯主义在西方市场经济国家大行其道，是有其历史原因和理论根据的。

《通论》出版75年来，对世界资本主义国家的经济政策一直有重要影响，凯恩斯的追随者竭力把《通论》提出的政策建议具体化，并特别强调财政政策的作用。他们以调节社会总需求（包括消费、投资、出口、政府对货物和劳务的购买）、实现经济稳定增长为目标，提出在萧条时期要减低税率、增加政府开支、实行赤字预算、增发公债、增加货币供应量、降低利率等以刺激投资和消费；在高涨时期则提高税率、减少政府开支、控制货币供应量增长、提高利率等，以遏制投资和消费。经过凯恩斯主义者的鼓吹和影响，第二次世界大战之后许多资本主义国家纷纷把充分就业和经济增长作为政策目标，推行上述凯恩斯主义的财政金融政策。这些政策虽然在20世纪50～60年代对刺激经济增长、缓和经济危机、减少失业起了一定的作用，但由于它没有也不可能解决资本主义所固有的基本矛盾，致使财政赤字、通货膨胀不断加剧，而危机和失业也并未消除，特别是到70年代初，甚至出现了物价高涨和大量失业并存的"滞胀"现象。对此，凯恩斯主义者既无法作出自圆其说的解释，更提不出可行的对策。不仅招致西方自由主义经济学各派对凯恩斯主义大肆攻击，就连凯恩斯主义的追随者们自己也哀叹凯恩斯理论出现了危机，需要重新加以诠释和修正。即使如此，凯恩斯理论在现代西方经济学体系中始终占据着正统的地位，特别是当经济运行出现较大波动的时候，各国政府总是按照凯恩斯的基本主张大力实施积极的干预措施。可以说，凯恩斯理论自诞生之日起就一直没有淡出人们的视野，始终影响着政府的积极决策。而在应对2008年美国金融危机所引发的全球经济危机中，正如经济学家们所说的，各国政府所采取的宏观政策表明，"现在，我们都是凯恩斯主义"。可见，迄今为止，凯恩斯的经济思想和政策理论仍然具有广泛而深刻的影响力。

五

重新翻译凯恩斯的《通论》基于以下考虑：

由于《通论》在经济思想史上的极高地位，早已被翻译为各种文字，我国也有《通论》的若干中译本。其中较早的是徐毓枬先生的译本，但是，由于其语言带有文言的特点，半文半白的文体不适应当代读者的阅读，尤其不适应青年人的理解习惯。还有是高鸿业教授的译本，也比较权威，但是他的翻译偏重于意译，对于更直接地了解原文的表述和理解凯恩斯的原意有其不足。因此，我们不揣冒昧，决定进行重新翻译。

更重要的是，当前的现实经济问题促使更多的人需要重温凯恩斯《通论》的思想。2008 年 10 月，源自美国的金融危机很快演化为波及全球的经济危机。面对 20 世纪 30 年代以来最大的经济危机，世界各国政府，无论是发达国家还是发展中国家，纷纷采取措施抵御来势凶猛的经济危机。此时，各国政府恰似凯恩斯主义灵魂附体，各种宏观财政政策和金融政策得以大力实施，意在挽狂澜于既倒！一方面，我们欣喜地看到，在对待经济危机和萧条上，凯恩斯主义的理论和政策措施确实大有用武之地。另一方面，由于不少国家（包括中国）政府在对待危机方面用力过度，也为未来的经济发展埋下了隐患，致使危机所固有的对经济运行过程中的纠偏和净化作用未能充分发挥。实际上，凯恩斯在《通论》中对于危机和经济周期的认识较之一般的经济学家更深刻，也更冷静。因此，今天，在我们大力实施干预手段，试图让经济在一个可以掌控的范围内稳定运行和发展的时候，重新认识凯恩斯，重新理解凯恩斯理论，是很有必要性的。

此外，随着我国经济的市场化程度日趋提高，我们也需要对成熟的市场经济体制中的运行机制，如凯恩斯所描述的利率形成机制等进行深度解读。对于凯恩斯所描述的对于货币的"流动性"特征也需要重新认识；对于他所强调的"流动性偏好"（Liquidity Preference）恐怕也已经不能再以所谓"灵活偏好"来似是而非地表达。而对于凯恩斯认真研究的市场经济中始终存在的经济周期（Trade Cycle），也不能再直接以"商业循环"来简单表述。从更深刻的学术意义上说，所谓凯恩斯革命的基础根植于货币理论。凯恩斯抛弃了货币中性的理论假定，揭掉了这层盖在真实经济之上的货币"面纱"，从而建立了认为货币因素对真实经济具有实质性影响的非中性货币理论。今天，我们需要认真发掘这一思想的现实价值。重译《通论》也表明我们希望对其理论价值的现实意义作出新的评价。

当然，翻译的过程也是一个重新学习的过程。我们在重温和理解凯恩斯的同时，在翻译过程中也借鉴了不少徐毓枬先生和高鸿业教授的理解和汉语表达。在此，对于两位先贤的创造性贡献表示敬意和感谢！至于新的译作中的错误和词不达意之处，也请读者给予批评指正！

译者
2011 年 6 月

序 言

　　本书主要是为我的同行经济学家们所写的，我当然希望其他人也能理解。本书的主旨在于讨论若干理论上的困难问题，其次才是如何把理论应用于实际。因为如果正统经济学有错误的话，问题不在于其上层建筑（Superstructure）的理论体系，毕竟上层建筑在逻辑上总是很少可非议的，问题出在其前提缺乏明确性和普遍性。为使经济学家以批判的态度重新考虑其若干基本假定，我不得不用极其抽象的论据，不能不有许多争辩。虽然我也愿意少一些争辩，但是我觉得，我不仅需要说明自己的观点，还需要说明我的观点在哪些方面和现在通行的理论有区别。我预测那些与"古典理论"（Classical Theory）已经结下不解之缘的经济学家们，要么认为我完全错误，要么认为我了无新意。谁是谁非，只能让别人来判断。下面的争辩部分，目的在于提供若干材料，使别人的判断能有所依据。为使各种不同观点明显区别，我自己的争辩不可避免地会过于尖锐，对于这种情况，我得请求原谅。我现在所攻击的理论，其实我自己也深信了好多年，我想我不至于忽视这种理论的优点。

　　有关我们所争论问题的重要性真可谓无以复加。不过，如果我的解释是正确的，那么我必须首先说服我的同行经济学家，然后才是一般公众。在争论的现阶段，虽然欢迎讨论，但公众只能旁听经济学家们的争论，了解其观点分歧的要害所在。这种深刻分歧在目前几乎破坏了它对于经济理论的实际影响；而观点的根本分歧不能消除，经济理论的实际重要性便不能恢复。

　　本书与我五年前出版的《货币论》（参见凯恩斯卷五～卷六）有什么关系，恐怕我自己比其他人要更清楚些。在我看来，这只是历年思索的自然演化；而在读者看来，也许会觉得我的观点发生了根本改变而无所适从。这种困惑并不因我改变名词而减轻。名词有非改不可的地方，我会在下文中指出。两书的关系可做如下简要概括：当我开始写《货币论》时，我还遵循着传统的路线，即把货币看作是供求通论以外的一种力量。当该书完成时，我在思想认识上已经有了一定的进步，倾向于把货币理论推展为社会总产出理论。不过因当时传统理论的先入之见颇深，难以一时摆脱，所以对于产出改变所引起的后果并没有充分讨论。现在看来是，这是该书理论部分（第三、第四两篇）的明显缺点。该书的所谓"基本公式"，是在给定产出之下的瞬时图。在这种假定之下，那些公式要指出的是，何以会有若干力量，造成利润失衡，使产出非改变不可？至于动态的发展，则非常模糊，很不完整。本书则正好相反：本书着重研究的是什么决定性力量改变着产出总量和就业总量？至于货币的技术细节，虽然货币在经济结构中占有重要而特殊的地位，本书却略而不论。货币经济的特征，就是在一定经济体系中，人们对于未来想法的改变不仅可以影响就业的方向，而且可以改变就业的数量。当前的经济行为，虽然常受人们对于未来想法的影响，而且想法又经常改变，但我们对当前经济行为的分析方法仍然不外乎供求的相互作用。如此一来，我们的分析方法就与价值论衔接起来了。于是我们达到了一个通论：我们所熟悉的古典理论只是这个通论的一个特例而已。

本书的写作，是笔者在一条并不熟悉的道路上另辟蹊径，为避免产生过多的错误，笔者相当依赖他人的批判和讨论。一个人单独思考太久，即使很可笑的事情也会暂时深信不疑，各种社会科学无不如此，尤其是经济学。因为我们毕竟不能以个人的思想，按照逻辑的或实验的方法去做决定性的试验。本书受益于卡恩（R. F. Kahn）先生的建议和批评比《货币论》还要多，书中有多处都是根据他的建议修改的。此外，本书还承蒙罗宾逊（Joan Robinson）夫人、郝特雷（R. G. Hawtry）先生和哈罗德（R. F. Harrod）先生通篇审阅，获益颇多。本书索引则为剑桥皇家学院的本苏山-布特（D. H. Bensusan-Butt）先生所编。

写作本书，对于笔者是一个长期的挣扎过程，目的在于摆脱传统的思想和表述。假如笔者的努力是成功的，想必大多数读者读此书时会有同感。书中的表达方式虽然繁杂，但是所包含的思想则极为简单，人所共知。我们大多数人都是在旧观念下熏陶出来的，旧观念早已深入人心，所以困难不在于新观念本身，而在于摆脱旧观念。

约翰·梅纳德·凯恩斯（J. M. Keynes）

1935 年 12 月 13 日

德文版序言

艾尔弗雷德·马歇尔（Alfred Marshall）继承了大卫·李嘉图思想的传统（Ricardian Tradition），他的《经济学原理》（Principles of Economics）一书造就了当代英国全体经济学家。他的研究主要以嫁接李嘉图的边际原理和替代原理为主；区别于他给定产出的生产和分配的理论，将消费与产出作为总体的理论还未曾被单独详细剖析过。我并不清楚他本人是否曾考虑为此独创一套原理，但是他的接班人和追随者们显然并没有感觉到这方面的缺失，我本人就是在这种环境下成长起来的。然而在最近 10 年间向别人教授这些理论的过程中，我意识到了这方面知识的匮乏。通过我自身的思考和发展，这本书反映出了一种不同于英国的正统经典理论的变革。我所强调的重点是基于后面的内容和我与在英国一些地区引起广泛争论的观点的分歧。可是如何让虔诚的英国经济学家（如同坚守信仰的牧师）在首次尝试接受新理论和新观点（新教义）的同时避免分歧和争论呢？

不过我以为所有这些也许会为德国读者带来不同的感受。英国 19 世纪的正统理论在德国人的思想中从来不是根深蒂固的。总是有重要的德国经济学流派在分析当代事物时，激烈地争辩经典理论的适当性。曼彻斯特学派和马克思主义学派最终源于李嘉图只是一种表面上惊人的巧合。但是在德国总是存在着既不属于支持 A 学派，又不属于支持 B 学派的大量思想。

几乎不能宣称这套理论已经建立起了一套具备竞争性的理论结构，或者说试图建立这样的结构。它是怀疑的、现实的、摒弃了常规分析的、充斥着历史的和经验主义的方法和结果。威克塞尔进行了关于理论路线最重要的非正统的讨论。他的著作有德文版的（但至今仍没有英文版），且其中最重要的一本是用德语写的。但是他的追随者们大多数是瑞典人和奥地利人，后者却把他的思想与奥地利本土理论结合起来导致倒退回了古典理论范畴。因此在德国已经整整一个世纪没有正式的、受到推崇的经济学理论被大众所接受了。

也许正因为如此，我希望在提供背离正统理论体系的就业、产出理论时得到比英国读者更多的来自德国读者的支持。但是我能克服充斥着德国经济学界的不可知论吗？我能说服德国经济学家们关于常规分析方法对解释当代经济事件和建立当代经济政策具有建设性作用吗？归根结底在经历了这么多年理论空缺的状态下，德国经济学家一定对新的系统的理论是充满着渴望的！当然，我愿意进行一次尝试，如果我能为等待饕餮大餐的德国经济学家们贡献些甜点零食就心满意足了。我承认本书所列举和阐述的大多数源于盎格鲁—撒克逊国家。

尽管如此，本书所试图提供的产出理论，相比于在自由竞争和很大程度上的自由放任条件下给定产出的生产和分配理论，在总体上其实更适合于极权主义国家。关于消费和储蓄的心理法则，借贷消费对价格和实际工资的影响，利息所扮演的角色等依然是我们思想框架的必要组成部分。

借此机会我要感谢这本书的德文译者赫尔·瓦格尔先生杰出的工作（我希望他在卷末的词汇表能证明比其直接目的更有用）。同时感谢我的出版商邓克尔和休姆博洛特先生在 16 年前出版了我的《凡尔塞和约的经济后果》一书，使得我能和我的德国读者维持良好的接触。

约翰·梅纳德·凯恩斯

1936 年 9 月 7 日

日文版序言

　　艾尔弗雷德·马歇尔继承了大卫·李嘉图思想的传统，他的《经济学原理》一书造就了当代英国全体经济学家。他的研究主要以嫁接李嘉图的边际原理和替代原理为主；区别于他给定产出的生产和分配的理论，将消费与产出作为总体的理论还未曾被单独详细剖析过。我并不清楚他本人是否曾考虑为此独创一套原理，但是他的接班人和追随者们显然并没有感觉到这方面的缺失，我本人就是在这种环境下成长起来的。然而在最近10年间向他人教授这些理论的过程中，我意识到了这方面知识的匮乏。通过我自身的思考和发展，这本书反映出了一种不同于英国的正统经典理论的变革。我所强调的重点是基于后面的内容和我与在英国一些地区引起广泛争论的观点的分歧。可是如何让虔诚的英国经济学家（如同坚守信仰的牧师）在首次尝试接受新理论和新观点（新教义）的同时避免分歧和争论呢？

　　也许对于日本读者来说我对英国传统理论的挑战并不会改变你们的中立立场。我们很清楚地知道在日本有许多读者阅读过大量的英国经济学著作，但是我们并没有得到来自日本的对于这些著作足够多的反馈意见。最近值得赞扬的是东京国际集团的一家企业将马尔萨斯的《政治经济学原理》一书作为"东京再版系列"丛书的第一卷再次出版，这使我感觉到一部以马尔萨斯而不是李嘉图的思想为基础的著作可能至少会在一些地方得到支持。

　　无论如何我要感谢《东方经济学家》给我提供了在没有语言障碍的情况下接触日本读者的机会。

约翰·梅纳德·凯恩斯
1936 年 12 月 4 日

法文版序言

在 100 年或更长的时间里，英国的政治经济学一直被正统学派所统治。那并不意味着一种一成不变的学说已经占据了压倒性优势，相反地，一种激进的进化已经出现在了那套理论中。但是它的假定前提、它的氛围甚至它的研究方法依然惊人地相似，同时可以通过所有的变化观察到一种显著连续性的存在。在所谓的正统理论中，在那种持续的改变过程中，我成长了起来。我学习它，教授它，撰写它，对于那些不了解实情的人来说，我依然属于那个守旧派。后来的学说史学家也许仍会把我归类于传统流派。但我自己在撰写本书和平时工作的时候则把自己归类于打破常规理论的一类人，甚至是强烈抵抗传统的、试图逃离现实挣脱束缚的那类。而且我将在某些章节特别对那些错误和有争论的观点进行阐释，同时特别针对持有独特观点的人群而不是世俗人群（ad urbem et orbem）。在一段时间里我试图说服我周围的人同时尽量避免受到外界意见的干扰。在三年后的今天，我已经适应了我的新蜕变出的外壳而慢慢淡忘了从前的味道。我应该试图重新尽力摆脱那些错误对我的影响，同时更鲜明地亮出自己的见解。

我向法国读者所说的所有这些，部分是做出解释，而部分是期望得到谅解。在法国并没有像在英国那样有强大的反对理论来对抗系统的正统理论。美国和英国的情况大致是一样的，但法国和欧洲其他地区一样，自从 20 年前法国自由派经济学家度过巅峰后，再也没有出现过占统治地位的学派了（虽然他们存在了很长一段时间，那时我作为《经济学杂志》的年轻主编在工作中也曾为已逝的诸如勒瓦瑟、莫里纳利赫以及勒罗伊-比利等人写过传记）。如果查尔斯·基德拥有艾尔弗雷德·马歇尔那样的影响力和权威地位，你们也许会和我们拥有相似的立场。由于你们的经济学家大部分是折中主义者，（我们有时认为）太缺乏对根深蒂固的理论思想支撑。也许这样能使他们更容易理解我所要表达的，但当我在英国的批评者说我在滥用语言表达"古典流派"思想和"古典"经济学家的时候，我的读者也同样想知道我到底想说些什么。也许我尝试简单地指出我的差异化分析方法可以对法国读者产生帮助。

我称我的理论为通论。我首先将经济系统行为视为一个整体，包括总收入、总利润、总产出、总就业、总投资和总储蓄而不是特定行业、公司或个人的收入、利润、产出、就业、投资和储蓄。我认为，将从孤立的局部所获得的正确结论，扩展为对整个经济系统的结论，这是很错误的。

下面让我来举一些实例：我将这个系统作为一个整体，收入中的储蓄部分，即当期没有被消费的额度，必然严格地等于所有新的净投资的量。这个观点被认为是一个奇怪的悖论。这个观点无疑可以从如下的事实中得到解释：即储蓄等于投资，当然这是在经济系统被视为整体时才能生效，而不是对于个体就能成立的。没有理由能解释为什么我负责的新投资和我的个人储蓄的量有什么样的关系。我们通常认为个人的收入用来进行独立的消费和投资是合理的，但是我必须指出一个不容忽视的事实，即一个人的消费和投资是另一些人收入的来源，因此收入通常并不是独立的；相反，个人对于自己是投资还是消费并非与收入完全无关，个人的消费和投资意愿取决于自身的收入情况，显而易见，也不会产生任何争议，总储蓄和总投资之间存在一定的关系，即精确的、必然的相等。据此得到的仅仅是一个很平凡的结论，但是其间伴随着大量的实质内容和思想。一般来说，产出和就业率的实际水平既不取决于生产能力，也非已存在的收入水平，而是取决于当下的生产决策，而生产决策同时取决于当时的投资决策和对现实与未来的消费预期。此外，一旦我们知道了消费和储蓄的倾向（我这么称它），在知道了个人对收入分配的心理偏好对整体产生的影响后，我们可以计算出在已知新投资水平的利润均衡情况下的收入水平，从而得出就业率和产出；乘数学说产生于此。然而增加的储蓄倾向会与收入和产出相对应，同时增加的投资引致会使之扩大。因此我们可以分析出决定整体经济系统收入和产出的几大要素；我们有了一个最严格意义上的就业理论。特别是，从推理中衍生出了关于公共财政和公共政策以及经济周期问题的结论。

本书的另一个特色是利率原理。下述理论分析在最近一个时期颇受许多经济学家推崇：现时储蓄率决定自由资本的供给，现时投资率支配着自由资本的需求，利率也可以说是由储蓄供给曲线和投资需求曲线的交点所决定的均衡价格要素。但如果储蓄供给在任何情况下都很精确地必然等于总投资，则这样的解释就不攻自破了。我们应该寻找别的解决方法了。我发现利率的作用并非是保护新商品的需求和供给之间的平衡，而是保护货币供给和需求之间的平衡，也就是流动性需求和满足这种需求的平衡。回到老学说的时代，19世纪早期的经济学家，例如孟德斯鸠就曾经通过相当多的真相看见了真理。在法国，孟德斯鸠曾是真正与亚当·斯密齐名的经济学家，洞察力方面在重农主义者之上，具备清晰的头脑和良好的意识（这是一个经济学家应该具备的素质）。但是我必须将注意力回到本书上，以详细说明所有一切是如何产生的。

我称本书为《就业、利息和货币通论》，想引起大家注意的就是其第三个特色，即货币和价格。接下来的分析显示出我脱离了困扰许久的数量论的疑惑。我认为价格总水平和个别价格由相同的方式决定。技术条件、工资水平、未释放的工厂产能和劳动力、市场状况和竞争等四个方面决定了个别产品和总产品的供给条件。为生产者提供和分配收入的企业家决定了需求条件，作为这两个要素的结果，产生了个别价格和价格水平。货币和货币数量并非是这个行动阶段的直接影响因素。它们已经在前面那个阶段的分析中完成了历史使命。货币数量决定了流动资源的供给、今后的利率以及其他一些诱使投资的要素（特别是信心），而投资反过来形成供需关系而影响收入的总体水平、产出、就业和（在每个阶段共同的要素）价格水平的均衡。

我相信最近各地的经济学都被一位叫做 J. B. 萨伊的经济学家及其学说所控制。事实上他的"市场规律"在很久以前就被大多数经济学家抛弃了；但是他们没能从他的基本假设特别是"供给创造需求"中解脱出来。萨伊毫无疑问地假设了经济体系总是在其最大能力的状态下运行，因此，新的活动总是用来对旧资源形成替代而不是对其进行补充，他的其他经济学原理几乎都是通过这样的结论得出的，这样的原理显然对解决失业和经济周期问题是不能胜任的。也许我能向法国读者表明，在生产理论中我选择了背离萨伊学说而回归孟德斯鸠学说。

约翰·梅纳德·凯恩斯
1939 年 2 月 20 日于剑桥皇家学院

目　录

第一篇 引 论

第一章　何谓通论

　　我把本书命名为《就业、利息和货币通论》，强调的是"通"字。这一书名的用意在于把我的观点和结论同古典理论①进行对比。100多年来，古典经济学在理论和政策实践上，都一直支配着统治阶级和学术界的经济思想，我本人也是在古典经济理论的熏陶中成长起来的。我在本书中将要说明的是：古典理论的假设条件只能适用于特定情形，而不能适用于普遍的情形，古典理论的假设情形只是各种可能均衡位置中的一个极限点。而且，这种假定的特例所包含的属性，恰恰与我们实际生活中的经济社会具有的特征并不相符，如果我们试图用古典理论解释经济事实，其结果将会非常糟糕。

---

　　① 古典经济学家是马克思创造的名词，包括李嘉图、詹姆斯·穆勒和他们以前的经济学家。古典经济学是由李嘉图集大成的经济学。但我向来使用的古典理论一词，也包括李嘉图的后继者，即那些接受李嘉图经济学并将其发扬光大的人，例如约翰·斯图亚特·穆勒、马歇尔、艾奇维斯以及庇古教授。我这种用法也许犯了概念范畴的错误。

第二章　古典经济学的假设前提

关于价值理论和生产理论的大部分著作主要讨论两个问题：一是既定量的资源在不同用途之间是怎样配置的；二是在使用这一既定量资源的前提下，哪些因素决定各种资源的相对报酬以及产品的相对价值。①

对于既有的可用资源的数量问题，例如，可就业人口的多少、自然财富的丰瘠以及资本设备积累的数量等，古典经济学一向采用对既定数量进行叙述的方法加以说明。至于在这些既定数量之中，实际就业是多少、是什么因素决定的，却很少有详细的理论说明。当然，如果说对这种基本理论根本没有探讨，也显得过分。毕竟讨论就业量波动的论述很多，而一旦讨论到就业量的变动，就不可避免地会涉及这种基本理论。我的意思是，不是这个问题被忽视了，而是对于构成这个问题基础的基本理论被忽视了。因为它一向被认为太简单、太容易，至多只要提一下就够了。②

一

古典就业理论，看上去简单明白，实际上是建立在以下两个基本假定前提之上的，而对于这样两个基本假定前提则几乎毫无讨论。这两个前提是：

---

① 这是李嘉图留下的传统。李嘉图明确表示，他对于国民财富的数量问题——有别于国民财富的分配——向来不感兴趣。他这样做实在颇有自知之明，而后继者不明就里，却用古典学派的理论来探讨财富的本源问题。李嘉图在 1820 年 10 月 9 日致马尔萨斯的信中，有如下一段话："足下认为经济学是研究财富的性质与本源的学问，窃以为经济学只研究社会各阶级通力合作所生产的产品依照什么法则分配给各阶级。关于产品的数量，实在并无法则可言；但关于分配比例倒可以找出一个正确的法则。我越来越认为，追求前者是徒劳无功的，而后者才是经济学的真正对象。"

② 例如庇古教授在《福利经济学》（第 4 版第 127 页）中说（重点是我加的）："在整个讨论中，除非明确声明其不如此，我们将忽略下列事实：即使有些资源愿意，但事实上并未就业。这并不影响论证的实质，但简化其说法。"两相对照，李嘉图明确表示放弃任何讨论国民财富数量问题的企图，而庇古教授在讨论国民财富的专著中，反而以为，不论有无非自愿失业的存在，同一理论都能适用。

（1）工资等于劳动的边际产品。也就是说，一位就业者的工资等于把就业人数减少一人所引起的价值净损失。所谓净损失是指在减去由于产值下降而减少的其他成本之后的损失。但这是有限定条件的，如果竞争和市场是不完全的，则工资就不等于劳动的边际产品，而在这种情况下，仍有原则可以遵循。

（2）当就业量既定不变时，工资的效用恰好等于该就业量的边际负效用。也就是说，每一位就业者的实际工资，根据就业者自己的估计，恰好足以使这些原有就业人数继续工作而维持不变。正如第一个前提因竞争的不完全性会产生例外一样，假如第二个前提所要求的单个劳动者地位平等的约束条件由于劳动者结成工会而被破坏，那么第二个等式也就不适用于每一个劳动者。此处的所谓负效用是指一个人或一群人由于各种原因可能宁愿失业，也不愿意接受在他们看来效用低于某一最低限度的工资。

第二个假定前提并不会与所谓"摩擦"失业相冲突。因为，在把它运用于实践中的时候，应当允许在调整的过程中出现一些误差，从而导致不能持续保持充分就业状态。例如，由于错误的估算或者需求的时断时续，各种专业化资源相对数量暂时失衡而产生的失业；或者由于出乎意料的变化而产生的时滞；或者转换工作时所必然花费的时间间隔等。正是由于这些原因，在一个非静态社会中，总有一部分资源因"在不同工作间转换"而暂处无业状态，凡此种种都可引起失业。除了"摩擦"失业外，该假设前提也不会与"自愿"失业相冲突。"自愿"失业是指：劳动者由于法律规定、社会习俗、集体议价、对变革反应迟缓、惰性等原因，拒绝或者无法接受相当于他们边际生产率的产品价值的工资而产生的失业。在古典理论的假设前提下，所有失业只有"摩擦"失业和"自愿"失业，不可能存在第三类失业——即我以下将定义的"非自愿"失业。

根据古典理论，在这些条件的约束下，是这两个假定前提决定了就业的资源数量。第一个假定前提为我们提供了就业的需求曲线，第二个假定前提提供了就业的供给曲线；就业量被决定于边际产品效用与边际就业负效用相等的那一点上。

由此推知，只有四种有可能增加就业的方法：

（1）改进组织结构或者增强预见性，从而减少"摩擦"失业。

（2）降低以实际工资表示的劳动边际负效用，将会有更多的劳动者可供雇用，从而减少"自愿"失业。

（3）提高工资品行业劳动者用实物计算的边际生产率。工资品（Wage-goods）是庇古教授创造的名词，应用起来很方便。它是指其自身价格可以决定货币工资效用的物品，即货币工资的效用可以由工资品的价格确定。

（4）使非工资品的价格上涨超过工资品的价格上涨，同时，把非工资收入者的开支由工资品转移到非工资品上去。

据我所知，以上就是庇古教授《失业论》一书的实质内容。该书也是硕果仅存的古典理论关于就业的详尽论述。①

二

那么，古典学派的两种失业类型真的概括了全部失业现象吗？事实上，总有一部分人愿意接受现行工资却仍找不到工作。一般而言，只要有这样的需求，现行工资水平下的就业人数就可以大量增加。古典学派认为，他们的第二个假定前提与这种现象并不矛盾。他们认为，在现行货币工资水平下，劳动力的供给量固然可以大于劳动力的需求量，然而这种情况的产生要归因于劳动者之间公开或默认的协议，这个协议就是不为低于现行工资水平而工作，而且只要全体劳动者同意降低货币工资水平，就业量就会扩大。如果事实果真如此，那么这种失业表面上是"非自愿"的；但实际上并不是严格意义上的"非自愿"失业，而应把它纳入上述由于集体工资谈判等原因而造成的"自愿"失业。

这种现象有两点值得考察之处：第一点涉及劳动者对待实际工资和货币工资的真实态度，这在理论上并不具有重大意义；但第二点却是至关重要的。

我们暂且假定，劳动者确实不愿意在较低的货币工资水平下就业，并且降低现行货币工资水平确实会引起罢工等现象，使得一部分已经就业的劳动者因此而退出劳动市场。那么，我们是否可以由此推论说，现行实际货币工资水平就准确地度量了劳动者的边际负效用呢？不一定。因为降低现行货币工资固然会引起一部分劳动力退出劳动市场，但是，在工资品价格提高而导致货币工资所能购买的工资品减少时，却不一定产生同一现象。事实上，也许在一定范围内劳动者要求的可能是一个最低限度的货币工资，而不是一个最低限度的实际工资。古典学派一直暗含着这样的假设，即这种现象不会对他们的理论产生实质性的改变。其实则不然，因为如果实际工资不是劳动力供给函数的唯一变量的话，那么古典学派的观点将彻底瓦解，并遗留下实际就业量将非常难以确定的问题。②古典学派似

---

① 对于庇古教授的《失业论》，本书第十九章附录中还有较详细的批评。

② 关于这一点，本书第十九章附录中还有较详细的讨论。

乎没有认识到，除非劳动供给只是实际工资的函数，否则他们的劳动供给曲线将随每一次变化价格的变动而变动。因此，他们的方法是与他们的特殊假定条件联系在一起的，因而不能在通常的情况下运用。

常识也明确告诉我们，在某种限度以内，劳动者通常要求得到的不是实际工资而是货币工资。这不是一种特殊情形，而是一种普遍现象。尽管工人们一般都会抵制削减货币工资，但工资品价格的每次上升并没有导致他们因此而退出劳动力市场。有人可能认为，劳动者只抵制货币工资的降低而不抵制实际工资的降低，是不符合逻辑的。但根据本章第三节所陈述的理由，这可能不会像乍看起来那样不合理。而且，无论逻辑上是否成立，经验事实证明，劳动者的实际行为就是这样。

另外，对于经济萧条下的失业现象，如果认为这是由劳动者不接受削减货币工资造成的，这种观点显然是与事实相悖的。如果认为美国1932年失业问题的原因是劳动者固执地抵制削减货币工资，或者是他们坚持要求的实际工资高于经济机构的生产率所能负担的水平，那么恐怕这种说法也是难以令人置信的。事实上，在劳动者的最低真实需求或劳动生产率没有显著变化时，就业量却出现过巨大的波动。而劳动者在萧条时期也不会比繁荣时期变得更坚强——远远不会；他们的劳动生产力也不会比萧条时期变小。这些事实足以构成初步的理由，令人怀疑古典学派的分析是否合适。

看看货币工资变动与实际工资变动之间的实际关系究竟如何，统计研究的结果是饶有趣味的。如果变动限于某一具体行业，则实际工资与货币工资的变化方向大体是一致的。但在考察整体工资水平的变化时，我们将会发现，货币工资与实际工资不仅不是按照同一方向变动的，而且通常是按照相反方向变动的。即在货币工资上升的时候，我们会发现实际工资却下降了；而在货币工资下降的时候，实际工资却上升了。这是因为在短期内，货币工资的下降和实际工资的上升常常与就业量的减少联系在一起。二者各有相联系的理由：在就业量下降的情况下，劳动者更容易接受削减工资；同时，由于产量下降而资本设备数量不变，劳动者的边际生产力将会上升，而实际工资也不可避免地会增加。

在现行的实际工资水平如果确实已经到了最低限度，在工资水平低于这一限度的情况下，愿意就业人数无论怎样也不会超过现在的实际就业人数。那么，只有"摩擦"失业而不存在"自愿"失业。但如果说事实一定如此，也有些不近情理。因为，在现行工资水平不变的情况下，如果工资品价格上升从而实际工资降低，那么通常情况下愿意接受现行货币工资水平而就业的人常常还比现在实际就业人数多。果真如此，那么现行货币工资能够购买的工资品，就不能准确表示劳动的边际负效用，于是，第二个假定前提也是不成立的。

不过还存在一个更基本的异议。第二个假定前提源自这样一个观念：实际工资决定于劳资双方的工资议价。尽管古典理论承认双方实际协议的内容是货币工资，甚至也承认劳动者所能接受的实际工资与当时相应的货币工资并不完全相关，然而，他们还是认为劳资协议决定的还是货币工资，货币工资水平决定实际工资的水平。因此，古典理论认为，劳动者肯让削减货币工资，他们的实际工资也总是会下降。而实际工资趋向于同劳动的边际负效用相等的假定，显然是认为：劳动者自身处于这样一个位置，他能够决定自己所从事工作的实际工资，尽管他不能决定这一工资水平下的就业量。

总之，传统理论强调：劳资双方的工资协议决定了实际工资水平。因此，如果雇主之间存在互相竞争，劳动者之间又没有社团组织设立的种种限制，那么只要劳动者愿意，他们就可以使实际工资与该工资水平下雇主愿意雇用工人数量的边际负效用相等。如果不是这样的条件，那就没有任何理由使实际工资与劳动的边际负效用趋于相等。

我们必须记住，古典学派的结论是打算运用于劳动者整体的。而不仅仅指单个个人如果愿意接受被其他劳动者拒绝的、较低的货币工资就能够实现就业。古典学派认为这一结论同样适应于封闭体系和开放体系的社会。其所以适应于后者，并不是基于开放体系的特征，或是当一国降低货币工资时将影响其对外贸易。这当然超出了本书的讨论范围。他们结论的真实性也并不是基于货币工资总支出减少时，银行系统以及某种信用状况会起反应，因而产生某种间接影响。这将在第十九章中详加讨论。他们的结论是基于下列信念：在一个封闭体系中，当货币工资的一般水平降低时，则至少在短期内，必然有若干（收入不一定成比例）一定量的实际工资减低。这也许有例外，但例外并不重要。

现在我们知道，说一般的实际工资水平决定于雇主与劳动者之间的货币工资协议，并不具有不证自明的正确性。然而令人诧异的是，几乎没有人去试图对这一观点进行证明或证伪。因为这一说法与古典理论的一般论调相去甚远。古典理论告诉我们，价格决定于边际直接成本，而边际直接成本决定于货币工资。而一旦货币工资改变，我们就可以预计，古典学派会争辩说，价格将做同比例改变，而使实际工资和就业水平大致保持不变。如果对于劳动者有一定利益得失的话，那是因为边际成本中有若干因素并未变动，致使劳动者蒙受损失或得到利益。① 古典学派之所以没有沿着这个思路探索下去，一部分是因为他们根深蒂固的观念，认为劳动者可以自己决定实际工资率；一部分大概是因为他们的先入之见，认为物价决定于货币数量。而且，劳动者自己可以决定实际工资率这一命题一经成立，又会和另一个真命题混在一起，以至于真假难辨。这另一个命题是，劳动者始终可以自己决定，他们愿意在何种实际工资率下达到充分就业。所谓充分就业是指在一定的实际工资率下所能达到的最大就业量。

总结上文，关于古典理论的第二个假定前提，存在两个异议。第一个异议与劳动者的行为有关。货币工资不变时，因物价上涨而导致实际工资的下降，一般不会使现行工资水平下的劳动供给量低于上涨前的实际就业量。如果在这种情况下劳动供给量一定会下降，那无疑是说，在现行货币工资下愿意工作而实际未就业的人们，仅仅是因为实际生活费用稍微提高了一些，就不再愿意工作了。然而这种古怪的假定却似乎贯穿于庇古教授的《失业论》全书中，且为全体正统学派者所默认。

关于第二个更基本的异议，我们将在本书以下各章中逐渐展开，它源于我们不敢苟同的假定：实际工资的一般水平直接决定于工资协议。古典学派的这一假定，实在是犯了重大错误。因为，全体劳动者可能没有任何方法使相当于货币工资一般水平的工资品与现行就业量的边际负效用相等。也可能没有别的方法，让全体劳动者能够通过修改与雇主们就货币工资达成的协议，而将实际工资水平降低到某一给定值。我们将努力证明：实际工资的一般水平首先是由某些其他因素决定的。本书的主题之一就是要阐明这个问题。我们还将说明，我们对于置身其中的经济体制在这方面是怎样运行的，还始终有很深的误解。

三

虽然个人和团体之间关于货币工资的斗争常常被认为是决定实际工资的一般水平的，但事实上争执的是不同的对象。由于劳动力在各行业之间转移存在障碍，因此工资在不同行业之间的纯收益并不能趋于绝对相等。只要个人或团体的货币工资比别人相对降低，也必然导致其实际工资降低，这就是他们抵制货币工资降低的充分理由；反之，当货币购买力下降时，全体劳动者都受影响，而要对每一次由此引起的实际工资下降都加以

---

① 我认为这种说法有很多真理的成分在内。虽然当货币工资改变时，其全部后果比这要复杂得多。参阅第十九章。

抵制，实在是不大可能。事实上，除非由货币购买力下降引起的实际工资降低到了极端程度，一般都不会引起抵制。而且，发生在局部一两个工业部门的劳动者对于货币工资降低的抵制，对于增加就业总量的阻碍，远不如抵制实际工资降低那样厉害。

换句话说，关于货币工资之争，主要是决定如何将工资总额分配于各劳工团体，而不是决定每个就业岗位的实际平均工资；后者正如我们将要看到的，将由另外的一组力量所决定。工会组织的部分效果只是保证他们的相对实际工资，至于实际工资的一般水平，则由经济体系中的其他力量所决定。

幸运的是，工人们倒是比古典学派更具理性的经济学家，尽管是无意识地做到的。就抵制削减货币工资而言，即使现行货币工资的实际商品购买力高于现行就业量的边际负效用，他们也会抵制削减货币工资，尽管这种货币工资的削减很少或从未涉及全体劳动者；相反，尽管此时货币工资仍保持不变，而实际工资减少，可以使总就业量增加，他们却不会抵制。除非减少的数量大到可能使实际工资低于现行就业量的边际负效用。这时，不论对货币工资的削减数量多么小，每个工会都将会采取一定的抵制措施。但是，既然没有一个工会想着为生活费的每一次上涨都罢工，因而工会并非像古典学派所说的那样，对就业量的任何提高都加以阻碍。

四

我们现在必须对第三类失业，即严格意义上的"非自愿"失业进行定义，尽管古典理论不承认有这类失业存在的可能性。

显然，我们所定义的"非自愿"失业并非是指有工作能力可用而不用，例如，我们不能因为一个人每天可以工作 10 小时，而称 8 小时工作日为失业；我们也不能把工人不愿意接受低于某种限度的报酬而宁可不工作称为"非自愿"失业。为方便起见，"非自愿"失业不包括"摩擦"失业。我对"非自愿"失业的定义是：当工资品的价格相对于货币工资有轻微上升时，如果愿意在现行货币工资水平下工作的劳动供给总量和劳动需求总量都大于现行就业量，那么便存在劳动者处于"非自愿"失业状态。下一章将提出另一个定义，不过二者殊途同归（参见第三章）。

据此定义可推论出，第二个假定前提所作的假设，即实际工资等于就业量边际负效用，在现实中的意义，相当于不存在"非自愿"失业的状态。这种没有"非自愿"失业的状态，我们称为"充分"就业。"摩擦"失业和"自愿"失业与我们所定义的"充分"就业是相容的。"充分"就业与古典理论的其他特征也是相符的，因此，古典理论最好被称为"充分"就业条件下的分配理论，只要古典学派的两个假定前提能够成立，以上定义的"非自愿"失业是不会出现的。所有失业都是下列几种原因的结果：①两种工作转换时的暂时失业；②专业化程度极高，因此需求时断时续；③工会采取"关门"政策，不让自由工人就业。古典传统的作者由于忽视了其理论的特殊假定，必然会推导出下列逻辑结论：一切失业，除了上述特例，归根结底还是由于失业者不肯接受与其边际生产力相适应的工资率。当工人拒绝削减货币工资时，古典学派经济学家也许会同情他们，也承认为应付暂时局面而削减工资是不明智的，但是他们坚持自己的"科学见解"，认为失业的根源还在于工人不让降低货币工资。

显然，如果古典理论只能适用于充分就业的情况，那么，在存在"非自愿"失业（谁又能否认它的存在?）的情况下，用它来解决"非自愿"失业的问题自然会错误百出。古典经济学家就好像是欧几里德几何学家生活在非欧世界里。当他们发现在日常经验中两条看起来是平行的直线会相交时，他们只会抱怨为什么直线不是直的！在他们看来，直线直走才是避免两条平行线不幸发生冲突的唯一办法。然而，除了放弃平行公理，另行创造非欧几何之外，确实没有补救的办法。当今的经济学也需要如此改造一下。我们要颠覆古典理论的第二个假定前提，并另外创造一套使严格意义上的"非自愿"失业有可能存在的经济行为体系。

五

我们强调与古典理论体系的不同之处，但也不应忽视还有一个重要的相同点。我们还将保留第一个假定前提，并与古典理论假设它所受的约束条件相同，不过稍停一下，必须要加上我们所认为的它的含义。

这种含义就是在组织、设备和技术不变的情况下，实际工资和产出量（也就是实际工资和就业量）之间存在唯一的相关关系。因此，通常情况下，当就业量增加时，实际工资率必然下降。对古典经济学家们认定的这个不可或缺的重要事实，我并不表示异议。如果组织、设备和技术不变，那么一单位劳动力能够挣到的实际工资，必然与就业量形成唯一的相反关系，所以当就业量增加时，在短期内，一单位劳动力得到的报酬，以工资品计算必然会减少，而利润则增加。其实这只不过是一个众所周知的命题的反面：在短期内，因设备等可以假定不变，工业常常受报酬递减规律支配，因此当就业量增加时，工资品工业的边际产量必然下降；但由于后者决定实际工资，因此实际工资下降。只要这个命题成立，那么任何增加就业的办法，都必然同时使边际产量下降，如果以此边际产量衡量工资，那么工资率也必然下降。

古典理论的第二个假定前提一经推翻，那么当就业量减少时劳动者固然可以得到一个较高的工资率（以工资品计算），但就业量的减少却并不必然是由劳动者提出更高的工资（以工资品计算）要求而引起的。况且即使部分劳动者愿意接受较低水平的货币工资，并不必然就能解决失业问题。这里所提到的与就业有关的工资理论，将在第十九章及附录中详加论述。

六

从萨伊和李嘉图时代到现在，古典经济学家们一直在讲述的是：供给会自动创造需求。在某种意义上这句话的意思是，全部生产成本都必然直接或间接地用在购买产品上，不过他们没有给出这句话一个清晰的定义。

约翰·斯图亚特·穆勒在《政治经济学原理》中对这个学说讲得很清楚：

"用来购买商品的只是商品。每个人用来购买别人商品的，只能是他自己所有的商品。就字面而言，所有卖者必然是买者。因此，假如一国的生产力猛然增加一倍，则所有商品的供给量也增加一倍，但购买力也同时增加一倍，每个人的供给量和需求量也都是以往的一倍，每个人的购买量增加一倍，因为每个人用来交换的东西也增加了一倍。"[1]

从该理论可以得出这样的假设：任何有购买力的个人节制消费的行为，必然导致因此而释放出来的劳动和商品被等量地投资于资本品的生产。下面的引文是从马歇尔所著的《国内价值纯理论》中摘录的，可以充分地说明这种传统的观点：

"个人的全部收入都是用来购买商品和服务的。我们常常听到某人把他的收入花掉一部分，储蓄一部分，但在经济学上大家公认：他所储蓄下来的部分，也用于购买商品和服务，和他花掉的部分完全一样。当他购买商品和服务，用于现在的享受时，我们称为消费；当他购买商品和服务用于生产财富，希望用于未来的享受时，我们称为储蓄。"[2]

---

① 约翰·斯图亚特·穆勒：《政治经济学原理》，第三编第十四章第2节。
② 马歇尔：《国内价值纯理论》，第34页。

从马歇尔的后期著作,[①] 或从艾奇维斯或庇古的著作中,不容易找出类似的文句。在今天这种学说不再以如此简单的形式出现。不过它仍然是整个古典理论的基础,没有它,古典理论就要崩溃。当代经济学家也许要踌躇一下,不能同意穆勒,但是以穆勒学说为前提的许多结论,他们却毫不犹豫地接受了。以庇古教授为例,在其绝大部分著作中,庇古教授仍然相信,除了引起若干摩擦阻力之外,有没有货币没有多大差别;像穆勒一样,经济学可以根据实物交换的情况,完成生产理论和就业理论,然后再敷衍塞责引入货币。这就是古典理论传统的现代表述方法。当代经济思想还是摆脱不了一个牢不可破的观念,认为人总要花钱,只是花钱途径不同而已。[②] 对于这一推论,战后[③]经济学家的思想中过多地掺入了与之相反的倾向和从经验中得来的事实。但他们并没有从中得出有影响力的结论,而且对他们的基本理论也没有进行修正。[④]

古典经济学家把从《鲁滨逊漂流记》中自产自销经济的关系里得出的结论,用错误类比的方法运用在了现实世界的经济体系中。在鲁宾逊·克鲁索(Robinson Crusoe)的经济体系中不存在交易,个人所得全由生产活动而来,他所消费或保存的,真正而且只能是他自己生产的实物。另外,古典学派因需求而带来的销售收入总能补偿生产成本的命题,似乎有很高的可信度,因为它容易与另一个貌似无可置疑的命题相混淆:某种社会生产活动的各类生产要素的总收入必然等于这一生产活动总产出的价值。

与此相似,难免会产生这样很自然的想法:一个人可以在没有损害其他人利益的情况下使自己致富,那么他的这种行为必定会使整个社会财富得到增加。古典经济理论(参见上面引述的马歇尔的话)却由此推出下列命题:个人的储蓄行为必定会带来与之相应的投资行为。同样不幸的是,这个命题又和另一个貌似无可置疑的命题相混淆:个人财富净增量的总

---

① 霍布森先生于其所著的《工业生理学》一书(第102页)中先引用上述穆勒的话,然后指出,马歇尔于其《工业经济学》第154页已做下列按语:"人虽然有购买能力,但不一定使用。"霍布森接着说:"马歇尔没有了解此事的重要性。他似乎以为这种情况,只有在恐慌时期才会发生。"从马歇尔后期的著作来看,这倒始终是一句公正的评语。

② 参阅马歇尔夫妇所著的《工业经济学》第17页:"用不经穿的材料做衣服,对于商业是不利的。因为假使人们不把钱用在购买新衣服上,他们也会有别的用途,使劳动者就业。"读者请注意,我又得引用早期的马歇尔。当他写《经济学原理》时,就已经有点怀疑这种说法了,所以行文谨慎,多有遁词。不过他从来没有把这种旧观念从他的基本思想中剔除出去。

③ 指第一次世界大战(——译者注,下同)。

④ 罗宾斯教授倒是卓尔不群,几乎只有他一个人保持前后一致的思想体系,他的实际建议是和他的理论相符的。

和，恰好等于社会财富总量的净增量。

但是，用这种方式来思考的人其实都被错误的幻觉欺骗了，从而导致把两种本质上不同的东西混为一谈。他们误认为存在一种自动调整机制，在决定抑制现在消费和决定准备未来消费之间起协调作用。实际上决定后者的动机与决定前者的动机是根本不同的。

可以认为，这个社会总产出的需求价格等于社会总供给价格的假设，相当于古典理论中的"平行线公理"（因看似平行的线却相交，从而指责线没画直）。承认这一点，其余的就自然成立了：节俭对私人和国家社会都有益的节俭论、传统观念的利率论、古典学派的失业论、货币数量论、自由放任有益无弊的国际贸易论等都接踵而来。我们在后面将对这些观点提出质疑。

七

本章指出了古典理论依次取决于下列三个假定条件：

（1）实际工资等于现行就业量的边际负效用。

（2）不存在严格意义上的"非自愿"失业。

（3）供给会自动创造自己的需求，其含义是：在产出和就业的任何水平下，总需求价格都与总供给价格相等。

从本质上讲，这三个假定条件是同一件事情。因为它们是否能成立是一致的，任意一个都与其他两个存在着逻辑上的联系。

第三章　有效需求原理

一

　　首先提出几个概念，我们将在以后给出它们的准确定义。当技术、资源和要素成本既定不变时，企业家雇用一定数量的劳动者，他们会因此而产生两类支出：第一类，付给提供了现行服务的劳动者而产生的支出（不含给其他企业家的支出），我们把这部分支出称为该就业量的要素成本（Factor Cost）；第二类，是因购买了其他企业家产品而付给他们的支出，包括支付给企业家用来补偿使用设备时所造成的磨损，我们把这部分支出称为该就业量的使用者成本（User Cost）。[①] 产出的价值超过要素成本与使用者成本之和的部分就是企业家利润，我们把它称为企业家收入（Income of the Entrepreneur）。从企业家的立场看，要素成本就是他们生产要素的收入。因此，要素成本与企业家利润之和构成该企业家所提供就业量的总收入（Total Income）。企业家在决定雇用多少工人时以达到利润最大化为原则。为方便起见，我们不妨采用企业家的观点，把某个特定的就业量所产生的总收入（要素成本加利润）称为该就业量的收益（Proceeds）。在企业家的心目中，每个一定的就业量就有一个最低的预期收益，如果预期收益低于这个数额，就不值得提供该就业量；这个预期最低收益，可称为该就业量所生产商品的总供给价格

---

① 关于使用者成本的准确定义详见第六章。

(Aggregate Supply Price)。①②

因此，假设技术、资源和要素成本既定不变，那么任何单个厂商、行业的就业量以及社会总就业量就取决于企业家预期能从该就业量下的产出中获得的收益的大小，因为，企业家所要努力维持的就业量，是能使预期收益超过要素成本的部分实现最大化的就业量。

设 Z 为雇用人数为 N 时产出的总供给价格，Z 和 N 的函数关系可写为 Z＝Φ（N），我们把它称为总供给函数（Aggregate Supply Function）。同样的，设 D 为企业家雇用 N 个劳动力时的预期收益，D 和 N 的函数关系可写为 D＝f（N），我们把它称为总需求函数（Aggregate Demand Function）。

假设 N 取某一给定值，如果预期收益大于总供给价格，即 D 大于 Z 时，那么企业家将有动力把就业量提高到大于 N 的水平，而且，在必要的情况下，企业家之间还会不惜抬高价格争相购买生产要素，从而导致成本上升，直到 N 的值上升到 Z 与 D 相等为止。因此，就业量就决定于总需求函数与总供给函数相交点。因为，此时企业家的预期利润达到了最大，而 D 这一总需求函数与总供给函数交点时的值，就被我们称为有效需求（Effective Demand）。这就是"就业通论"的实质性内容，我们的目的在于把它说清楚。以下各章将主要分析哪些因素决定了这两个函数。

此外，古典学派所谓的"供给自动创造自己的需求"，实际是对这两个函数之间的关系做了一个特殊的假定。因为"供给自动创造自己的需求"意味着：对于 N 的任何取值，都能使 f（N）与 Φ（N）相等，即在产出和就业的任何水平下它们都是相等的。所以，当 Z（＝Φ（N））随着 N 同时增加时，D（＝f（N））必然随着 Z 做等量的增加。换句话说，古典理论的假定，总需求价格（或收益）始终与总供给价格相适应，因此，不论 N 取何值，收益 D 始终与总供给价格 Z 相等。这就是说，所谓有效

① 这里不能与通常的单位产品价格相混淆。

② 读者会注意到，我用某特定产量的收益和总供给价格两个词，没有包括使用者成本在内；而买者所付总数中，当然包括使用者成本在内。这种用法的方便之处将在第六章中说明。重点在于：假如总收益与总供给价格两个词，不包括使用者成本在内，那么这两个词就具有准确的定义。反之，因为使用者成本显然与工业的综合程度以及企业家相互之间的购买量有关，因此不能离开这两个因素而对包括使用者成本在内的购买者所支付的总数下一个准确的定义。在界定一个厂商的供给价格（即通常的供给价格）的含义时就有类似的困难；而到总产量的总供给价格时，就会有严重的重复计算问题。历来对这样的困难从不设法解决。如果一定要把使用者成本包括在总产量的总供给价格之内，那么就要解决重复计算的问题，只能对工业界的综合程度做特种假定，依据产品的性质（消费品或资本品）将工业分类。不过这种办法本身很复杂，不清楚，而且也与事实不符。但如果总供给价格不包括使用者成本在内，那么这些困难就不会发生。读者最好还是等到第六章及其附录，再看较详细的讨论。

15

需求也将不是一个唯一确定的均衡值，而是由无穷多个都能被接受的均衡值组成的数值系列；如此一来，就业量就变得不确定，只有劳动的边际负效用能给出就业量一个最高的上限。

如果这一说法是正确的，那么企业家之间的竞争就总会促使就业量上升，直到总产出（Output as A Whole）的供给达到失去弹性的那一点为止，即有效需求数量进一步上升，但产出并不会随之有任何上升。显然，这就相当于充分就业状态。在第二章，我们已经根据劳动者的行为给充分就业下了一个定义，我们现在达到了另一个有等值意义的范畴：所谓充分就业是指这样一种情形，在此情形下，总就业量的产出对有效需求增加的变化缺少弹性。这样，根据萨伊定律所说的：总产出的总需求价格在任何产量上都等于它的总供给价格，也就是说，实现充分就业是没有任何阻碍的。无论如何，如果把总需求和总供给函数联系在一起的萨伊定律并不是真正的定律，那么经济学实在缺少了很重要的一章，而如果这一章不存在，一切关于总就业量问题的讨论都是毫无意义的赘语。

二

现在我们对本书以下各章想要构建的就业理论来做一个简要的概述，也许有助于读者的理解，即使是并不完全理解。其中所包含的名词以后都会给出详细的定义。我们在概述中假设：每雇用一个劳动者的货币工资率和其他要素成本都保持不变。引进这个简化的假定只是为了便于论述，以后我们将放弃它。本理论的主要特征，并不会因为货币工资率等是否会发生变化而受丝毫的影响。

我们的理论可简单地表述为：当就业量增加时，实际总收入也会增加。但社会心理反映为，当实际总收入增加时，总消费量也会增加，但其增加的幅度却比实际总收入要小。因此，如果全部增加的就业量都被用来满足增加的现期消费，对企业家来说将会遭受到损失。如此一来，要维持特定的就业量，就必须要有足够数量的现期投资来吸收该就业水平既定时总产出超过社会愿意消费数量的部分。因为，如果没有这一数量的投资，企业家的收入将不足以诱使他们提供这个就业量。因此，对于既定的社会消费倾向（Community's Propensity to Consume）来说，就业量的均衡水平将取决于现期投资数量；而所谓均衡水平也就是企业家整体再没有动机来扩大或者缩小他们的雇用人数时的水平。现期投资数量又依次取决于我们将要说的投资引诱（Inducement to Invest），投资引诱又取决于资本边际效率表和针对不同期限与风险的各种复合贷款利率之间的关系。

这样在给定的消费倾向和新投资率的条件下，就只有一个与均衡水平相一致的就业量。在其他任何水平上，总产量的总供给价格都与其总需求价格不相等。这个均衡水平下的就业量不能大于充分就业量，实际工资不能小于劳动的边际负效用。而一般来说，我们也没有理由可以期望此均衡水平下的就业量与充分就业量相等，因为，充分就业条件下的有效需求只是一种特殊情况，只有当消费倾向与投资引诱之间存在一种特殊关系时才能实现。而古典理论就是假设这种特殊关系是存在的。从某种意义上说，这种特殊关系倒是一种最优关系（Optimum），但只有在下列情况下才能存在：由于偶然的巧合或人为的设计，使现期投资所产生的需求量，正好等于充分就业所引起总产量的总供给价格与充分就业时社会预期消费量的差额。

这个理论可总结为以下几个命题：

（1）在技术、资源和成本既定的条件下，就业量 N 决定收入（货币收入和实际收入）。

（2）一个社会的心理特点决定了社会收入和社会预期消费量（用 D_1 表示）之间的关系，我们把这种关系称为消费倾向。设消费倾向不变，则消费量将取决于总收入水平，进而取决于就业水平 N。

（3）企业家们雇用的劳动者数量 N 决定于二者之和 D，即 $D=D_1+D_2$。其中，D_1 为社会愿意用于消费的数量，D_2 为社会愿意用于新投资的数量。D 就是我们所说的有效需求。

（4）由于 $D_1+D_2=D=\phi(N)$（ϕ 为总供给函数），又由于命题 2 所述，D_1 是 N 的函数，我们可以写作 $\chi(N)$，χ 取决于消费倾向，故有：$\phi(N)-\chi(N)=D_2$。

（5）因此，以下 3 个因素决定了均衡的就业量：①总供给函数 ϕ；②消费倾向 χ；③投资量 D_2。这就是就业通论的主旨。

（6）对于 N 的任一取值，在工资品行业都有一个与之相应的劳动边际生产率。正是劳动的边际生产率决定了实际工资。因此，命题 5 会受以下条件的约束：当实际工资减少到与劳动边际负效用相等时，N 即达到其最大值。这就是说，并不是 D 的任何变化都与我们所作的货币工资不变的暂时性假定相容。因此，为了全面阐述我们的就业理论，有必要取消这一假定。

（7）根据古典理论，对于 N 的所有取值，都有 $D=\phi(N)$，只要当 N 小于其最大值时，就业量都处于中性均衡（Neutral Equilibrium）状态，所以，可以期望企业家之间的相互竞争能使 N 达到最大值。在古典理论中，只有在这一点（N 取最大值时）上才会存在稳定均衡（Stable

Equilibrium）状态。

（8）在就业量增加的情况下，D_1 也将增加，但其增幅小于 D 的增幅；因为，当我们收入增加时，消费也会增加，但消费的增加幅度小于收入的增幅。我们可以从这一条心理定律（Psychological Law）找到解决现实问题的钥匙。因为，从这条心理定律可以推导出：就业量越大，在此就业量下产出的总供给价格 Z 与企业家预期通过向消费者出售产品而收回的总额 D_1 之间的差额就越大。因此，如果消费倾向不变，就业量就不可能增加，除非 D_2 同时增加，来弥补 Z 和 D_1 之间不断增加的差额。因此，除非真的像古典理论所假定的那样，当就业量增加时，总会有一些力量使 D_2 增加，足以弥补 Z 与 D_1 之间逐渐扩大的距离，否则可能 N 还没有达到充分就业水平，而经济体系就已经达到稳定均衡状态了；N 的实际水平则决定于总需求函数与总供给函数的相交点。

因此，并不是以实际工资衡量的劳动边际负效用决定了就业量，在实际工资既定时所能提供的劳动供给量只决定就业量的最高水平。实际上，是消费倾向和新投资量共同决定了就业量，而就业量又唯一地与一个既定的实际工资水平相联系，而不是相反。假如消费倾向和新投资率导致有效需求不足，那么实际就业水平将会下降，并低于现行实际工资可能产生的劳动供给水平，而均衡的实际工资就会大于均衡就业水平的劳动边际负效用。

以上分析可以用来解释富裕中的贫困（Poverty in the Midst of Plenty）这一悖论。因为，仅是有效需求不足可能而且常常使就业量在达到充分就业水平之前就停止增加。有效需求不足会对生产产生阻碍，尽管事实上劳动的边际产品在价值上仍然大于就业量的边际负效用。

而且，社会越富裕，实际产出与潜在产出之间的差距就越大，经济制度的弱点也越容易暴露而令人愤慨。因为在贫穷社会中，往往大部分产出会用于消费，所以很小的投资就能达到充分就业；而在富裕社会中，假如要让富人的储蓄倾向与穷人的就业机会相协调，那么投资机会就必须比贫穷社会增大更多。如果在一个富余潜力很大的社会中，投资引诱很弱，那么社会的富余潜力虽然很大，但有效需求规律也会迫使其减少实际产量，直到社会达到一定的贫困程度，致使实际产量超过消费量的部分正好与其微弱的投资引诱相适应。

更糟糕的是，富裕社会中不仅边际消费倾向较低，而且因为资本积累量已经很大，除非利率可以迅速下降，否则将很难吸引更多的投资。这就需要我们认真研究利息理论，并分析利率不会自动下降到应有水平的原因。这是第四篇要讨论的内容。

因此，消费倾向的分析、资本边际效率的定义和利率理论就成为我们现存知识体系中必须填补的三个主要空白点。在完成这些工作后，我们会发现，价格理论的地位会下降到适当的位置，它只是我们通论的一个组成部分。我们还会发现，货币在我们的利率理论中有着重要的作用，我们也将尽力把货币区别于其他事物的特征揭示出来。

三

"可以忽略总需求函数"是李嘉图经济学的基本观点。这也是一个多世纪以来，我们所学习的经济学的基础。事实上，对于李嘉图的有效需求不可能不足的观点，马尔萨斯曾经猛烈地批判过，但没有起作用，因为后者只能诉诸于日常观察中得到的事实，而不能清楚说明有效需求为什么以及如何会出现不足或过剩；而且马尔萨斯不能提出另外一个学说。李嘉图经济学征服了英国，就好像宗教裁判所征服了西班牙。他的学说不仅为金融界、政治家和学术界所接受，而且使争议从此停止；它使其他观点完全销声匿迹且根本不再有人讨论。马尔萨斯不能解决的有效需求这个疑难问题，从此不再出现在经济学文献中。经过马歇尔、艾奇维斯以及庇古教授的努力，古典经济学理论已经登峰造极，然而在三人的著作中，对有效需求竟是只字未提。有效需求这个概念只能悄悄地生活在卡尔·马克思、西尔维·格赛尔以及道格拉斯等少数非主流的社会中。

李嘉图经济学获得如此绝对的胜利，始终有点神秘且令人费解。大概是因为这个学说与社会环境很吻合。这个学说所得出的结论往往与常人的预期很不相同，我想这倒反而增加了它的学术威望。该学说付诸实践时往往条件苛刻，这倒使人信为良策；以此学说为基础，可以建立其广大的、逻辑上无可非议的上层建筑结构，并使它看上去很美。该学说可以把社会上很多不公平和残酷的现象解释为进步过程中不可避免的意外事件。这使它受统治者欢迎，它可以成为为资本家的自由行为提供辩护的理论依据，因此又得到了掌权者背后的主流社会力量的支持。

虽然正统经济学家直到最近还毫不怀疑这个学说，但是该学说在科学预测上的失败，极大地损害了那些把它运用于实践的经济学家们的威望。从马尔萨斯以来，职业经济学家对于理论与事实不符始终无动于衷，但是，普通人已经觉察到这种理论与事实不符的情况，结果是他们不愿意像尊敬其他科学家那样尊敬经济学家。因为前者的理论在解释实际时常常可以用观察证实，而经济学却不能。

传统经济理论的乐观主义，似乎已经使经济学家们脱离了现实世界，

19

在自己的小园地里乐此不疲，然后告诉人说：只要听任自然，一切都在最好可能的世界中，向着最好的路上走。我认为，这种乐观态度是由于他们忽视了一点：有效需求不足会给经济繁荣带来负面影响。如果一个社会的运行，确实像古典学派所设想的那样，则社会资源的就业量，就显然存在着向最优就业量靠近的自然趋势。古典理论或许代表了我们所希望的经济体系运行方式。但是，若假设现实世界就是这样的，那就从根本上把问题都假设掉了。

第二篇　定义与概念

第四章　单位的选择

一

在本章和后面三章，我们将试图把某些疑难问题弄明白，这些疑难问题与我们所要研究的问题并没有特别的联系。所以，这几章有脱离主题的嫌疑，会暂时中断我们对主题的研究。我之所以提出这些疑难问题来讨论，是因为别人的处理方法对我所要研究的问题并不适用。

有三个疑难问题严重地阻碍了本书的写作进程，在我没有设法解决之前，我始终没有办法把自己的意见流畅地表达出来。这三个疑难问题是：第一，选择计量单位，该单位能适用于研究整个经济体制的许多问题；第二，如何确定预期在经济分析中的地位；第三，如何确定收入的定义。

二

经济学家们通常所用的单位不能令人满意的地方，可以从国民收益、实际资本存量和一般价格水平这几个概念中得到说明：

（1）国民收益（National Dividend），正如马歇尔和庇古教授所定义[①]的那样，衡量的是当期产出或者实际收入，而不是当期产出的价值或者货币收入。[②] 而且，国民收益是个净概念，必须从当期产出中减去期初时已有的资本设备在当期的损耗，二者之差才是国民收益，才是社会资源的净增量，可以用来消费或留作资本。经济学家想在这个基础上建立起一个量的科学。不过假使这个定义以此为目的，则有一个严重不足之处：由于社

[①]　请阅读庇古《福利经济学》（Economics of Welfare）全书，尤其是第一篇第三章。

[②]　国民所得虽然包括一切实际所得，但为实际方便起见，只包括可以用货币来购买的商品或劳务。

会的商品和劳务是性质不同的复合体，因此严格地说，除了某些特殊情况，这个复合体是不能被计量的。例如，特殊情况之一是，所有产品都以同一比例增加。

（2）当我们为了计算净产出而设法计量资本设备的净增量时，遇到的困难更大。因为，要对现期内生产的新设备与已经损耗掉的老设备在数量上进行比较，我们就必须找出两者之间某个共同的基础。在计算净国民收益方面，庇古教授[①]尝试减去"可以视为正常的折旧（Obsolescense）等，至于什么算是正常，则要看这些损耗是不是经常发生，使人可以大致（如果不能详细）预料得到"。但是，由于庇古教授并没有以货币作为计量单位，所减去的也不是一笔钱，因此他其实是假定：物质虽然没有变，但物质的数量已经改变，换句话说，他还是暗中引入了价值改变（Changes in Value）的概念，当生产技术改变，新的资本设备与旧的设备不相同时，庇古教授也想不出令人满意的办法[②]来比较新旧两种设备的价值。

无论如何，就经济分析来说，我相信庇古教授所尝试的概念是正确而恰当的。但是，除非先采用令人满意的单位体系，否则，很难给出精确的定义。要把一个实际产出（Real Output）与另一个实际产出相比较，然后再用新的资本设备项目来抵消旧的、消耗了的项目，以计算净产出，这实在是个难题，而且这个难题真的没有什么办法解决。

（3）众所周知，一般价格水平这一概念含义空泛，而且也无法使其精准。这使得它很不适合因果分析（Causal Analysis），毕竟因果分析应该是非常精确的。

不过，这些困难也只不过是纯理论上的困难而已，工商界在做具体业务的决策时，从来没有顾虑过这类问题，而且与经济事态（Economic Events）的因果程序（Causal Sequence）也没有什么联系。这些概念虽然不明确，经济事态的因果关系却是明确的。由此我们可以断言，这些概念不仅不明确，而且没必要。显然，在我们的定量分析（Quantitative Analysis）表达方式中，一定不能使用任何在数量上模糊不清的概念。而且事实上正如我希望能证明的那样，一旦我们尝试进行分析，没有那些模糊的概念，事情反而会变得更加清晰。

两堆在数量上无法比较的东西，当然不能作为计量分析的材料，但我

---

① 《福利经济学》第一篇第四章"何谓维持资本完整"，以及他在《经济学月刊》（Economic Jouenal）1935 年 6 月号一文中所做的修正。

② 哈耶克（Hayek）：《批评》，《经济》（Economica），1935 年 8 月号，第 247 页。

们仍然可以做以下粗略的统计比较。统计比较不需要精确的计算，只要大致不差即可。因此，在某些范围内，统计比较（Statistical Comparisons）倒是有意义的、健全的。实际净产出、一般价格水平等，最好放在历史的、统计的叙述里面，其目的在于满足历史的、社会的好奇心。对于这个目的，绝对精确既不是普遍的，也不是必需的；但是，因果分析则需要绝对精确，不论我们对于有关数量的实际值知道得是否完全准确。说今天的净产出大于10年前或1年前，但物价水平则较低。这句话与另一句话的性质很类似：维多利亚女王作为女王要比伊丽莎白女王好，但作为女人却不见得比她快乐。这句话不是没有意义，也不是没有情趣，但不适于做计量分析的材料。如果我们用如此空泛的、非量化（Non-quantitative）的概念来做数量分析的基础，那么我们的精确一定是戴着假面具的。

三

我们要记住，在任何特定场合，企业家最关心的是决定以什么样的规模来使用一定量的资本设备。当我们说，假使企业家需求将增大（总需求函数提高），则总产量将增大，实际是说，厂商将在同一数量的资本上雇用更多的劳动力。如果是一家厂商生产一种商品，则产量的增减有实际意义。但是，如果要把各厂的生产活动加总起来，则除非用给定设备上的就业量为标准，否则我们无从准确地说产量到底是增是减。在这里用不着社会总产量以及一般物价水平这两个概念，因为我们不需要当前总产量的绝对值，来比较当前产量与不同资本设备、不同就业量所能产出的产量之间的大小。如果为叙述方便或进行简单比较，我们要用产量增减这种说法，那么，我们必须依赖下列假定：在一给定资本设备上所使用劳动力的人数，确实是由此所生产产量的恰当指数，换句话说，我们假定二者同时增减，虽然二者并没有直接的一定比例。

在论述就业理论时，我建议只使用两个基本数量单位，即币值量（Quantities of Money-value）和就业量。其中，前者是严格同质（Strictly Homogeneous）的，后者可以人为地使其做到同质。因为对于不同等级和类别的劳动者以及领取薪金的办事员来说，他们获得的是相对稳定的报酬。为了便于计算就业量，我们可以把普通劳动者工作一小时的报酬作为计量单位，而按一定比例把特殊劳动者的工资报酬换算成他的劳动时间。例如，报酬是普通劳动者两倍的特殊劳动者每工作一小时，计作两个工作时数。我们的目的是通过这种方式得到理由比较充分的就业量的定义。我们把衡量就业量的单位叫做劳动力单位（Labour-unit），并把每一劳动力单位的货币工资称为工资单位（Wage-unit）。① 从而假设，E 为工资或薪金总额，W 为工资单位，而 N 为就业量，就有 E＝N·W。

单个工人在特殊技能以及对不同职位的适应性方面固然存在巨大差异，但这个不争的事实不足以推翻劳动供给具有同质性这一假设。这是因为，如果工人所得报酬与其效率成比例，则因我们计算劳动供给时也根据其报酬给予加权，所以这种效率的差别也已经计算在内了。假如，当产量增加时，一个厂商不得不雇用更多的工人，而这些工人的工作效率相对于付给他们的单位工资越来越低。如果是这种情况，也不过是许多因素之一使得某给定资本设备上所雇用的劳动力逐渐增加时，设备的边际产量逐渐递减的诸多原因之一。换言之，我们可以把报酬相等、效率不等这种劳动的不同质性，包括在资本设备里，看做是资本设备的性能。所以，当产量增加时，我们不认为是劳动越来越不适于利用同样的设备，而认为是设备越来越不适于雇用劳动。假如没有多余的专业技术工人，必须雇用技术差一点的工人，致使产品的平均劳动成本提高，这种情况表明，当就业量增加时，该资本设备的报酬递减速度，相比有劳动者剩余时更大。② 假如各类工种的专业化程度很高，工种之间根本不可能替代，即使在这种极端情况下，也没有什么不便讨论的。因为这无非表示，当专门适应某种资本设备的劳动力都已用尽时，则该种设备的产品供给弹性会下降到零。③ 我们

---

① 如果 X 代表以货币计算的数量，那么同一数量如果用工资表示，可以写作 X_w。

② 这是主要理由，为什么当需求增加时，即使现成的资本设备也还仍然有搁置不用的，而产品的供给价格也会增高？我们假设失业者都聚居在一个地方，所有雇主都有同等机会来雇用个人；再假设一个厂商所雇用的劳动力，其所得报酬有至少一部分并不严格依照他们在这个行业的效率，而是按照他们的劳动时间（实际情况也大都如此），那么我们就得到一个明确的例证：当产量增加时，即使没有内部不经济（Internal Diseconomies），但由于所雇用的劳动效率递减，也可使供给价格提高。

③ 我不知道通常所用的供给曲线如何处理上述困难，因为使用这种曲线的人并没有说明他们所用的假定。大概他们假定：使用在一个行业的劳动力，其所得报酬通常严格依照他们在该行业上的效率。然而这与事实不符，我之所以把劳动力的效率不同看作是属于资本设备的性能，其主要理由也许是因为，当产量增加时盈利也增加，但事实上盈利的增加量大部分归资本家而不归效率较高的工人。虽然工人也许能得些好处，例如不易被辞退、升职机会较早等。也就是说，效率不同的工人做同一种工作时，其所得工资很少与其效率成比例。但如果效率较高的个人的确得到较高的工资，则我的办法已把这种事实计算在内，因为在计算就业量时，每个劳动者是依照他所得报酬加权的。在我的假定之下，当我们讨论一个行业的供给曲线时，必然有有趣的故事发生，因为一个行业的供给曲线的形状要根据其他方面的劳动者需求情况决定。忽视这种复杂情况，当然与事实不符，不过当讨论总就业量时，如果我们假定：相应于某特定量有效需求，只要有一种分配办法将有效需求量分配到各个行业，我们就可以不必考虑这些复杂情况。当这个假定也许不确定时，有效需求的分配办法也许要看有效需求改变的原因。例如同量有效需求的增加，一种是由于消费倾向的增大，另一种是由于投资引诱的增加，则二者所面临的总供给函数也许不同。不过这些都是我把一般概念做详细分析时所发生的问题，此处不打算再做进一步研究。

所作的劳动单位具有同质性的假设不会带来任何问题，除非不同劳动单位的相对报酬间出现极大的不稳定性。而即使真的出现了不稳定性，我们也可以通过作劳动力的供给和总供给函数的形状都会快速改变的假设来解决这个问题。

当我们把经济体制的运行当做一个整体来考察时，如果严格限定只使用两个单位，即货币和劳动，将避免很多不必要的麻烦。同时，把产量和设备的特定单位留待我们独立地分析单个厂商或单个行业的产出时使用，并把一些模糊不清的概念，例如，总产出量、总资本设备量和一般价格水平，用于某种历史比较的场合，而历史的比较在一定（也许还很宽广）的限度内本来就是不严密的和近似的。

据上所述，我们以后将借现有资本设备上所使用工时（Hours of Labour）的多少来衡量当前产量的变动，不管它是用于满足消费还是用于生产新设备；技术工人的工时则按照他们的所得报酬加权。我们不需要把这个产量与另外一组工人和设备所生产的产量做量的比较。在既定的资本设备条件下，当总需求函数变动时，企业家们将做出预测和反应；我们不必了解由此所生产的产量、生活水平和一般物价水平与另外一个时期或另外的国家之间比较会产生什么变化。

四

不论我们所讨论的是一个具体的厂商、一个行业，还是整个经济体系的活动，我们可以不问产量，只用总供给函数（Aggregate Supply Function）和我们所选定的两个单位来表示供给曲线（Supply Curve）和供给弹性（Elasticity of Supply）。例如一个厂商（对于一个既定行业或全部行业也基本是这样）的总供给函数式为：

$$Z_r = \varphi_r(N_r)$$

其中，Z_r 是能使就业水平为 N_r 的预期收益（不包括使用者成本在内）；预期收益达到 Z_r 时，足以引诱企业家雇用 N_r 人。假如就业量 N_r 能够引致产出 O_r，设 $O_r = \psi_r(N_r)$，则可以推导出：

$$P = \frac{Z_r + U_r(N_r)}{O_r} = \frac{\varphi_r(N_r) + U_r(N_r)}{\psi_r(N_r)}$$

上式就是通常情况下的供给曲线。其中 $U_r(N_r)$ 为就业量在 N_r 时企业家预期中的使用者成本。这样，在每一种商品都具有同质性的情况下，即对于每一种商品，$O_r = \psi_r(N_r)$ 都有确定的含义时，我们就可以用普通的方法来估计 $Z_r = \varphi_r(N_r)$；这种做法有一个好处是：我们不能用对 N_r

求和的方法来对 O_r 求和，因为，ΣO_r 是不能用数值来表示的。而且，如果我们可以假设：在既定的环境下，既定的总就业量在不同行业间分配的方式是唯一的，以致 N_r 是 N 的函数，那么，问题可能会得到进一步简化。

第五章　决定产出与就业的预期

一

　　满足消费是一切生产的最终目的。然而从生产者（把消费者考虑在内）投入成本开始，一直到产品被最终消费者购买，其间会有一个时间间隔，而且有时可能还很长。在这段可能相当长的时间间隔后，在生产者能为消费者直接或间接地提供产品时，消费者愿意花多少钱购买这些产品，企业家（包括生产者和投资者）并不能确切地知道，他只能尽量做出最准确的预期（Expectations）。如果他所从事的生产确实存在这样的时间间隔，那么，没有别的任何选择，他就只能根据这种预期来做出生产安排。

　　我们可以把制定商业决策（Business Decisions）所依据的预期分为两类。一部分人和厂商专门做第一类预期，另一部分则专门做第二类预期。第一类是对价格的预期，即一个制造商决定开始生产某种产品时，他期望自己的产品"制成"（Finished）时，能够卖一个什么样的价钱，从制造商的角度来看，一件产品已经能够使用或者可以卖给另一方时，产品就已经"制成"。第二类是关于未来报酬的预期，即企业家在决定购买（或生产）制成品以增加资本设备时，他期望将来能从中所得收益的预期。前者可称为短期预期（Short-term Expectation），后者可称为长期预期（Long-term Expectation）。

　　这样，单个厂商决定其每天（Daily）[①] 产量的依据是短期预期。即对各种可能生产规模之下，产品成本和销售价格的预期。然而，假如他的产品是卖给别人用来增加资本设备的，或是卖给中间商的（Distributors），那么，他这种短期预期在绝大部分情况下决定于别人的长期（或中期）预期。厂商提供的就业量正是决定于这些各种不同的预期。只有当生产和销

---

　　① 这里所谓的"每天"代表最短的时间；过了这一时间，厂商对其以前所作的雇用劳动人数的决策又可以重新修改。换句话说，所谓"一天"是指经济生活中时间最小的有效单位。

售这些产品的实际实现结果（Actually Realised Results）能够影响或导致下次预期改变时，它们才能对就业量产生影响。在决定第二天的产量时，虽然当时的资本设备、半成品和原材料等的存量，是根据先前的预期购置的，但先前的预期也与第二天的就业量无关。因此，企业家在每次做决策时，固然会考虑现存的设备和存货（Equipment and Stock），但决策还是依据当时对未来成本（Prospective Costs）和销售价格的预期而做出的。

一般来说，预期（不论短期还是长期）如有改变，在通常情况下，这种改变对就业量的影响力是逐渐发挥的，待其全部发挥出来需要相当长的时间。即使预期只改变一次，因预期改变而导致的就业量的变化，在预期改变后的第二天也不同于第一天，第三天又不同于第二天，依次类推。原因在于，当短期预期趋向逆转时，通常情况下，其改变不会太强烈或太急剧，以至于使企业家立即停止已经开始的生产过程，虽然根据修正后的预期，这些生产过程本不应当开始；当短期预期趋于好转时，则必须经过一个准备时期，然后就业量才能达到一个新的水平而与修正后的预期相吻合。当长期预期趋于逆转时，有些设备虽然不能重新购置，但在没有损坏之前，还需要雇人在上面工作；当长期预期趋于好转时，则开头时的就业量，比资本设备已经与新环境相适应后的就业量也许会较高。

我们假定某种状态的预期已经持续了足够长的时间，以致它对就业量的影响力已经得到充分发挥，即所有应该就业的人员都已经就业，所有不应就业的人员也都已经离业，那么，这时达到的稳定的就业水平，可被称为与这一预期状态相对应的长期就业量。[①] 可见，虽然预期的经常改变，可能会使实际就业量从来没有充分的时间来达到与现行预期状态相对应的长期就业水平。但是，每一种预期状态都必然会有一个与之相对应的确定的长期就业水平（Level of Long-period Employment）。由此，即使预期经常改变，以至于实际就业量总没有时间达到与现行预期状态相适应的长期就业水平，但每一个预期就业状态必然会有一个长期就业水平与之相对应。

如果我们假设预期改变一次，且以后不再有新的改变与之相混淆或干扰，那么在这种情况下是怎样过渡到长期预期状态的。我们先假定这一改变的特点是：新的长期就业水平高于原来旧的就业水平。一般来说，开始时受较大影响的只有投入（Input）的速度，换句话说，只有新生产过程

---

① 长期就业水平不一定是个常数，即长期状况不一定是静态的。例如，预期财富及人口的增加速度不变也是不变预期之一，预期不变的唯一条件是现在预期的状态在很早以前就已经预见到了。

初期的工作受到影响；而消费品的产量以及预期改变以前就开始的生产过程后期的工作大致与以前相同。如果开始时还有半制成品存货，那么这个结论可能要作一定的修正；但是，就业量在初始阶段的增加是有限的这一结论仍然是成立的。就业量将会随着时间的推移而逐渐增加。另外，我们很容易想象，还有可能会出现这样一种情况：在某个阶段，就业量可能会高于新的长期就业量。这是由于在为满足新预期状态而建造资本设备的过程中，就业量和当前消费量都可能超过长期状态所能达到的水平。因此，预期的改变可以导致就业水平逐渐上升而达到一个顶峰，而后又下降到新的长期水平。即使新的长期水平与旧的相同，但如果预期的改变是由消费方向的改变所引起的，并进而导致某些生产过程及资本设备不适应而被淘汰，那么也会出现同样的结果。如果长期就业水平比原有水平低，那么在过渡时期，就业量会暂时低于新的应有的长期就业水平。因此，在预期的改变发生作用的过程中，仅是它本身的改变，就会产生像经济周期那样的波动。当我在拙著《货币论》中讨论到，由于情况改变，以致运营资本和流动资本有增减时，我所讨论的就是这种波动。

达到一个新长期状态的转变过程，即使如上所述没有什么阻碍，但在现实的很多细节上还是比较复杂的。因为，预期的状态在不断地改变着，在前一个改变的效力还没有充分发挥出来之前，新的预期又会叠加上去。因此，在任何给定的时间，经济体系中都存在着大量互相叠加的活动，其根源是过去产生的对未来的各种预期。

二

以上分析对于我们当前的目的具有重要的现实意义。综上所述，从一定意义上说，任何时点上的就业量，既取决于当前的预期，又取决于过去一定时期里存在的预期。然而，过去尚未充分发挥作用的预期体现在今天的资本设备之中；企业家在作今天做决策时，必须参照今天的资本设备；而且，过去的预期只有体现（Embodied）在今天的资本设备中，才能影响今天的决策。可见无论上述影响怎样，都可以做这样的表述：依据今天的资本设备而做出的今天的预期决定了今天的就业量。

强调当前对长期预期的参照作用是难以避免的，但对短期预期却可以略而不论。因为修改短期预期的过程，事实上往往是逐渐的、连续的，大部分是依据实际结果而作的。因此预期结果与实际结果的影响是相互交错的。产量与就业量固然决定于生产者的短期预期而不是过去的结果，但最近过去的实际结果往往有支配力量，可以决定这些短期预期。如果每次生产过程开始的时候都要重新作短期的预期，那实在太麻烦，而且也白白浪费时间。毕竟大部分情况下从一天到另一天并没有太大变化。除非生产者有确定的理由预期未来将发生改变，否则，他们预期最近实现的结果将持续下去的判断确实是很合理的。因为事实上就影响就业量这一点而言，当前产量的预期售价，大致就是最近过去产量的实际售价。生产者常常根据实际结果而不是凭空预测来改变他们的预期。①

　　然而不能忘记，生产者在生产耐用品时的短期预期是建立在投资者当前的长期预期基础上的。而长期预期的特性就是不能在较短的时间间隔中根据已实现的结果来检验。而且，长期预期会突如其来地改变，这一点我们会在第十二章对长期预期作更详细的考察时再次论及。因此，当前长期预期这个因素既不能略而不论，也不能被实际的结果所代替。

---

　　① 这里强调企业家在决定生产时所作的预期这一点，我认为可以答复郝特雷的论点。他认为，在价格没有下跌，或预期与实际不符，还没有反映为实际损失以前，就业量与进货量只受存货增加的影响。如果库存增加或订单减少，则表示前期产量的售价已经不能贸然应用于未来，因此也足以使进货量减少。

第六章　收入、储蓄和投资的定义

一、收入

在任一时期中，企业家把他的制成品卖给消费者或别的企业家，所得款项我们用 A 来表示。他从别的企业家那里购买制成品所支出的款项，我们用 A_1 表示。一期终了时，他最终也会拥有一些资本设备，包括半制成品存货、流动资本和制成品存货等，我们用 G 来表示其价值。

在 $A+G-A_1$ 中，有一部分并不是本期生产活动的结果，而是本期开始时企业家已有的资本设备。要得到我们所说的本期收入，必须从 $A+G-A_1$ 中减去一笔款项，这笔款项不是来自本期的活动，而是上期留下的设备在价值上的贡献。一旦找到合适的计算方法来计算这笔应被减去的款项，我们就可以解决收入的定义问题了。

计算这笔款项有两种可能的方法：一种与生产有关，另一种与消费有关。两种方法都有一定的重要意义，我们将依次加以分析。

(1) 资本设备在本期期末时的实际价值 G 是企业家得到的一个净值。它由两方面因素形成：一方面，他向其他厂商购买了设备，并且在本期内对资本设备进行了维护和改进；另一方面，由于生产产品而导致资本设备的损耗和折旧。即使企业家不生产产品，他们对设备进行维护和改进也要支付一笔适度的款项。假设企业家对设备进行维护和改进支出了 B′，包括这笔支出在内的资本设备在本期期末时的价值将为 G′。那么，G′−B′ 就是从上一期继承下来的资本设备在不用于生产产品 A 时的最大净值。这个净值超过 $G-A_1$ 的部分，即：

$$(G'-B') - (G-A_1)$$

这就是由于生产 A 而被消耗掉的部分。我们可称为 A 的使用者成本 (User Cost)，用 U 表示。[1] 企业家为了得到其他生产要素的服务而支付

---

[1]　在本章附录中，还有关于使用者成本的几点观察。

的款项（从要素的角度来看，这也是他们的收入），我们称为 A 的要素成本（Factor Cost），用 F 表示。U 与 F 之和，就是产量 A 的直接成本（Prime Cost）。

由此，我们可以将企业家的收入（Income）[①] 定义如下：本期销售的制成品的卖价超过直接成本的价值，就是企业家的收入。换句话说，企业家的收入就是通常意义上的毛利（Gross Profit），而毛利是在现有生产规模基础上，企业家希望其最大化的一个数值。这个定义与常识相符。又由于企业家的要素成本与社会上其他人的收入相等，因此，总收入就等于 $\Sigma (A-U)$。

以这种方式定义的收入是一个有明确意义的数量。由于企业家决定向其他生产要素供应者提供多少使用量时，在他们的预期中，收入超过支付给其他生产要素的部分是他要努力使其最大化的数量，正是这个数量对就业量具有因果关系的重要意义。

当然，不难设想可能存在这样一种情形：$G-A_1$ 可能大于 $G'-B'$，以致使用者成本成为负数。例如，①如果我们碰巧选择了这样一个时期，在此期间内，投入品的数量已经增加，但增加的产品却还未达到完成和销售的阶段，那么就会出现这样的情况；②工业的综合程度很高，各个厂商自制大部分资本设备，而投资量又是正数。这两种情况都可能让使用者成本为负数。但是，既然仅仅只有在企业家雇用工人和自行制造资本设备的情况下，使用者成本才是负数，那么在一个充分分工的社会中，企业家增加的大部分资本设备是由其他企业制造的，通常可以认为使用者成本是正数。除此以外，很难设想会出现与 A 的增加相联系的边际使用者成本 $\dfrac{dU}{dA}$ 不是正数的情形。

在此简要叙述一下本章后一部分的内容。对整个社会来说，本期总消费 C 等于 $\Sigma (A-A_1)$，总投资 I 等于 $\Sigma (A_1-U)$。而且就单个企业家来说，U 是该企业家全部设备中自行制造设备的负投资（负 U 是他的投资）。所以，在一个完全一体化的经济系统中（在此，$A_1=0$），消费等于 A，投资等于负 U，亦即等于 G－（G'－B'）。上述情形会由于 A_1 的引入而变得有点复杂，目的在于希望对工业并非一体化的生产体系提供一个通用的方法。

此外，有效需求只是企业家们希望从他们所决定提供的当前就业量中所可预期获得的总收入或所得。这个总收入还包括他们需要支付的其他生

---

① 不是净收入；净收入另有定义，见下。

产要素的收入，也就是企业家的要素成本。总需求函数就是表示二者之间的关系：即把各种假定的就业量和与之对应的预期产量的收益联系起来。而有效需求就是总需求函数上的一点，这一点上的需求之所以是有效的，是因为它和总供给状况相联系，它所对应的就业量能使企业家预期利润达到最大值。

有些经济学家是根据边际收益来定义边际成本的，但他们忽视了使用者成本或者假设它们等于零，却使供给价格①等于边际要素成本。因此可以得到边际收益（或者收入）等于边际要素成本这一类命题。我们这一组定义有一个优点，如果我们用这些经济学家们的假定，也可得到相同的命题。②

（2）以下我们转入第二种方法。我们迄今所讨论的资本设备期末价值相对于期初改变的部分，是企业家为追求最大利润而自主决策的结果。另外，还有资本设备的非自愿损失（或增益）。这些情况的产生超出了企业家的控制或与他们的当前决策无关。例如，由市场价值的改变、折旧（Obsolescence）、时间的推移、战争和地震灾害造成的损耗。其中有些是不可避免的，但有些却并非不可以预料，例如，不论资本设备是否使用，由于时间的推移而产生的损失和所谓的"正常"折旧（"Normal" Obsolescence）。后者如庇古教授所说："经常发生，使人至少可以约略（如果不能详细）预料得到。"此外，社会上还有其他种种损失也经常发生，通常被认为是"可保风险"（Insurable Risks）。这些预期损失的大小当然要看预期在什么时候形成而定。让我们暂时忽略这件事实，把非自愿但可预期的资本设备折旧，即预期折旧超过使用者成本的部分称为补充成本（Supplementary Cost），可写作 V。无需指出，我对补充成本的定义与马歇尔的明显不同，不过我们二人都想处理不在直接成本以内的那部分预期折旧，这一点基本观念是相似的。

在我们计算企业家的净收入和净利润时，通常要从上述定义的收入和

---

① 如果忽视使用者成本的定义，那么供给价格一词的定义也不完整。这些在本章的附录中还有讨论。我在附录中将说明，在讨论总供给价格时，有时固然可以把使用者成本排除在供给价格之外，但在讨论单个厂商每单位产品的供给价格时则是必不可少的。

② 例如，设总供给函数为 $Z_w = \phi(N)$，或 $Z = W \cdot \phi(N)$，其中 W 为工资单位，$W \cdot Z_w = Z$，则因在总供给曲线的每一点，边际产出的收益都等于边际因素成本，故有：

$$\Delta N = \Sigma \Delta A_w - \Sigma \Delta U_w = \Delta Z_w = \Delta \phi(N)$$

此即表示 $\phi'(N) = 1$；以上是假定要素成本与工资成本之间有一不变比例，又假定美国厂商的总供给函数（厂商数也假定不变），不受其他行业所雇用人数的影响。故上述公式中的各项，适用于每一个企业家；相加起来则适用于全体企业家。这就是说，工资不变，其他要素成本与总工资支出成正比，则总供给函数为一条直线，其斜率为货币工资。

毛利润中减去一笔估计的补充成本。这是因为：当企业家考虑他所能自由消费和储蓄的数量时，已经在心目中把补充成本从毛利中减去了。当他以生产者（Producer）的身份决定要不要用这种设备时，直接成本和毛利是重要概念；而当他站在消费者（Consumer）的立场上时，补充成本在他心目中的地位就好像是直接成本。因此，如果我们在给总净收入（Aggregate Net Income）下定义时，把补充成本和使用者成本从产品销售款项中同时减去，那么总净收入就等于 $\Sigma(A-U-V)$。这样一个概念不仅与习惯用法相符，而且与消费量多少相联系。

　　资本设备价值变化的原因有很多，或为未曾预料到的市场价格的变化，或为异乎寻常的折旧损耗，或由天灾人祸产生的破坏，这些都是非自愿的，并且从广义上说是无法预料的。这些项目中的实际损失我们可以称为意外损失（Windfall Loss），只能列在资本账户，不能列在净收入账户。

　　净收入（Net Income）具有重要的因果关系意义，是因为 V 的数量对现行消费量在心理上颇有影响。净收入即通常意义上的可支配收入（Available Income），一个普通人在决定其消费量时，他现期能自由支配的净收入是必须要考虑的。当然，净收入并不是在他决定消费的数量时所考虑的唯一因素，资本账户中究竟有多少不能预期的所得或损失也很有关系。只是补充成本和难以预料的损失有一个差别：补充成本改变对消费的影响就像毛利的改变一样，因为与厂商有关的消费量是当期产品的卖价减去直接成本与补充成本之和的差额。而意外损失（或收获）虽然也影响企业家的消费，但程度不同，即使意外损失与补充成本的数额相同，其影响也较小。

　　我们必须回到补充成本和意外损失之间的划分上，换言之，究竟哪种应该计在收入账上，哪种应该计在资本账上？二者之所以会有差别，其原因部分是惯例成规（Conventional）或心理上（Psychological）的，产生于被通常所接受的估算补充成本的方法。由于很难确定唯一的原则来估算补充成本，因此，补充成本的数量就取决于我们对会计方法的选择。当资本设备刚生产出来时，其预期补充成本是一个具体的价值量，但以后重新评估（Re-estimated）时，该设备在剩余寿命（Remainder of the Life）中的补充成本，会因预期状况的改变而与原来的估值不同。根据原来的预期会产生一系列（Prospective Series）U＋V，而根据修正后的预期则又有一系列新的 U＋V，二者的差额折成现价，就是资本不可预料的得或失。在商业会计上有一个普遍采用的且经英国内地税务机关赞同的原则，即在取得一项资本设备时就对设备的补充成本和使用者成本之和定一个数目，不管以后预期有没有改变，都维持这个数目不变。这样就使任何一期的补充成本都是该数目与使用者成本之差。这个方法有一个好处，即在设备的整个使用寿命期间，难以预料的得失都是零。但是，如果经过一个特定的会计期间（例如一年），就根据当期市场价格和预期重新评估补充成本也无可厚非。事实上两种方法都有人采用。为了方便起见，我们可以把购买设备时形成的初始预期补充成本称为基本补充成本（Basic Supplementary Cost），而把根据现期价值和预期重新计算得到的同一数值称为当期补充成本（Current Supplementary Cost）。

补充成本的典型是企业家以宣布股息（假如是公司）或决定其当前消费量（假如是私企）为目的，在计算净收入时从收入中减去的项目。补充成本的定义问题只能到此为止，无法更为精确。因为我们不能把资本账目上难以预料的得与失完全抹杀，因此假如一个项目有可疑之处，就应该把项目列入资本账户；只有很明显属于补充成本的，才算在补充成本之内。如果资本账目所记太多，也可以根据情况加重资本账目对当期消费的影响并设法矫正它。

读者会看到，这里净收入的定义与马歇尔的收入定义非常接近。马歇尔引用所得税司（Income Tax Commissioners）的惯例，大致来说，凡是该司根据历来经验所确认的收入，马歇尔也认为是。因为所得税司在这方面所做的决定，通常对所谓净收入这个问题，是经过最审慎最广泛的调查以后才得出判断的。我所谓的净收入又相当于庇古教授最新定义的国民收入的货币价值（Money Value）。[1]

虽然如此，由于净收入这个概念是建立在意义不明的准则之上的，不同的学派有不同的解释，所以它的含义仍然不甚明确。例如，哈耶克（Hayek）教授曾经说过，一个资本品的所有者要设法维持其投资所得，不管任何原因导致其投资所得有下降趋势，他们都会先提出一笔款项来抵消这种趋势，剩下的才能够自由用于消费。[2] 我怀疑究竟有没有这种人存在，不过如果以此作为计算净收入的一种可能的心理标准，在理论上也无可厚非。哈耶克教授由此推论，认为储蓄和投资两个概念也因此是含混的。如果他指的是净储蓄和净投资，那么他是对的。但与就业量有关的储蓄和投资两个概念没有这种问题，而且（像下一节所述）可以有客观的定义。

因此，不遗余力地强调净收入这一概念而忽视（像往常一样）收入这

---

① 《经济学杂志》（Economic Journal），1935 年 6 月号，第 235 页。

② 《资本的保存》（The Maintenance of Capital），《经济》（Economica），1935 年 8 月号，第 241 页及以下。

一概念是错误的。净收入只与消费决策有关，而且很难把它与影响消费的其他各种因素区分开；而收入却是与现期生产决策有关的一个概念，而且含义相当明确。

以上对收入和净收入所下的定义，尽量与通常的用法相符。我要提醒读者，拙著《货币论》中收入的含义很特殊。其之所以特殊，是因为当我对总收入中企业家收入的部分下定义时，既没有用当前生产活动的实际利润（不论是毛利还是净利），也没有用他们在决定从事当前生产活动时的预期利润，而是用了一种可谓正常利润或均衡利润。现在回想起来，假使生产规模可以改变，则所谓的正常利润或均衡利润的含义也没有充分规定。依照《货币论》中所下的定义，储蓄超过投资的数额，便是正常利润超过实际利润的数额。我担心把名词这样来用，已经引起许多混乱。因为有许多结论，尤其是关于储蓄和投资直接差额的结论，只有把我所用的名词按照我的特殊含义来解释才是对的。但是不少人不理解，往往只引用我的结论，以为我所用名词的含义就是常人熟悉的含义。因为这个原因，再加上我现在已经不必借助于以前所用的名词来正确表达我的思想，所以我决定从此弃而不用。对于那些曾经引起的许多混乱，我只能深表歉意。

二、储蓄和投资

在名词用法的很多分歧之中，有一点倒是大家有共识的。据我所知，大家都同意，储蓄（Saving）是收入（Income）超过消费（Consumption）支出的部分。因此，假如对储蓄的含义还有疑虑的话，那就是要么对收入，要么对消费可能还有疑虑。关于收入，上文中已经下过定义。一个时期的消费支出一定等于同期卖给消费者的商品价值。于是问题出在什么是消费购买者（Consumer-purchasers）上？任何合理划分消费购买者与投资购买者（Investor-purchasers）的标准都同样适用，但是一经选定，就必须始终遵守不变。我们是否应当把购买汽车作为消费购买，把购买住宅作为投资购买？这些问题常常有人讨论。我也没有多少可补充的。这个问题的答案，其划分标准显然必须符合我们划分消费者和企业家的标准。在我们把 A_1 定义为一个企业家向另一个企业家所购买的产品价值时，这个问题无形中就得到了解决。因此，消费支出可以被明确地定义为 $\Sigma(A-A_1)$，其中 ΣA 是这个时期的总销售量，ΣA_1 是同时期各企业家之间的购买量。为方便起见，我们在以下的论述中都将略去 Σ，用 A 表示该时期的全部销售量，A_1 表示企业家之间的相互购买量，U 表示全体企业家的使用者成本之和。

在定义了收入和消费之后，也就得到了储蓄的定义，它表示收入超过消费的部分。由于收入等于 A－U，消费等于 A－A_1，从而储蓄也就等于 A_1－U。同样，我们可以用净储蓄来表示净收入超过消费的部分，它等于 A_1－U－V。

根据收入的定义，可以推导出现期投资（Current Investment）的定义。现期投资是指在本期生产活动中产生的资本设备价值的增加（Addition to the Value of the Capital Equipment）。它显然与以上定义的储蓄相等。因为，储蓄就是现期收入中没有被消费掉的那一部分。如上文所述，在任一期生产活动结束时，企业家出售制成品后得到了价值 A，当企业家之间的相互购买为 A_1 时，资本设备因此而损耗的价值用 U 表示，U－A_1 是资本设备的价值损失，U－A_1 的负数，即 A_1－U 是资本设备的价值增加，因此也就是投资。换一种说法，同一期间，制成品价值中有 A－A_1 的部分被用于消费。而 A－U 中超过 A－A_1 的部分 A_1－U 是资本设备的增加。它是该时期生产活动的结果，因此也就是该时期的投资。同理，考虑到资本设备即使不使用时也会产生价值的正常损耗的情况，以及意外的损失或者增益不计入资本账目的情况，A_1－U－V 也就是资本设备的净增加额，即该时期的净投资（Net Investment）。

尽管储蓄量是个体消费者消费行为集成的结果，而投资量是企业家个体投资行为集成的结果，但这二者必然相等，是因为它们都分别等于收入超过消费的部分。而且这个结论并非上述关于收入的定义有什么特殊或奥妙之处。只要大家同意：收入与现期产出的价值相等，现期投资与现期产出中未被用于消费的部分价值相等，而储蓄与收入超过消费的部分相等，从而，储蓄也必然与投资相等。可简单表示如下：

收入＝产出的价值＝消费＋投资

储蓄＝收入－消费

因而，储蓄＝投资

任何一组定义，只要满足上述条件，都会得出同一个结论。只有否认上述任一条件，结论才会不同。

交易双方的性质决定了储蓄数量等于投资数量，一方是生产者，另一方是消费者或购买资本设备的人。生产者出售产品的所得超过生产者成本的部分形成收入；对于总产品来说，不是卖给消费者就是卖给别的企业家；一个企业家的先期投资又与他从别的企业家那里购买的资本设备超过自己使用者成本的部分相等。因而，在总量上，收入超过消费的部分，即我们称为储蓄的部分，不能不等于资本设备增加的部分，也就是我们所说的投资。净储蓄和净投资也与此相类似。储蓄事实上只是一个余额。收入取决于消费决策和投资决策的共同作用。企业家的投资决策得以实施，要么是消费减少，要么是收入增加。这样，投资行为本身就必然使得我们称为储蓄的部分以相同的数量增加。

当然，人们在分别决定储蓄的数量和投资数量时，可能会出现极不正常的情况，以致没有可以实现交易的价格均衡点。在这种情况下，我们的术语将无法运用。因为产品的市场价值是不确定的，在零到无穷大之间价格没有一个静止之处。但经验表明事实并非如此。由于社会心理反应习惯能够实现购买意愿等于销售意愿的均衡状态，产出具有一个市场价值是理所当然的事情，同时，它还是货币收入具有一定价值的必要条件，也是使单个储蓄者们决定的储蓄量总和与单个投资者们决定的投资量总和相等的一个充分条件。

关于这个问题要有一个清晰的思路，最好的办法也许是从消费（或抑制消费）的决定来考虑，而不是从储蓄的决定来考虑。是否消费的决定确实是个人权力范围内的事情，关于是否投资的决定也是这样。总收入和总储蓄的数量，是每一个人对是否消费和投资自由选择的结果。即两者都不能离开消费决定或投资决定而从一系列分散的决策中得到独立的结果。根据这个原则，在下文中，储蓄意向或倾向（Propensity or Disposition to Save）将被消费倾向（Propensity to Consume）这个概念所替代。

附录：论使用者成本

一

在我看来，使用者成本（User Cost）在古典价值理论上的重要性一向被人忽略了。关于使用者成本还有很多话可说，因篇幅所限，加之与主题关系较浅而不宜展开。作为题外话，这里以附录形式对使用者成本作进一步研讨。

根据定义，企业家的使用者成本为：

$$A_1 - (G' - B') - G$$

其中，A_1 为企业家从其他企业家手里购买的货物价值，G 为资本设备在期终时的实际价值，如果企业家不使用这些资本设备，反而支付一笔最适度的维护改良费 B'，则该设备在期终时可能有的价值为 G'。$G - (G' - B')$

为企业家的资本设备在超过由上期转移过来的净价值之外所增加的价值；也就是企业家在本期的资本设备投资，可写作 I。因此，销售量 A 的使用者成本 U，应为 A_1-I，其中 A_1 为企业家从其他企业家手中购置的，I 为他在本期的资本设备投资。稍微想一想就明白这不过是常识而已：一个企业家从其他企业家那里所购买的，一部分变为本期中自己设备的投资，其余部分为他出售产量 A 在原材料方面开支以外所蒙受的损失。如果读者想把这些内容用其他方法表达，你就会知道，此处所用表达方法的好处在于可以避免许多无法解决的会计问题，而且是不必解决的。我想，没有别的办法可以这样毫不含混地分析当前生产的收益。假设工业集中在一个人手里，或企业家没有从其他企业家手中购买任何货物，即 $A_1=0$，使用者成本即等于因使用设备而引起的本期负投资。在这种情况下，我们的分析方法还有一个好处：我们根本不需要划分要素成本中哪些应归产品负担，哪些应归设备负担，而且不论这个工厂的综合程度如何，都可以把一厂商的就业量看作是由一个通盘的决策所决定。事实上也是如此，因为在当前生产与整个生产之间往往有连锁的性质存在。

使用者成本这个概念还可以使我们对一个厂商产品的短期供给价格下一个比较清楚的定义：短期供给价格（Short-period Supply Price）是边际要素成本（Marginal Factor Cost）与边际使用者成本（Marginal User Cost）之和。

在现代价值理论中，通常把边际要素成本作为短期供给价格。显然，只有当边际使用者成本为零，或特别规定供给价格的含义不包括使用者成本时，这个办法才行。我在第三章对"收益"（Proceed）和总供给价格下定义时，就没有包括使用者成本在内。在讨论社会总产出时，这种用法偶尔用用倒也方便，但要讨论一个厂商或一个行业的产出时，如果不把使用者成本包括在"供给价格"内，会造成经济分析完全脱离现实。因为这种意义上的"供给价格"与平常所谓的"价格"含义完全不同。这种用法恐怕会引起误会。经济学上似乎一向假定，用"供给价格"一词讨论一个厂商的产出时有明确的含义，无须赘述。但是，如何处理一个厂商从其他厂商购买的货物以及该厂设备因生产边际产量而受的损耗问题？这就会引起收入定义问题所带来的一切困难。假如一个厂商的销售量增加一单位，为求得该厂的供给价格，必须从该产量的每单位售价中减去从其他厂商购买的边际成本；即使假定如此，我们还要考虑到该厂商的资本设备因生产这个边际产量而有负投资发生。即使所有生产都集中在一个厂商手中，我们也不能假定边际使用者成本为零；换句话说，边际产出的生产往往使资本设备所蒙受的边际负投资被忽视。

　　使用者成本及补充成本两个概念，还可以使我们在长期供给价格与短期供给价格之间建立起一个比较清楚的关系。长期成本中必须包括一笔款项可以抵扣基本补充成本和预期直接成本；二者都以适当的方法在各年分摊，年限就是资本设备的使用寿命。这就是说，一定产量的长期成本等于预期直接成本与补充成本二者之和。而且假定要产生一个正常利润，那么长期供给价格必须在长期成本之外再加上一项，等于当前贷款利率与设备成本的乘积；当然，贷款的期限与风险必须与设备投资的期限与风险相类似。如果我们喜欢用纯利率（"Pure" Rate of Interest）作为标准利率，那么长期成本中必须包括第三项内容：风险成本。以此来补偿实际报酬和预期报酬可能发生的各种不确定性。所以，长期供给价格等于直接成本、补充成本、风险成本以及利息成本之和（The Long-period Supply Price is Equal to the Sum of the Prime Cost，The Supplementary Cost，The Risk Cost and the Interest Cost），即长期供给价格可以分析成为这样几个因子。此外，短期供给价格则等于边际直接成本。当企业家购置设备时，在其预期中，直接成本的边际值与平均值之差，足以抵偿补充成本、风险成本和利息成本三者之和。换言之，在长期均衡中，边际直接成本超过平均直接成本的部分，恰好等于补充成本、风险成本、利息成本之和。①

　　设在一定产量上边际直接成本正好等于平均直接成本及补充成本之和，则该产量有特殊的重要性。在这一点上，企业家既不赚也不赔。换言之，在此点的净利润为零；产量小于此点，则企业家有净损失。

　　在直接成本以外，补充成本所需要弥补的程度，因设备类型而异。以下为两种极端情况：

　　（1）有一部分设备维护费必须与使用设备的行为同时发生。例如，为机器加润滑油这种开支，除了由外面购买以外，应包括在要素成本之内。假定由于物质方面的原因，本期所有折旧必须用这样的方法弥补，则使用者成本（除了由外面购买以外）等于补充成本，但符号相反；在长期均衡中边际要素成本超过平均要素成本的部分，应等于风险成本与利息成本之和。

---

　　①　以上说法实际是基于一个假定：不论产量如何改变，边际直接成本曲线始终是连续的。但这个假定往往与事实不符。这条曲线可能会出现一两个不连续的点，当产量达到一定程度，已经相当于设备技术的充分能力时，尤其容易产生不连续点。如果出现这种情况，边际分析就要部分崩溃。边际直接成本要用产量减少一些时总直接成本减少的多少来计算。因此短期供给价格可以超过边际直接成本。同样，当产量低于某一点时，也常会产生不连续点。当我们讨论长期均衡中的短期供给价格时，这一点很重要，因为在讨论这个问题时，如果出现不连续点，则此点必须包括在边际直接成本曲线内。因此长期均衡中的短期供给价格，也许必须超过边际直接成本（后者就按产量减少一些时的情况计算）。

（2）一部分资本设备的价值损失只有在使用该设备时才能发生。如果这种损失没有在使用时就给予弥补，就应该算在使用者成本之内。如果资本设备的价值损失只有这样才能发生，那么补充成本就等于零。

这里有一点值得指出，即企业家并不仅仅因为使用者成本低而先用最旧最坏的设备。因为使用者成本虽然低，但也许还低不过效率之低，即低不过要素成本之高。企业家愿意使用的设备是在该设备上每单位产品的使用者成本加要素成本之和为最低。[1] 因此假如产量已定，就有一个使用者成本与之相对应，[2] 但在总使用者成本与边际使用者成本之间并没有一致的关系。

二

现在与未来之间有许多联系，使用者成本只是其中之一。在决定生产规模时，企业家需要做出的抉择是：其设备是现在使用，还是留待将来使用？使用者成本的大小是由现在使用而牺牲未来的预期收益决定的。而边际使用者成本、边际要素成本和产品的边际预期售价共同决定企业的生产规模。但是企业家用什么方法计算生产行为的使用者成本呢？

上面说过，使用者成本是使用与不使用相比所受到的价值损失。至于不使用此设备还值得支出的维护改良费，以及从其他企业家手中购置的物品，都应该计算进去。所以使用者成本的计算方法一定是先计算：假如现在不使用资本设备，预期在未来某个时期收入可以增加多少，然后再把这个数额折成现值。如果现在不使用资本设备，至少可以把该设备的重新购置期延迟，延迟购置的利益折为现值就是使用者成本的最低限度，也许比这个数额更大。[3]

假如没有过剩的存货，每年都要新的同类设备做补充，则边际使用者成本可依据以下两种情况计算：①这些设备使用以后寿命缩短或效率降低的程度；②现在重新购置所需的成本。如果资本设备有剩余，则使用者成本又根据两种情况而定：①从现在到设备因折旧损耗等原因而被分摊完毕

[1] 使用者成本还随人们对未来工资水平的预期而改变，假如人们预料当前工资单位的降低只是暂时的，那么要素成本和使用者成本的改变程度不同也会影响到使用设备的种类，也许更影响到有效需求的水平，因为使用者成本和要素成本在决定有效需求方面的影响可能不同。

[2] 最先使用的资本设备，其使用者成本未必与总产量无关（参阅下文）；换言之，在整个使用者成本曲线上，使用者成本也随总产量的改变而改变。

[3] 大于此数，也许企业家预期在未来某个时期，收入可以超过正常数，但这种情况又不能维持长久，收益不值得（或没有时间）生产新的资本设备。把每一个可能的未来预期收入折为现值，其中最大的就等于当前的使用者成本。

这段时期内的利率；②当前重新评估的补充成本。因此利息成本和当前补充成本间接影响使用者成本的计算方法。

当要素成本为零时，这种方法最简单且容易理解。现在以拙著《货币论》第二卷第二十九章所列举的原材料铜的剩余为例，先以 1 吨铜在未来各个时期的预期价值作一个数列，铜的剩余量逐渐减少，则铜的价值逐渐接近其正常生产成本，因此，该数列每一项的值受剩余量的吸收速度影响。再从该数列的每一项中减去当前补充成本以及从现在到该日每吨铜的利息成本，其中最大数就是 1 吨剩余铜的现值或使用者成本。

同样，船只、工厂、机器有剩余时，这些设备的使用者成本就等于其剩余量在可以预期分摊完毕之日的预期重置成本，减去当前补充成本以及从现在到那时的利息成本。

以上是假定当资本设备不能再用时就以原设备替补。假如替补的不是原设备，则计算现有资本设备的使用者成本时，还需要根据现有设备不能再用时取而代之的新设备的使用者成本，其数量则要视两种设备的比较效率而定。

<h2 style="text-align:center">三</h2>

读者将会注意到，如果资本设备不是已经废弃，而是暂时过剩，则实际使用者成本与正常使用者成本（即设备并不过剩时的使用者成本）的差别，要看过剩设备在什么时候可以预期分摊完毕这一时期的长短而定。资本设备的年限参差不齐，每年都有一部分达到不能再用的地步，除非过剩量异常庞大，否则边际使用成本不会大跌。在一般性经济衰退期，边际使用者成本的大小，要看企业家们对不景气可能持续多久作何预期而改变。经济情况开始好转时供给价格提高也许部分是因为企业家修改了其预期，以致边际使用者成本急剧增加。

人们提出和生意人（Business Men）相反的意见，企业家要是联合起来毁灭掉过剩设备则可以提高价格。除非把全部过剩设备都毁灭掉，否则不会达到所期望的结果。但使用者成本这一概念可以说明：如果把剩余设备毁掉一半，则也许可以立刻把价格提高；因为这可以缩短剩余设备价值分摊完毕的时间，所以可以提高边际使用者成本，自然也就提高了当前的供给价格。在企业家们的心目中，似乎隐约有使用者成本这个概念存在，虽然他们并没有把这个概念明确地说出来。如果补充成本很高，那么当设备过剩时，边际使用者成本将很低。当资本设备有剩余时，使用者成本和要素成本的边际值可能不至于大大超过其平均值。如果以上这两个条件都能够满足，则过剩设备的存在很容易使企业家们亏损，甚至产生严重亏损。事实上并不是当过剩设备价值分摊完毕时，亏损就一跃而成为正常利润；而是当过剩设备逐渐减少时，使用者成本逐渐增加，边际要素成本与使用者成本之和，与平均要素成本和使用者成本之和，两者的差额也逐渐增加。

<h1 style="text-align:center">四</h1>

马歇尔在《经济学原理》（第 6 版第 360 页）中把一部分使用者成本用"设备的额外折旧"（Extra Wear-and-tear of Plant）这一名义包括在直接成本之内，但他并没有指出这一项如何计算，其重要性又如何？庇古教授在《失业论》中清楚地假定：在通常情况下，边际产量所引起的资本设备的负投资可以忽略。他说："产量不同，设备的折旧和员工的开支也随之而不同，但我们忽视这些差异，因为一般说来，这些差异是次要的。"（第 42 页）在生产边际上，设备的负投资为零，这一观念是近来许多经济理论所共有的。但如果要想说明一个厂商的供给价格到底是什么含义，问题就随之出现了。

由上所述，如果设备搁置不用，那么设备的维护费往往可以降低边际使用者成本，尤其是当企业家们预期不景气要持续很久时更是如此。但是，很低的边际使用者成本却并不是短时期的必然特征，而是：①由于资本设备的特殊性质，如果搁置不用的话维护费很高；②由于这个短时期不在均衡状态，所以资本设备很快不合时宜或过剩很多。如果大部分设备还相当新，那么过剩的严重性就更加加剧。

众所周知，原材料和使用者成本必须计算在成本内。如果 1 吨铜在今天用完，那么明天就不能再用，而这些铜留待明天使用的价值必须明白计算在边际成本之内。铜只是一个特例而已，凡使用资本设备从事生产时，都有类似情况发生。把原材料与固定资产严格划分，使用原材料引起的负投资必须计算到，但使用固定资本所引起的负投资就可能忽略。这个假定与事实不符，尤其是在正常情况下，每年都有若干设备因陈旧而不能再用，必须重置。设备的使用就是为了缩短重置的日期。

使用者成本与补充成本这两个概念有一个优点，即同样都能适用于运营资本、流动资本和固定资本。原材料与固定资本的主要差别不在于二者对使用者成本的感应性不同，而在于列举事实，即流动资本的收益只有一次，而固定资本因为有持久性只能逐渐用完，所以其收益是一个数列，这个数列的各项由各期的使用者成本与所获利润构成。

第七章　对储蓄和投资意义的进一步考察

一

在第六章中，根据我们对储蓄和投资的定义，它们在数量上必定是相等的，因为从社会整体来看，它们只是同一事物的两面。但是，当代的几位学者（包括写《货币论》的我）曾对它们下过特别的定义，并因此认为它们并不必然相等。更有其他学者未给出任何定义，但他们的论述却是建立在储蓄与投资不相等的假设上的。因此，为使以上的讨论同别人对这两个术语的相关论述相联系，将这两个术语的种种流行用法进行分类，也许对读者是有益的。

几乎人人都可以这样认为，储蓄是收入超过消费的部分。如果储蓄的含义不是这样，那一定非常不方便，甚至容易引起误解。关于消费支出的含义，没有什么重大的不同观点。所以，用法的差别就产生于对投资或收入的不同定义。

二

先来分析投资。投资在通常意义上是指个人或公司购买新的或旧的资产。投资一词偶尔也专指在股票交易所购买一笔证券资产。但是，我们大多认为投资是购买一栋房子、一台机械设备，或者是一批制成品或半制成品存货。一般说来，所谓新投资（与再投资 Reinvestment，相区别）是用收入来购买任何种类的一件资本资产（Capital Asset）。如果我们把出售一项投资看做是负投资（Negative Investment，即收回投资，Disinvestment），那么，我的定义与通常的用法是相一致的。在考虑债权债务（包括信用或者货币数量变化）的情况下，对于社会整体而言，债权总量的增减总是正好与债务总量的增减相等，因此，在我们处理总投资时，信用和货币的复杂关系也就消失了。这样，如果通常意义上的收入与我定义的净收入相一致，那么通常意义上的总投资与我定义的净投资就是相一致的，净投资是指在已经考虑到旧设备在价值上的变化（计算净收入时这部分已经被扣除了）后，所有类别的资本设备的净增加额。

以这种方式定义的投资包括了资本设备的增加额，不论它是由固定资本，还是由运营资本或流动资本构成。所以，投资在定义上的重大差别（除投资和净投资之间的差异外），是因为上述的一种或几种情况没有被考虑在内。

以郝特雷为例，他非常看重流动资本的改变，比较关注未出售存货的意外增加或减少。它提出了一个投资的定义，把这种变动排斥在投资之外。在这种情况下，所谓储蓄超过投资实际就是存货的意外增加，亦即流动资本的增加。他不能让我信服：为什么应该注重这个因素。郝特雷先生的观点是把所有着重点都放在如何矫正意外增减上，而忽视了意料（不论预期是否正确）之中的变化。他认为企业家在决定生产规模时，现在的产量之所以与过去不同，是因为参考了存货量的变动。如果存货是消费品，对企业家做决策自然有重大影响。但是影响企业家决策的还有其他因素，而我看不出有什么目的会排斥这些其他因素。我宁愿看重有效需求的全部改变，而不仅仅是看重有效需求的局部改变，即仅仅反映期末存货的增减。而且就固定资本闲置能力（Unused Capacity）的增减会直接影响生产决策而言，其效果与未出售的存货增减相当。我看不出郝特雷先生的方法是怎样处理这些同样重要的因素的。

奥地利学派中资本形成与资本消费的意义与以上所谓的投资与负投资，或净投资与负净投资的意义也许不同。在某种情况下，如果根据我们的定义，那么资本设备的价值显然并没有减少，但奥地利学派看来，据说可以发生资本消费。无论如何，我至今没有发现什么地方把这两个概念说明白。例如，生产时期延长时，就有资本形成的发生。这句话实在没有把我们的知识推进多少。

三

收入的含义不同，则储蓄（收入减去消费）的含义也因此而不同。我们接下来分析的储蓄与投资不相等问题，是由收入的特殊定义引起的。我在《货币论》中用的术语就是这方面的一个例子。我在第六章第一节末段曾解释过，《货币论》中的所谓收入与我现在关于收入的定义不同，因为在计算前者时，我并不以实际利润作为企业家的收入，而用（某种意义的）"正常利润"（Normal Profit）作为他们的收入。因此，《货币论》中的储蓄超过投资，实际是指在当前规模之下，企业家从资本设备所有权上可以取得的利润少于正常利润。所谓储蓄超过投资的数额增大，我的意思是说，实际利润正在降低，因此企业家有压缩产出的动机。

我现在则认为是企业家决定了就业量（产量和实际收入），其目的在于设法使他现在和将来的利润达到最大（所需扣除的使用者成本的数量，取决于在设备的使用寿命期间他怎样通过使用设备取得最大报酬）。同时，使其利润达到最大的就业量又决定于总需求函数，而总需求函数是企业家在各种不同的假设情况下，分别由消费和投资所产生的收益总和的预期决定的。在《货币论》中，所谓投资超过储蓄的变化实际上是指利润的改变，但在书中我没有将预期和实际结果明确区分开来。[①] 当时我认为，投资超过储蓄的变化是增加产量的动机强制变化的结果。我现在的新观点（在本书中我所认为的）基本上只是发展了我的旧观点，但更精确，也更容易理解。我的新观点若用《货币论》中的语言表述就是：在以前的就业量和产量既定的情况下，如果期望投资超过储蓄部分将会增加，则会导致企业家增加就业量和产量。我现在及过去论点的重要性就在于试图说明：是企业家对有效需求的预期决定了就业量。《货币论》中所谓投资超过储蓄差额的扩大，也是有效需求增加的一种表示。现在有了进一步发展的新说法以后，再回首过去，就觉得当时那种说法非常混乱，也不完整。

按照罗伯森（D. H. Robertson）的定义，今天的收入就等于昨天的消费加上昨天的投资。因此，他所谓的今天的储蓄就等于昨天的投资再加上昨天消费与今天消费的差。在他的定义里，所谓储蓄超过投资，在我的定义里就是昨天的收入超过今天的收入。所以，他所谓储蓄超过投资与我所谓收入正在降低的意思完全一样；换句话说，他所谓的储蓄过多正好就是我所谓的收入降低。如果今天的预期决定于昨天实际收入的结果，那么今天的有效需求将等于昨天的收入。罗伯森所用的方法虽然和我不同，但我们两人都想区别收入与有效需求，[②] 在因果分析上，这是非常重要的区别。

四

现在我们要讨论与"强制储蓄"（Forced Saving）这个词汇有关的许

① 我在该书中认为企业家对利润的当前预期决定于当前的实得利润。
② 罗伯森：《储蓄与贮钱》（Saving and Hoarding），《经济学杂志》，1933年9月号，第399页；以及罗伯森、郝特雷和我三人之间的讨论，《经济学杂志》，1933年12月号，第658页。

多更为含糊的观念。从这些观念中我们能够发现任何明确的意义吗？我在《货币论》中曾经提及这个词汇的初期用法，并且认为这些用法和我当初所谓投资与储蓄的差别有点接近。但现在我不敢确信二者在事实上有多少密切联系。无论如何，有一点我敢肯定，"强制储蓄"以及最近所用类似词汇（如哈耶克教授或罗宾斯教授所用的类似词汇）和我在《货币论》中所谓的投资与储蓄的差额之间并没有一定的关系。虽然这些学者没有明确地解释"强制储蓄"是什么意思，但他们的意思是很明显的，即"强制储蓄"是一种经济现象，它是货币数量或银行信用变化的直接产物，它可以用这些数量的变化来衡量。

显然，产量和就业量的改变确实会使以工资单位计量的收入发生改变；工资单位的改变，既会引起以货币计量的总收入的改变，也会引起借款者和贷款者之间收入的重新分配。以上这些改变都会引起储蓄数量的改变。货币数量的改变可以影响利率，从而改变收入的数量和分配，因此，货币数量的改变会间接地导致储蓄数量的改变。但相对于因客观条件改变而产生的储蓄数量的改变来说，这种储蓄数量的改变不会更有"强制储蓄"的性质。除非我们用某种情况下的储蓄量做标准，否则，我们没有办法区分强制储蓄与非强制储蓄。另外，正如我们所看到的，一定货币数量的变化所引起的总储蓄数量的变化确实非常不确定，它还与许多其他因素相联系。

所以，除非我们制定一些储蓄的标准比例，否则"强制储蓄"是没有意义的。如果我们把充分就业时的储蓄量作为标准（这似乎是合理的），那么"强制储蓄"的定义就是："强制储蓄是实际的储蓄量超过长期均衡条件下充分就业时应有的储蓄量的部分。"这个定义虽然很有意义，但按照这个定义，被迫的超标准过度储蓄将是一种很少见且很不稳定的现象；而被迫的低于标准的储蓄不足倒是常见的现象。

哈耶克教授在《强制储蓄学说发展简论》[①]一文中表明：上述定义就是该名词的本意。"强制储蓄"或者"强制节俭"（Forced Frugality）是边沁（Bentham）提出的概念。边沁明确表示，他所想的是在"所有劳动力都被以最有利的方式雇用"的情况下，货币数量增加（相对于货币可购买的物品来说）所导致的结果。[②]边沁指出：在这种情况下，实际收入不可能增加，进而，过渡期所产生的额外投资会引起"以降低国民生活水平和违背国家正义（National Justice）为代价"的强制节俭。所有涉及这个

① 《经济学季刊》（Quarterly Journal Economics），1932 年 11 月号，第 123 页。
② 《经济学季刊》（Quarterly Journal Economics），1932 年 11 月号，第 125 页。

问题的 19 世纪的学者实际上对这个问题都有相同的观点，但是，很难把这个非常清晰的观点运用于非充分就业的情形。当然，若就业量增加而资本设备不增加，则由于报酬递减规律，已就业者的实际收入会减少；但是要想把这种损失与就业增加时可能有的投资增加联系起来，恐怕不会有多少结果。无论如何，我现在还未曾听到对"强制储蓄"感兴趣的当代学者们把这个观点推广到就业正在增加条件下的任何尝试，他们似乎一般都忽略了一个事实：要想把边沁的强制节俭的概念扩展到小于充分就业的情形，就要做一些说明和限定。

五

我认为储蓄与投资可以不相等的观念能够流行的原因，可以用视觉错误来解释。个人存款者与银行的关系事实上是双边交易，而这种视觉错误却把它看成了单边交易。一般人以为存款人与银行可以互相串通，变换一下手法就可以使储蓄消失在银行体系中而不再用于投资。但是，没有人可以不通过获得一项资产而形成储蓄的，不论是现金资产、债权，还是资本品；并且，没有人能够得到一项他不曾拥有的资产，除非要么是社会生产出了价值和他的储蓄相等的新资产，要么是另外一个人把资产转让给了他。在第一种情况下，会有一笔与储蓄相应的新投资；在第二种情况下，有人储蓄就有另外的人有一笔等量的负储蓄。后者之所以损失了财富，一定是因为他的消费超过了收入，而不是因为他的资本蒙受了资本账户上的损失。因为现在的问题不是他的资产原有价值是否受了损失，而是在他根据当前的价值出售资产以后没有购置其他财富而却用于消费。也就是说，他的当前消费超过了当前收入。而且，如果是银行系统转出了一项资产，那么必定是有人把一笔现金脱手。由此可知，社会上所有个人储蓄之和形成的总储蓄必定与现期新投资的数量相等。

认为通过银行系统创造信用（Creation of Credit），产生投资，而"没有真正的储蓄"（No Genuine Saving）与投资相对应，这种观点只是孤立地看到了银行信用增加后所产生结果的一部分而没有看到全部。如果银行体系并不减少其现有的信用量，而将创造的额外信用授予某家企业。企业没有这个增加的授信额度就没有额外投资，有了它就用来增加本期投资，收入就一定会增加。在正常情况下，收入的增加额一定会超过投资增加额。而且，除非在充分就业的前提下，否则，实际收入和货币收入会同时增加。公众可以自由选择如何把收入的增加额在消费和储蓄之间分配。企业家借钱增加投资的速度，也不能快于公众决定增加储蓄的速度，除非他是替代其他企业家投资。此消彼长，总投资并未增加。如此产生的储蓄与其他储蓄的真实性毫无二致。银行体系增加其信用，货币数量必然增加，但除非一个人自愿持有货币，而不持有其他形式的财富，否则，没有人可以强迫其持有这些新增货币。但就业量、收入和价格不能不变，互相适应，所以在新情况下，自然有人愿意持有这些新增货币。确实，在某个特定方向上出乎意料的投资增长会使总储蓄和总投资产生无规律的变化，而在投资增长能被充分预料到的情况下这种变化是不会发生的。同样不可否认的是，银行信用贷款增加时会产生三种趋势：①产量将增加；②用工资单位来计量的边际产品的价值将上升（在报酬递减条件下，产量必然随之增加）；③以货币来计量的工资单位将上升（这常常随着就业量的增加而增加）。实际收入在不同人群间的分配可能会受这三种趋势的影响。但这些趋势是产量增加这种状态所固有的特征，而不论产量增加的原因是不是银行增加了贷款。只有不采取任何可能提高就业量的行为，才能避免上述趋势的发生。以上所述有许多是以后讨论中得到的结论，此处提前应用了。

储蓄总会引致投资是老式的见解，而新的观点则认为可以有储蓄而无投资，或有投资而无真正的储蓄。相比之下，老式的见解虽然不完整而且会产生误导，但相比新的观点在形式上还是比较健全的，它的错误来源于貌似合理的推断，即个人储蓄会使总投资等量地增加。诚然，个人的储蓄能使自己的财富增加。但上述这个结论忽略了这样一种可能性：个人储蓄的行为可能会对别人的储蓄起反作用，进而对别人的财富起反作用。

储蓄与投资是恒等的，而个人储蓄又有明显的"自由意志"，即不论他自己或其他人的投资是多少，他都可以自由地决定自己的储蓄。这两者能协调的原因主要是与消费一样，储蓄也有两面性。因为，尽管个人的储蓄不太可能对其收入产生重大影响，但他的消费量会对其他人的收入产生反作用，从而不可能使所有个人同时进行任何既定数量的储蓄。每一个人都试图通过减少消费来增加储蓄的行为会导致收入下降，致使该行为必然失败。当然，就社会整体而言，储蓄小于现期投资量同样是不可能的。原因是，如果这样做的话，收入必定会提高到使个人愿意储蓄的数量总和正好与投资量相等的水平。

以上所述与下面这个命题很相似。即每个人都有自由意志可以随时改变自己的货币持有量，但每个人所持货币数量的加总又必须与银行系统所提供的现金数量相等并与之相协调。这两个货币数量的相等是基于这样的事实：人们愿意持有的货币数量并不独立于他们的收入或各种物品的价格（主要是有价证券的价格）之外，购买物品与持有货币是自然交替的。这样，收入和价格必然会变化到这样一个水平，使得个人愿意持有的货币数量的总和与银行系统提供的货币数量相等。这是货币理论的基本命题。

这两个命题都是来自同一个事实，不能只有买者没有卖者，也不能只有卖者而没有买者。个人交易量与市场交易量相比是很小的，所以可以忽视需求不是单方面交易的事实，但当我们考察总需求时，忽视这点将会使理论变得颇为荒谬。这是宏观经济行为理论与微观经济行为理论之间最关键的差异。而在个体经济行为理论中，我们可以假定，自身需求的改变并不影响他自己的收入。

第三篇　消费倾向

第八章　消费倾向：Ⅰ.客观因素

一

现在我们要回归主题。在第一篇结束时，因为要讨论关于方法与定义的某些基本问题，所以中断了主题。本书的最终目的是发现究竟是什么因素决定就业量。到现在为止，我们已经得到初步的结论，即总供给函数与总需求函数的交点决定了就业量。总供给函数主要决定于供给方面的物质条件，个中道理大都为人们所熟知。函数的形式也许有点生疏，但函数的基本要素却并不新奇。在第二十章中，我们还要再来讨论总供给函数，并分析总供给函数的反函数，我们将这个反函数称为就业函数。不过一般来说，人们容易忽视总需求函数的作用，所以本书第三篇、第四篇专门讨论总需求函数。

总需求函数的自变量是就业水平。总需求函数涉及任何既定就业水平及其预期与所能实现的"收益"之间的关系。在既定的就业量水平下，"收益"是社会消费总量与投资总量之和。这两个变量是由差别很大的因素决定的。本篇主要讨论的是，当就业量一定时，什么因素决定消费量。在第四篇中进而讨论是什么因素决定投资量。

现在要讨论的问题是，假设就业量一定，那么用于消费的数量是多少？严格地讲，我们所讨论的函数应把消费量（C）与就业量（N）联系起来。为便于论述，我们讨论一个略有不同的函数，使以工资单位计量的消费量（C_w）与某一就业水平 N 下以工资单位计量的收入（Y_w）相联系。对于这个新函数可能会有一点疑问，即 Y_w 不是 N 的唯一函数。因为在总就业量 N 一定的条件下，若劳动力在各行业的分布不同，则各行业的就业函数的形状不同（这个问题在第十二章中再讨论），所以 Y_w 的值也可能不同。在一些特殊情况下应考虑这一点，但在一般情况下假定 Y_w 由 N 唯一决定还是大致不差的。所以，可定义如下：消费倾向 C_w 与就业水平 N 下的收入 Y_w 之间存在函数关系 X。

即 $C_w = X(Y_w)$ 或 $C = W \cdot X(Y_w)$

显然，一个社会用于消费的数量取决于下列因素：①部分地由于社会总收入；②部分地由于其他客观环境（Objective Attendant Circumstances）；③部分地由于社会成员的主观需求（Subjective Needs）、心理偏好（Psychological Propensities）和个人习惯（Habits of the Individuals），以及成员之间收入的分配（产出增加时，分配办法也许略有变动）。影响人们消费的各种动机相互影响，要以此分类难免有勉强划分之嫌。而为了廓清思路，大致可分为主观因素和客观因素两大类。主观因素，包括人的心理特点、社会习俗和制度。后二者虽然可以改变，但除非在反常的或革命的状态下，短期内它们不会有大的改变。在做历史的研究或不同类型社会制度的比较研究时，我们必须要考虑主观因素，分析主观因素的改变是怎样影响消费倾向的。下一章我们将对主观因素做详细的分析。但在下文中，我们将大致假定主观因素不变，即假设消费倾向仅随客观因素的改变而改变。

二

影响消费倾向的主要客观因素包括以下几个方面：

（1）工资单位的改变。显然，在某种意义上，与其说消费（C）是货币收入的函数，还不如说是实际收入的函数更为准确。在技术、偏好和决定收入分配的社会条件不变的情态下，实际收入随着劳动者所能够支配劳动力单位（Labour-units）的增减而增减。换言之，随其以工资单位计量的收入的增减而增减。虽然当总产出增加时，由于受报酬递减规律的影响，一个人实际收入的增加比以工资单位计量的收入要少。但我们一般可以假定：在就业量不变的情况下，工资单位发生改变，那么消费也会像物价一样随工资单位的改变而作同比例的改变。尽管我们必须考虑某些特殊情况。例如，当工资单位改变时，特定的实际收入量有可能改变企业家和食利者（Entrepreneurs and Rentiers）之间的收入分配，从而有可能影响消费。但除了这种情况外，我们已经考虑到了工资单位自身的改变，因为，我们是依据以工资单位计量的收入来定义消费倾向的。

（2）收入与净收入之差的改变。上文已指出，消费量与其说由收入决定，不如说由净收入决定。因为根据定义，净收入是一个人在决定其消费量时首先要考虑的。在某一给定情况下，收入与净收入可能有着某种稳定的关系：不同的收入水平和与其对应的净收入之间存在着唯一的函数关系。但如果情况不是这样，当收入改变而净收入不变时，由于其与消费无关，这种改变必须忽略不计。同样，当净收入改变而收入不变时，则必须要考虑净收入变化对消费的影响。但除非在某种特殊的情况下，我始终对这个因素的重要性表示怀疑。我们在本章第四节中再详细讨论收入与净收入之差的变化对消费究竟会有什么影响。

（3）在计算净收入时，我们没有考虑资本价值的意外变化。这些意外变化在改变消费倾向方面比收入与净收入更具重要性。因为这些意外变化与收入之间的关系是不稳定的或没有规律性的。资产阶级（Wealth-owning Class）的消费量或许会对这些财富的货币价值意外变化非常敏感。这应该算是短期内可以使消费倾向改变的重要因素之一。

（4）时间贴现率的变化，即现在物品与未来物品之间交换比例的改变。时间贴现率并不完全等同于利率，因为前者考虑到了所能预测的未来购买力的变化和各种风险，例如没收性的税赋、早亡而没有来得及享受未来的消费等。但作为一种粗略的估算，利率可以被认为等同于时间贴现率。

利率对于某一特定收入下消费量的影响程度究竟有多大，是一件值得怀疑的事。古典学派的利息理论认为，利率可使储蓄的供求相等。① 所以由此可以推论：在其他条件不变的情况下，消费支出与利率成反方向变化。换言之，利率增加时消费会显著减少。但一般认为，利率变动对当前消费的影响是很复杂而不确定的，需要视几种相反力量的强弱而定。因为当利率提高时，有些人的储蓄动机会得到加强，而有些人的储蓄动机则反而会削弱。在长期中，如果利率有实质性的改变，则有可能大幅改变社会习惯，从而改变主观消费倾向。但除非有事实根据，否则很难确定影响力的方向。至于利率的短期变动，如果变化不大，一般不会直接影响消费。

只要其总收入与以前相同，大概很少有人因为利率从5％降到4％而改变生活方式。利率变化对消费的间接影响也许要多一些，但作用的方向也不完全相同。利率影响消费的最主要途径，也许是当利率改变时证券以及其他资产会因此出现增值或贬值。当一个人的资本有意外增值时，他会倾向于增大当前消费；反之，当他的资本有意外贬值时，他会倾向于减少当前消费，虽然就收入而言，他的资本价值与以前一样。但是，我们已经在上述第（3）点中涉及了这种间接影响。除此之外，实际经验告诉我们：如果一个人的收入不变，除非利率变化非常大，否则短期利率的变动对其消费量的影响是次要的。如果利率确实降到很低的水平，致使一定数额的钱所能购买的年金与该数额款项每年的利息之比上升到造成负储蓄的程

① 参阅第十四章。

度，那么这个上升的比例将促使人们去购买年金，以备年老所需。

消费倾向受到剧烈影响的反常情况，如有时人们对将来会发生什么事情具有极度的不确定性，也应被归纳在这一点中。

（5）财政政策的改变。由于决定个人储蓄的因素是人们对未来收益的预期，因此，不仅利率对储蓄有决定性影响作用，而且政府的财政政策对储蓄也有决定作用。所得税（Income Taxes）（尤其是歧视"不劳而获"的所得，"Unearned" Income）、资本利润税（Taxes on Capital-profits）、遗产税（Death-duties）等其他类似的税赋都和利率一样对储蓄产生影响。而且在一般人心目中，预期财政政策所能改变的限度至少比利率要大。如果财政政策被人为地当作收入分配公平化的手段，那么，它在提高消费倾向方面的影响还将更大。

我们必须要考虑到在日常税收之外，政府为了偿付债务而设立的偿债基金（Sinking Funds），它会对总消费倾向产生影响。由于偿债基金代表了一种集体储蓄（Corporate Saving），在特定情况下大量设置偿债基金会降低消费倾向。因此，当政府从借债政策转向设置偿债基金政策时，会导致有效需求严重缩小；而政策向相反的方向执行时，会使有效需求出现显著扩张。

（6）人们改变其对现在和未来收入水平差距的预期。这个因素对个人消费倾向的影响可能比较大，但对全社会消费倾向的影响，很可能会因每个人预期改变方向的不同而彼此抵消。另外，一般来说，该因素的不确定性很大，不会对消费倾向产生很大的影响。

综上所述，我们得出一个结论：在既定的条件下，如果抛开以货币来衡量的工资单位改变，那么消费倾向这个函数可以被认为是非常稳定的。资本价值的意外变化，利率和财政政策的重大变化固然都可以改变消费倾向，不过除此以外，其他影响消费倾向的客观因素虽然不能忽视，但通常情况下大概不至于有多大的重要性。

一般情况下，以工资单位计量的消费支出主要由就业量和产出量决定。因此可以用一个笼统的"消费倾向"函数概括其他因素。即使其他因素可以改变，这一点也不能忘记，但作为总需求函数组成部分的消费量一般还是以工资单位衡量的总收入为主要变量。

三

既然承认消费倾向是一个比较稳定的函数，那么一般来说，总消费量主要取决于总收入量（这两者都以工资单位来计量），而消费倾向自身的变动被认为只有次要的作用。那么消费倾向这个函数的正常形态是怎样的呢？

无论从人类本性还是实践经验来看，有一条可以确定不疑的基本心理定律：一般来说，人们的消费会随着其收入的增加而增加，但没有收入增加得快。即如果用 C_w 表示消费量，Y_w 表示收入（都以工资单位来计量），那么，C_w 和 Y_w 正负号相同，但后者大于前者，也就是说，dC_w / dY_w 的值为小于 1 的正数。

如果我们考察的是短期情况，事实更是如此。在所谓就业的周期波动期间，人们的习惯不同于更持久的心理倾向（Psychological Propensities），还没有足够的时间来适应变化了的客观环境。由于人们通常会先从收入中扣除他们已习惯的生活水平所需的开支，而倾向于把实际收入与这个开支的差额用于储蓄。或者，人们确实随着收入的改变而调整其开支，但短期内的这种调整是不完全的。因此，储蓄常常伴随着收入的增减而增减，而储蓄的增减程度为先大后小。

除了收入水平的短期变动外，还有一点也很明显：较高的绝对收入水平显然也倾向于使收入和消费之间的差距较大。满足个人及其家属眼前的基本需要是生活的第一要务，等到生活水平已经达到比较舒适的程度，行有余力才开始积聚财富。而且，随着实际收入的增加，人们往往会把收入中的大部分用于储蓄。但不论人们是否会把储蓄比例（Proportion）增大，任何现代社会大概都适应下面的基本心理定律（Psychological Rule）：当社会实际收入上升时，其消费增加的绝对数量不会等于收入增加的绝对数量，所以，若非其他的因素出现剧烈且不平常的变化，该社会储蓄的绝对量一定是增大的。我们在下文将要阐明，[①] 经济体系的稳定性事实上依赖于这条在现实中广泛盛行的规律。这意味着，如果就业量增加，进而导致总收入也增加时，新增加的消费量不会把所有新增加的就业量都消耗掉。

此外，当就业水平下降导致收入也下降时，如果下降的幅度非常大，则有可能会使消费超过收入。这不但是由于个人或机构花费了其在经济状况较好时积攒的储备金（Financial Reserves），还有可能是由于政府有意或无意地产生了预算赤字（Budgetary Deficit），或通过借款来发放失业救济（Unemployment Relief）。因此，当就业量下降至某个较低水平时，总消费量减少的数量将比实际收入减少的数量要小。其原因既是由于个人的习惯行为，也是由于政府可能采取的政策措施；这也是均衡状态通常能在

---

① 参阅第十八章第三节。

适度的波动幅度内形成的原因。否则就业和收入的下降一旦开始，就有可能持续到很低的程度。

由此可见，这个原理得出的结论与过去的一样：除非消费倾向确实发生了改变，否则就业量只会随着投资的增长而上升。原因在于在就业量增加的情况下，因为消费者的支出会比不上总供给价格的增加，所以，如果增加的投资不能弥补两者之间的差额（Gap），那么就业量的增加将是没有用的。

<h2 style="text-align:center">四</h2>

上述事实的重要性是不可低估的：即就业量是预期消费（Expected Consumption）和预期投资（The Expected Investment）的函数。在其他条件不变的情形下，消费又是净收入的函数，也就是净投资的函数（因为，消费＋净投资＝净收入）。也就是说，在既定的投资水平下，在计算净收入之前提取的必要的财务准备金越多，对消费，进而对就业的提高就越不利。

在所有的财务准备金（Financial Provision）或补充成本（Supplementary Cost）在现期都被用来维护现有的资本设备时，其作用不容易被忽略。但总是不能被人们所理解的是财务准备金提取额超过现期维修实际支出而对就业量产生的影响。这是因为，这一超出额既没有直接增加当期投资，也没有被用于消费。所以，必须要有新投资来弥补这个超出额。但是，对新投资的需求和因旧设备的现期损耗而形成的准备金几乎是完全独立的，从而导致能够形成当期收入的新投资相应地减少，而要达到既定的就业量，对新投资的需求就必须加强。以上这些讨论也适用于使用者成本的损耗，只要在实际中这种损耗没有被弥补。

如果有一栋房子在没有拆毁和放弃之前继续使用，房主每年从租金中提取一笔款项作为折旧基金，但既不用于修缮房屋，又不视为净收入用于消费。那么这笔基金不论是属于 U 还是属于 V，在房屋的整个寿命期中总是对就业不利的；但到房屋推倒重建时有利作用就顿时显示了。

在静态经济（Stationary Economy）体系中，这些均不值一提。因为静态经济体系中每年的房屋折旧正好等于当年新房的建设费用；旧房寿终的速度正好与新房添建的速度相等。而在非静态经济（Non-static Economy）体系中，尤其是在对长寿资产的投资狂热刚过之后，这些因素则可能非常严重。因为在这种情况下，企业家对现有设备会提取一笔较大的财务准备金，设备虽然随着时间的流逝而有所损失，但其全部基金用于修理补充还为时尚早。所以会有很大一部分的新投资被这笔基金所吸收，其结果是收入不可能提高，与此相对应的净投资总量也只能很低。在旧设备需要重置（Replacements）之前（提取折旧基金的目的就在于此）的很长一段时间内，这项偿债基金（Sinking Funds）便将其购买力从消费者手中剥夺了。换言之，其结果是折旧基金减少了当前的有效需求，直到旧设备需要重置之年才能增加有效需求。除此之外，如果再加上所谓的"财政稳健政策"（Financial Prudence），即"冲销"（Write Off）的原始成本（Initial Cost）远远超过设备的实际损耗，那么累积影响可能非常严重。

以美国为例，在 1929 年时，由于过去五年资本的急剧扩张，偿债基金和折旧基金都非常大，而设备则不需要重置，于是极大部分的新投资，都被这些基金所吸纳；当时几乎没有希望找出更多新的投资，为一个富裕社会在充分就业情况下所愿意提供的新储蓄谋求出路。仅仅这一个因素也许就可以引起不景气。而在不景气时期还有许多大公司在力所能及的范围内仍然实行财政稳健政策，这也为早日复苏设置了一个障碍。

再以当前（1935 年）英国的情况为例，第一次世界大战之后大量的住宅建设以及其他新投资，使当前所有偿债基金远远超过当前实际所需的修理费和重置费。地方当局或公共机关作为投资者则拘泥于所谓"健全财政"（Sound Finance）原则，往往在重置日期还没有来临之前，就将原始成本全部提取，加剧了这种情况。结果是，即使私人愿意将净收入全部用于消费，但因同时官方或半官方正在依法提取大量偿债基金（不论有没有相应的新投资），所以充分就业就极难恢复。地方当局每年提取的偿债基金，我想将[1]超过其每年开发投资支出的一半以上。[2] 不知道卫生部（the Ministry of Health）坚持让地方当局（Local Authorities）必须死板地提取偿债基金时，是否知道这种政策会使失业问题更加严重。建筑协会垫款给个人帮助建房，房主想在房屋没到不堪再用的时候提前还清债务，所以储蓄往往比平时多。不过这个因素之所以减少消费，大概是因为它直接降低消费倾向，而不是因为它减少净收入。举几个实际数字，建筑协会垫款偿还数 1925 年为 2400 万镑，1933 年增加到 6800 万镑；而 1933 年的新垫款数为 1030 万镑。当前的垫款偿还数想来更大。

由产出统计能够得到的是投资而不是净投资。这个事实，考林·克拉克（Colin Clack）在《国民收入 1924～1931》一书中已经说得很明白。

---

① 实际数字被认为无关紧要，所以在两年或两年以后才公布。

② 从 1929 年 4 月到 1930 年 3 月，地方当局用于资本支出的数目为 8700 万镑，其中偿债基金就占了 3700 万镑；1932 年 4 月至 1933 年 3 月，相应的数目为 8100 万镑和 4600 万镑。

他还指出，折旧等项经常在投资额中占很大比重。例如，他估计1928～1931年英国的投资和净投资如表8—1所示。[1] 他所谓的总投资也许包含一部分使用者成本，所以比我所说的投资大；而他所谓的净投资与我所谓的净投资接近到什么程度也不太清楚。

表8—1　1928～1931年英国的投资和净投资　单位：百万英镑

项目 ＼ 年份	1928	1929	1930	1931
总投资	791	731	620	482
旧资本的折旧值	433	435	437	439
新投资	358	296	183	43

库兹涅茨（Kuzinets）先生计算了美国1919～1933年的总资本形成（Gross Capital Formation）（即我所谓的投资），也得出类似的结论。从产出统计中能够得到的，一定只是总投资，而不是净投资。库兹涅茨也发现了从总投资变为净投资的困难。他说："从总资本形成变为净资本形成，其困难就在如何矫正现有固定资产的每年消耗量，而这种困难还并不只是资料的缺乏，也因为固定资产的每年消耗量这个概念本身就不够明白。"[2] 因此它只能假定："厂商在会计账簿中所记的折旧与损耗能够正确代表厂商现有固定资产的损耗量。"但此外，他并没有设法减去私人的房屋和其他固定资产的损耗量。库兹涅茨的计算结果可用表8—2概括。

表8—2　美国1925～1933年的总资本形成　单位：百万美元

年份	总资本形成（商业存货的净变化已计算在内）	企业家的加工、修理、维护、折旧与损耗	净资本的形成（库兹涅茨的定义）
1925	30706	7685	23021
1926	33571	8288	25283
1927	31157	8223	22934
1928	33934	8481	25453

① 参阅所引书第117～138页。
② 录自美国国民经济研究局的"公报"（第52页）。该公报将库兹涅茨即将出版的书中内容预先摘要披露出来了。

年份	总资本形成 （商业存货的净变化 已计算在内）	企业家的加工、 修理、维护、 折旧与损耗	净资本的形成 （库兹涅茨的定义）
1929	34491	9010	25481
1930	27538	8502	19036
1931	18721	7623	11098
1932	7780	6543	1237
1933	14879	8204	6675

表 8—2 的几组数字突出显示，1925～1929 年 5 年中，净资本形成非常稳定，即在经济繁荣（Upward Movement）的后期也不过增加 10%。企业家的维修、折旧、损耗等减数则即使在不景气最深刻（Bottom of the Slump）时期也还是很高。库兹涅茨所用方法大概过于低估每年折旧等项的增加数，增长率还不到净资本形成的 1.5%，自 1929 年以后，净资本形成一落千丈，1933 年的数字与 1925～1929 年 5 年的平均数相比低 95%以上。

以上这些讨论在某种程度上确实是题外话。但应该要强调的是，如果社会拥有大量资本存货，要得到一般情况下可被用于消费的净收入，对社会收入就必须做一大笔的扣除。因此，如果我们忽视了这种扣除，即使在大众愿意将其很大一部分净收入用于消费的情况下，我们也可能会低估这些使消费倾向降低的因素。

再重复一遍，所有经济活动都只有一个目的和对象，即消费（Consumption）。就业的机会必然也会受制于总需求（Aggregate Demand）的大小。总需求只能来自于现期消费和现在准备的未来消费。在有利可图的条件下，现在可以着手准备的未来消费决不能推迟得太远。而且对一个社会来说，我们只能用现期的物质产品而不是财务上的方法来为将来的消费做准备。但在我们的社会和企业组织中，财务上为未来消费所做的准备与实物上为未来所做的准备是截然分开的，所以，使前者得以实现的措施并不必然也使后者得以实现。正像很多事例所证明的，财政稳健政策倾向于使总需求减少，并因此损害社会福利。而且，我们为未来消费准备得越多，则进一步事先为未来消费做准备的难度就越大，从而在总需求的来源中我们对现期消费的依赖程度越高。遗憾的是，收入与消费之间的差距随着我们收入的增加而逐渐拉大。所以，如果没有什么新奇的策略，正如我们将看到的，这个谜将没有答案。除非社会保持足够多的失业，让我们贫穷到这样的程度：使消费与收入的差距恰好等于在今天有利可图的条件下为将来消费而生产的物质价值。

这一问题或者也可作如下的认识，对于消费而言，一部分可以用当前所生产物品来满足，一部分也可以用以往所生产物品来满足，即用负投资来满足。如果消费用后者来满足，那么当前的消费需求也就随之减少，因为，当前的一部分支出不再返为净收入。反之，如果物品在当前生产，而目的是满足未来的消费，那么当前的需求也因此而增大。一切资本投资迟早总要变成负投资，所以如何使新的投资常常超过资本负投资以弥补净收入与消费之间的差额，就成为一个大问题。而且这个问题随着资本的增加越来越难。只有当人们预期未来消费支出会增加时，新投资才会超过原有资本的负投资。每次我们以增加投资来取得当前的均衡，也就增加了取得未来均衡的困难。今天的消费倾向降低而与公共福利不矛盾，是因为人们预期消费倾向将来还会提高。我们不禁想到"蜜蜂寓言"（The Fable of the Bees）：明天的欢乐就是今天可以严肃的必不可少的条件。

有一件很奇怪的事情值得一提。如果政府机关进行投资，例如修建道路或是住宅，则在一般人的脑海里似乎意识到这是一道难以逾越的根本困惑。一般人之所以反对政府用投资方式增加就业，其通常的理由之一就是因为这类计划将为未来增加困难。他们常常提出这样一个问题："如果你把一个静止人口能够需要的住宅、道路、市政厅、电网、供水等都建造起来以后，你还做什么呢？"不过一般人却还不太了解，私人从事投资或扩张工业也存在同样的困难。尤其是他们对厂房设备比对于住宅还更容易满足，而且只能消化吸收很少的钱。

在一些实例和许多关于资本问题的学术讨论中出现的思路不清的原因，在于没有充分认识到资本是不能独立于消费的。相反，如果消费倾向一旦降低，便会成为一种永久的生活习惯，则不仅消费需求将减少，对资本品的需求也必将减少。

第九章　消费倾向：Ⅱ．主观因素

一

　　还有第二类影响消费量的因素：在一定的总收入（以工资单位计量）和上述一定的客观条件下，决定消费支出是多少的主观和社会动机。对这些因素的分析不会涉及新的观点，所以，在此只列出其中比较重要的几点，没有更加广泛深入的论证。

　　一般认为，有八种带有主观色彩的动机使得个人不把收入用于消费：

　　（1）为了防止难以预见的未来而建立的储备金。

　　（2）为了预防未来收入不如现在宽裕，而个人或家庭用度又需要改善。如为了养老、对家庭子女的教育或亲属的抚养等。收入与需要的关系，现在和将来不同。

　　（3）为了得到利息和增值，即由于将来较大量的消费被认为比当前较小量的消费要好。

　　（4）为了满足逐渐增加的生活开销，因为，尽管人们享受的能力可能会下降，但普遍都有一种希望生活水平能逐渐得到改善的本能，而不是相反。

　　（5）为了满足独立和有能力做出事业的意识，尽管就具体行动而言没有明确的想法或目的。

　　（6）为进行投机或商业项目而积累资本。

　　（7）为了给后代能够留下财富（To Bequeath a Fortune）。

　　（8）为满足纯粹的吝啬愿望（Pure Miserliness），即那种一贯反对消费、节约到不合理程度的行为等。

　　这八个动机可以被称为：谨慎、远虑、筹划、改善、独立、进取、骄傲和贪婪。我们还可以列出一系列与它们相对应的消费动机，例如享受、短视、慷慨、失算、炫耀和奢侈等。

　　除个人进行储蓄积累外，还有中央和地方政府、社会组织和企业公司进行的储蓄。这种储蓄在类似英国或美国的现代工业社会中占总储蓄量的1/3～2/3。其动机在很大程度上与个人的储蓄动机相似但并不相同，这些动机主要有以下四个：

（1）进取动机——取得资金，为的是不必通过负债或在市场上融资就能进行更多的资本投资。

（2）流动性动机——取得流动性资产，来应对紧急情况、困难和经济萧条。

（3）改善动机——取得逐年增加的收入，这还能顺便让管理者们免受批评。因为很难把因积累带来的收入增加与因效率提高带来的收入增加区分开来。

（4）谨慎动机——财务上持谨慎稳健的态度，使得资金储备超过使用者成本和补充成本，以便能在资本设备实际磨损和报废的期限之前（而非之后）偿还负债并收回成本。在很大程度上，资本设备的数量和特征，以及技术进步的速度决定了这个动机的强弱程度。

以上这些动机都使得人们把一部分收入不用于消费；与之相对应的某些动机有时也使消费超过收入。上述的对个人储蓄产生正面影响的因素，在日后负储蓄的情况下会产生相反的影响，例如，把储蓄用于家庭开支或养老的需要。用借债来发放失业救济金可以被认为是负储蓄的一个很好的例子。

所有这些动机的强弱程度会由于某些因素而有很大的不同：如我们所假定的经济制度体系和经济组织；因种族、教育、传统、宗教和因当前道德影响而形成的习惯；当前的希望和过去的经历；资本设备的规模与技术；当前财富分配和现存社会各阶层的生活水平；等等。本书中除了几处偶然的题外话，将不涉及重大社会变革所产生的后果或长期进步中慢慢发生的影响；也就是说，我们将把分别决定储蓄和消费的主观动机的主要背景当做既定的事实。至于财富的分配方法则基本上决定于永久性的社会结构，可以被认为是只在长期中才会缓慢改变的因素，所以，在本书上下文中，它也被认为是既定的。

二

一般来说，既然使消费倾向改变的主观和社会动机变化非常缓慢，而利率和其他客观因素变化所产生的短期影响也只起次要的作用，那么我们由此可以得出结论：消费的短期变化并不是取决于既定收入下消费倾向的改变，而是主要取决于收入（以工资单位来计量）多少的改变。

我们必须消除一个误解，以上是说较为温和的利率变化对消费倾向的影响一般是不大的；但并不是说利率的变化对实际储蓄量和实际消费量的影响很小。相反，利率变化对实际储蓄量有很重要的影响，只是影响的方向与通常所假定的方向是相反的。即使提高利率确实有降低消费倾向的作用，但我们可以断言：利率提高的结果是减少储蓄量。因为总投资制约着总储蓄，利率上升正好会使投资下降，除非投资需求曲线的相应改变能抵消利率上涨的作用；因此，收入必然会由于利率上升的作用而下降到一个水平，致使储蓄下降到与投资相等。由于收入下降的绝对数量会大于投资下降的绝对数量，因此提高利率可以减少消费的判断是对的，但并不是说提高利率以后储蓄的数量可以增大。相反，利率上升时，储蓄和消费都将减少。

因此就整个社会而言，尽管利率的上升确实可以增加既定收入中的储蓄量，但我们还是可以肯定：假定需求曲线没有发生对投资有利的移动，利率的上升一定会使现实中的总储蓄量减少。不仅如此，在其他情况不变这个假设之下，相似的论证甚至还能进一步说明，随着利率的上升，收入的下降可以是多少。如果利率提高而资本边际效率（Marginal Efficiency of Capital）不变，则投资一定减少，因此收入必然减少，从而减少现有消费倾向之下的储蓄数量，使与减少后的投资量相等。收入应减少的数额就能够这样计算出来。下一章将详细讨论这个问题。

只有在收入不变的情况下利率上升时，才会引诱我们进行更多的储蓄。但是如果较高的利率对投资产生了阻碍，那么，我们的收入必然会下降。收入下降自然降低储蓄能力，从而抵消高利率对储蓄意愿的刺激。我们越是品德高尚，越是厉行节约，我们的国家和个人的财政越是恪守传统的原则，则当利率相对于资本边际资本效率有所提高时，我们收入的下降也就越多。僵化不变的态度所带来的不会是收益，而是惩罚。这是无法避免的结果。

因此，实际的总储蓄量和总消费量并不取决于谨慎、深谋远虑、计算、改善、独立、进取、骄傲和贪婪等动机，善行和恶习（Virtue and Vice）对它们也都不起作用。在考虑资本边际效率的情况下，是利率对投资的有利程度决定了它们。当然，这种说法有言过其实的夸张成分。如果利率能被控制在使其能继续维持充分就业的程度，节俭的美德仍然会发挥作用；此时，在充分就业的情况下，消费倾向的微弱程度仍将决定资本积累的速度。所以，古典经济学家赞扬节俭美德的原因，是他们暗含了一个假定：利率始终能被控制在可以维持充分就业的水平。

第十章 边际消费倾向和乘数

我们已经在第三篇第八章明确了一点，除非消费倾向改变，否则就业量只能随投资的增加而增加。现在，我们的思路将在这个基础上再继续深化。在既定条件下，我们可以用乘数来表示收入和投资之间确定的比例关系，再采取某种简化的方式在总就业量和直接被用于投资的就业量（我们称为第一级就业量，Primary Employment）之间建立一个确定的比例。这一步是我们整个就业理论中不可或缺的一步。有了这一步，在消费倾向既定的条件下，我们就可以在总就业量、总收入量和投资量之间构建一个确切的关系。乘数（Multiplier）的概念是由 R. F. 卡恩 (R. F. Kahn) 先生在其论文《国内投资与失业的关系》（载《经济学杂志》，1931 年 6 月号）中首先创造性地提出的。他在这篇文章中的论点是基于这样一个基本的观念：如果消费倾向在各种假设情况（还有其他一些条件）下都被视为一个确定的量，如国家的货币管理当局或其他公共机关采取刺激或抑制投资的措施，则就业量的变化就是投资净增减量的函数。这篇文章的目的是建立一些一般性原理，并用这些原理来估算净投资增量与因此而引起的总就业量增量之间的实际数量关系。在讨论乘数之前，有必要先引入边际消费倾向（Marginal Propensityto Consume）这个概念并进行说明。

一

在本书中，我们所说的实际收入的波动是指在资本数量一定的情况下，由于就业量（也就是不同数量的劳动者单位）变化而产生的收入波动，所以，实际收入会随着被雇用劳动者单位数量的增减而增减。如果在一定数量的资本设备上增加劳动力时有报酬递减（Decreasing Return）现象发生，那么用工资单位（Wage-units）计量的收入增加比例将大于就业量的增加比例，后者又大于以产品计量（假设这是可能的话）的实际收入的增加比例。由于资本设备在短期内的变化微不足道，因此，用产品计量的实际收入和用工资单位计量的实际收入会同增同减。由于实际收入无法用精确的产品数量来计量，因此衡量实际收入变动的实用指标是以工资单位计量的收入（Y_w）。一般情况下，Y_w 的增减比例往往比实际收入的增减比例要大，这是我们不可忽视的事实，但它们总是同时增加或减少，这几乎可以使它们相互替代。

通常情况下的心理定律（Psychological Law）是，在社会的实际收入增加或减少时，其消费也会增加或减少，但增减的速度没有实际收入那么快。Y_w 既然可以替代实际收入，在某些条件的约束下，这条正常心理定律可以被改写成这样一个命题（这种改写并不绝对准确，还应有一定的修正，为形式上的完备，把这些修正点列入也并不难）：ΔC_w 和 ΔY_w 的正负号相同，但 $\Delta Y_w > \Delta C_w$。其中，ΔC_w 是用工资单位来计量的消费量。这里只是把上面已经建立的命题（第三章第二节）再重复一遍。我们可以把 dC_w/dY_w 定义为边际消费倾向（Marginal Propensity to Consume）。

这是一个很重要的变量，因为当产量增加时，我们可以从这个变量知道，下一期产量的增量在消费和投资之间是怎样分配的。由于 $\Delta Y_w = \Delta C_w + \Delta I_w$，其中，$\Delta C_w$ 和 ΔI_w 分别代表消费和投资的增量；故有：$\Delta Y_w = k\Delta I_w$，此处，$1 - 1/k$ 等于边际消费倾向。

我们把 k 称为投资乘数（Investment Multiplier）。由此我们知道：当总投资增加时，收入的增加量等于投资的增加量乘以 k。

二

卡恩先生的乘数与此有微小的差别，我们可以用 k' 表示，并称为就业乘数（Employment Multiplier）。卡恩先生的这个乘数衡量的是，投资品行业的第一级就业量的增量和由此而导致的总就业量的增量之间的比例。即如果投资的增量 ΔI_w 所引起的投资品行业的第一级就业量是 ΔN_2，则总就业量的增量即 $\Delta N = k'\Delta N_2$。

一般来说，我们没有理由假定 $k = k'$。因为没有必要假定不同行业的总供给函数的相关部分都具有这样的特征，使得一个行业需求增量与由此引起的就业量增量的比例与其他行业都相等。[①] 事实上，不难想象，如果边际消费倾向与平均消费倾向相差很多，那么 $\Delta Y_w / \Delta N$ 大概不会等于 $\Delta I_w / \Delta N_2$，此时消费品需求的比例改变与投资品需求的比例改变将大不相同。两个行业的总供给函数在相关部分的形状可能不同。如果我们考虑到这一点，而把以下论证改写成更一般的形式也没有什么困难。但是为了阐明它所包含的思想，采用简单化的方式使得 $k = k'$，还是很方便的。

由此可见，如果社会的消费心理使得人们采取这样的消费方式，比如说，消费掉其收入增量的 9/10，[②] 那么乘数 k 就是 10。以政府公共工程为例，假定其他方面投资不减少，因公共工程增加所带来的总就业量，就等于公共工程初期所提供就业量的 10 倍。只有当社会的消费量维持不变的情况下，即使就业量增加并进而导致实际收入增加，就业量的增加才会被限制于公共工程本身所提供的初期就业量的范围内。反之，如果社会愿意把任何收入的全部增加部分都用于消费，则物价将无限制地上升，经济将会变得不稳定。在正常的社会心理下，当就业量增加时，消费倾向也同时发生改变，然后就业量的增加和消费量的减少才会同时发生，例如在战争时期，人民受宣传的影响而减少其消费。只有在这种情况下，增加投资品工业的就业量才会不利于消费品工业的就业量。

以下所说的其实是把读者应该已经明白的东西再简单总结一下。显然，如果公众不准备增加储蓄，那么，投资量将不可能增加（二者都用工资单位计量）。一般来说，除非总收入得以增加，否则公众的储蓄不会增加。公众想把收入增加量的一部分用作消费，从而刺激产出增长，收入增加。因此要改变收入分配，使储蓄的增加正好与投资的增加相符合。乘数告诉我们，就业要有一定量的增加，才能使实际收入增加刚好能够引起公

---

　　① 更精确一些，令 e_e 为全部工业的就业弹性，e'_e 为投资品工业的就业弹性，N 为全部工业的就业量，N_2 为投资品工业的就业量，则有

$$\Delta Y_w = \frac{Y_w}{e_e N} \Delta N$$

又　$\Delta I_w = \frac{I_w}{e'_e N_2} \Delta N_2$，

故　$\Delta N = \frac{e_e}{e'_e} \frac{I_w}{N_2} \frac{N}{Y_w} k \cdot \Delta N_2$，

即　$k' = \frac{I_w}{e'_e N_2} \cdot k$

设全部工业的总供给函数与投资品工业的总供给函数并无重大不同，故 $\frac{I_w}{e'_e N_2} = \frac{Y_w}{e_e N}$，则 $\frac{\Delta Y_w}{\Delta N} = \frac{\Delta I_w}{\Delta N_2}$，故 $k = k'$。

　　② 以下数据都用工资单位计量。

众必须的额外储蓄，因此是公众心理倾向的函数。① 假如储蓄是药丸，消费是果酱，那么额外果酱的多少一定与额外药丸的大小成比例。如果公众的心理倾向和我们所假定的一样，我们就可以建立这样一条规律：投资所增加的就业量必定会刺激消费品生产行业，进而增加总就业量，而增加的总就业量是投资本身所必需的初期就业量的一个乘数。

由上文可知，当边际消费倾向趋近于 1 时，投资量的轻微变化就能使就业量产生很大的变化，而较小的投资增量就能引致充分就业。此外，当边际消费倾向趋近于 0 时，投资量的轻微变化只会使就业量产生相应的轻微变化，这就需要很大的投资增量才能引致充分就业。在前一种情况下，"非自愿"失业的增大固然很麻烦，但很容易补救；在后一种情况下，就业量变动虽然很小，却很容易停留在一个低水平，除非大力采取补救措施，否则，处理起来会很棘手。实际生活当中，边际消费倾向似乎处在 0～1，但更接近于 1。在一定意义上说，其实际结果的两种最坏的情况同时存在，就业量的波动相当大，同时，为达到充分就业所要求的投资增量也大到难以达到的程度。不幸的是，这种巨大的变动使我们对疾病的性质和危害并不了解，更无从下药。

在实现充分就业后，不论边际消费倾向取什么数值，任何进一步增加投资量的努力，都将使价格产生无限上升的趋势；即我们达到了真正通货膨胀的状态。但是，在实现充分就业之前，实际总收入则随着价格的上升而增加。

三

我们在上文中所讨论的是投资的净增加量。所以，如果想要把上述理论不加限制条件地运用在（例如）分析增加公共工程的作用上，我们就必须假设：没有因其他方面投资量减少而产生的抵消作用；当然也没有与其相联系的社会消费倾向的改变。上面引述的卡恩先生的论文的主旨就在于探讨那种比较重要且不容忽视的抵消因素，并设法对其作量化的估计。因为，在实际情况中，除了某一种既定投资类型的具体增加额外，还有其他因素会影响最终结果。例如，政府在公共投资上增加了 10 万人就业，假设乘数为 4，但我们却不能贸然地说总就业量增加了 40 万人。因为这个新政策也许对其他方面的投资有不利影响。

根据卡恩先生的观点，以下所述似乎是现代社会中最重要而且不容忽

---

① 如果再推进一步，那么乘数也是投资品工业与消费品工业生产情况的函数。

视的因素（前两个因素在没有读本书第四篇以前可能不容易完全理解）：

（1）对公共工程在货币政策方面的支持，以及因就业量增加和价格上涨所导致的周转现金的增加，都有可能使利率上升。除非货币管理当局采取纠正措施，否则将阻碍其他方面的投资。同时，资本品成本的增加会使私人投资者的资本边际效率下降，这也要求以利率的实际下降来补偿。

（2）由于经常出现的心理混乱状态，政府的公共工程项目会对"信心"（Confidence）产生影响，从而可能使流动性偏好（Liquidity-Preference）上升，或使资本边际效率下降。除非采取抵消其作用的措施，否则其他方面的投资将会受到阻碍。

（3）在一个有对外贸易联系的开放体系中，投资增加的乘数作用，一部分会因为促进了外国就业量而被消耗。因为，一国的对外贸易顺差（Favourable Foreign Balance）将因本国多消费外国商品而减少，我们要讨论本国而不讨论世界的就业量所受的影响，就必须降低乘数的值。此外，由于乘数作用在外国所引起的经济活动的增加，会对我们国家产生有利的影响，我国会因此而收回一部分外流的利益。

另外，如果我们所考察的变化具有相当大的数量，就必须考虑到边际消费倾向发生的累进的变化，因为边际的位置逐渐移动时，乘数也在逐渐改变，并不是在任何就业量水平下边际消费倾向都保持一个不变的常数。一般的规律是，随着就业量的上升，边际消费倾向有下降的趋势。换句话说，实际收入增加时，社会愿意用于消费的比例会逐渐降低。

除了以上一般规则外，还有其他的因素也可以使边际消费倾向发生改变，进而使乘数发生改变。一般而论，这些因素似乎并没有使上述一般规则的趋势减弱，而是使其加强。首先，因为短期内有报酬递减现象，所以，当就业量增加时，企业家的收入在总收入中所占比例增大，而企业家的边际消费倾向大概小于社会整体平均的边际消费倾向。其次，当有失业现象存在时，大概同时会有另一部分人（私人或政府）作负储蓄行为，失业者维持生活之道，要么是自己或亲友的储蓄，要么是政府的救济，而救济金的来源一部分又靠政府发债。当失业者再就业时，这种负储蓄行为会逐渐减少。因此，假如有两种方法可以增加社会的实际收入，那么，一是让失业者重新就业，二是除此以外的其他方法。如果实际收入的增加相同，那么，边际消费倾向的递减速度在前一种情况下较大，后一种情况下则较小。

无论如何，当投资净增量小时，乘数值就大；投资净增量大时，乘数值就小。因此，当投资增减很大时，我们必须以乘数的平均值为依据，而乘数的平均值则又是基于该投资增减中边际消费倾向的平均值。

卡恩先生曾设想用一定的特例来讨论各种因素的可能性结果，但很明显不可能得出一般性的结论，但是有几种情况却可以确定，例如，现代社会大概会把实际收入增加的 80% 左右用于消费；在一个封闭体系里，失业者的消费从别人的消费转移而来，在考虑到抵消因素以后，乘数值大概不至于比 5 小多少。如果一个国家与别国有贸易关系，假如进口商品占总消费的 20%，失业者以借钱（或其他类似）方式来消费约占平常有工作时正常消费的 50%，那么，乘数值可能降低到 2~3。对外贸易占重要地位的国家，失业救济金主要来源于政府发债（如 1931 年的英国），与这类因素不占重要地位的国家（如 1932 年的美国）相比，如果投资量的变动在两国相等，则由此引起的就业量的变动，前者远远小于后者。

投资只占国民收入中的较小部分，但当投资数量变动时，却能使总就业量与总收入量的变动程度远超过投资量的变动。这种现象在有了乘数原理以后，就得到了解释。

<h1 style="text-align:center">四</h1>

到现在为止，我们的论述都是建立在这样一个假定的基础上：总投资的变动事前已经被预料到，所以，消费品行业和资本品行业能在事先足够长的时间里同时增加产量；而除了产量增加所产生的收益递减之外，消费品价格不会受到其他因素的影响。

一般来说，我们必须要考虑这样的情况：有时投资品行业产量增加而产生的变化并没有完全被人预料到。显然，这种原因产生的变化，只有经过一段时间以后对就业量的作用才能全部发挥出来。但我发现，在讨论这一事实时可能会引起混淆：一方面，乘数这个合乎逻辑的理论在任何连续的时点上都是成立的，而且没有时滞（Time-lag）；另一方面，资本品行业扩张的影响，由于时滞的原因，其作用在一段时间以后才能逐渐发挥出来。

这两者之间的关系可以清楚地做出说明：首先，资本品行业的扩张出乎预料或没有被充分预料，对总投资量不会立即发挥它的全部影响，只能使投资量逐渐地增加；其次，边际消费倾向在它的影响下会暂时偏离正常值，然后又逐渐回归到正常值。

因此，资本品行业的扩张在一段时期之内，产生一个各期投资增量的数列，而在同一时期中还会产生一个各期边际消费倾向值的数列。这两个数列值，既与预料之中的资本品行业扩张时的数列值不同，又与整个社会新建立的总投资已经稳定在一个水平后的数列值不同。但是，在每一段连续时期中乘数理论都适用，即总需求的增量，等于总投资的增量与乘数的乘积，乘数则由边际消费倾向所决定。

如果资本品行业中就业量的增加事先完全出人意料，那么，消费品的产量开始时根本不会增加。这种极端情况最容易说明上文的表述。在这种情况下，资本品行业中新增就业者想以其一部分收入购买消费品，于是消费品价格提高。消费品价格提高的结果有三种情况：①一部分消费暂时延期；②利润增加，收入重新分配，有利于储蓄阶级；③存货量减少。这三种情况都使消费品的供需达到暂时均衡。均衡的恢复，既有一部分是由于暂时的消费延期，因而边际消费倾向及乘数都暂时降低；又有一部分是由于存货减少，因而总投资的增量暂时小于资本品行业中的投资增量。随着时间的推移，消费品工业也逐渐适应新需求，当延期下来的消费得到满足时，边际消费倾向值会暂时超过其正常值，其超过的程度正好与以前不足的程度相抵，最后又回归到正常值。当存货量恢复到原状时，总投资的增量大于资本品行业中投资的增量（当运营资本随产量增加而增加时，暂时也有同样的效果）。

某些出乎预料的改变必须经过一段时间才能对就业量发挥其全部影响，这一点在某些情况下是很重要的。在分析经济周期时（像我在《货币论》中依据的思路那样）情况尤其如此。但这对本章所建立的乘数理论的重要性并没有什么影响，当资本品行业扩张时究竟对就业量能够产生多少有利的影响，乘数这个概念是不妨作为指示器来衡量的。而且，除非消费品行业已经达到生产能力的极限，要增加产量时，不能在现有设备上增加劳动力，而需要增加设备，否则，只要经过很短一段时间，消费品行业的就业量就将与资本品行业同时增加，乘数的值也与其正常值相差不远。

五

从上文中可知，边际消费倾向越大，则乘数越大，对于一个既定的投资变化来说，对就业量的影响也会越大。这也许会产生一个令人费解的结论：一个储蓄只占收入很小部分的贫穷社会与储蓄占比重较大的富裕社会相比，其乘数值也比较大，其就业量的变动也比富裕社会更大。

不过这个结论没有明确区分边际消费倾向的作用与平均消费倾向的作用。因为，如果投资变化的比例一定，边际消费倾向的数值越高，它产生的影响也较大；但是，当平均消费倾向的数值也较高时，它影响的绝对量却依然是比较小的。现以下列数字为例进行说明。

社会消费倾向如下：假如实际收入不超过 500 万人在现有资本设备上

工作能够得到的产量时，全部收入都用来消费；以后增加第一个 10 万人时，其增加产量的 99％用于社会消费；增加第二个 10 万人时，其增加产量的 98％用于社会消费；增加第三个 10 万人时，其增加产量的 97％用于社会消费。以下依次类推。则当就业量为 500＋n＊10 万人时，其边际乘数值为 100/n，而投资量占国民收入的百分比为 [n（n＋1）] / [2（50＋n）]。

如果就业量为 520 万人，乘数极大，为 50；但投资在收入中的比例只有可怜的 0.06％。因此，即使投资减少很多，例如 2/3，但就业量只减少到 52 万人，约减少 2％。假如就业量为 900 万人，那么边际乘数值相对很小，只有 2.5，但投资在收入中的比例则相当大，约占 9％。如果投资也减少 2/3，那么就业量就减少到 690 万人，降低了 23％。如果投资量降到 0，那么就业量的减少，前一种情况为 4％，后一种情况为 44％。①

在两个社会中，贫穷的社会之所以比较贫穷，一定是由于就业不足。但如果是由工作不熟练、技术和设备落后等原因造成的，那么，上述论证只要稍作修改就可适用。虽然贫穷社会中的乘数较大，但在富裕社会中，由于当期投资在现行收入中所占的比例很大，那么，投资量的波动对就业量也会产生很大影响。

由上所述，在失业问题非常严重时，政府通过投资增加一定量的劳动力就业，其对总就业量的影响比在几乎达到充分就业时要大得多。在上面的例子中，假如就业量已经下降到 520 万人，那么政府投资增加 10 万人就业的话，就可以使总就业量增加到 640 万人。但假如就业量已经是 900万人，则政府投资增加 10 万人就业，只能使总就业量增加到 920 万人。因此，即使政府这样的投资效果值得怀疑，但是只要失业问题严重，储蓄在收入中的比重较小，那么，仅就节省失业救济支出一项而言，就已经超过政府投资的费用。而当已经接近充分就业状态时，政府这种投资的价值就值得商榷了。在充分就业限度内，边际消费倾向随就业量的增加而降低，要用增加投资的办法使就业量增加的困难也越来越大。

只要有总收入和总投资的相关统计资料，就可以做出一个表，列出在经济周期的各阶段边际消费倾向的数值。但我们现有的统计不够正确，或当搜集统计数据时并没有充分顾及到这个目的，因此我们只能做一个大略的估计。据我所知，这方面最好的数据还推库兹涅茨的美国数据（第八章第四节中已经述及），但也很不确定。从这些数据和国民收入的估计中能

① 以上所谓投资量用资本品行业中的就业量衡量。设就业量增加时劳动力报酬递减，则若以劳动力计算的投资增加 1 倍时，以物品计算的投资量（如果可以的话）将不到 1 倍。

够得到的投资乘数值比我预料的要低、要稳定。如果把各年单独观察，则结果有些不近情理。如果把各年数据按对分组，那么乘数值似乎小于 3，徘徊在 2.5 附近。由此可知，边际消费倾向似乎不超过 60％～70％。这样的数据在经济繁荣时期还说得过去，但在经济衰退时期则显得过低而不近情理。一方面，也许是美国公司的财政在不景气时期仍然非常保守。换句话说，如果因为不维修设备而使投资降低很多，但设备的折旧费还照常提取，那结果将会阻止边际消费倾向的上升。我担心是这个因素加深了美国经济的衰退程度。另一方面，统计资料可能过于夸大投资的降低程度。据说 1932 年的投资量与 1929 年相比减少了 75％以上，而"净资本形成"则减少了 95％以上，这可能有点言过其实。如果这些估计稍微改变一下，乘数值就会有很大改变。

六

当存在非自愿失业（Involuntary Unemployment）时，劳动的边际负效用（Marginal Disutility）小于（甚至会远远小于）劳动的边际产品效用（The Utility of the Marginal Product）。对一个长期失业者来说，一定量的劳动产生的是正效用，而不是负效用。如果我们能够接受这一点，那么，在收支相抵之后，"浪费式的"发债支出（Loan Expenditure）还能使社会财富增加，就可以用上述理论来解释。当我们的政治家们所接受的古典学派经济学理论阻碍了产生更好的方法时，建金字塔、地震甚至战争等天灾人祸都可以被视为增加财富的途径。

难以理解的是，人们依据常识想摆脱古典经济学的荒谬结论，往往倾向于采取全部"浪费式的"发债支出方式，而不采取部分浪费式的发债方式，这是因为，部分浪费式的发债方式没有把全部都浪费掉，是要按照严格的商业原则（Business Principles）进行判别的。例如，人们更容易接受用借款筹集来的资金发放救济，而不愿接受把筹集来的资金用于效益小于现行利率的设备改造。所有办法之中，人们最肯接受的是在地上挖窟窿（Digging Holes），号称采金，而开采金矿对于世界的真正财富非但不能增加，还会引起劳动的负效用。

如果财政部把旧瓶子里塞满钞票，然后把它们埋在废弃矿井中合适的深度，再用城市垃圾把矿井填平，最后，经过招投标任由私人企业按照自由放任（Laissez-Faire）的原则把钞票再挖出来，这样就不会再有失业的问题了；而且社会的资本财富和实际收入受此影响后，都会比现在有大得多的增长。当然，建造房屋或类似的大兴土木也许会更有意义，如果在此过程中会遇到政治上或实际上的困难，那么，我们宁愿选择挖洞的方法，也聊胜于无。

这个办法与我们现实生活中所谓的开采金矿完全相仿。经验告诉我们，当黄金的埋藏深度适于开采时，世界的财富会急剧增加；而当可供开采的金矿很少时，财富的增长就会停滞甚至下降。金矿对于文明最有价值，也最重要。正如战争是政治家认为大量举债支出的唯一正当用途一样，开采金矿，在地上挖窟窿，就是银行家认为不违背稳健财政原则的唯一活动。金矿和战争对于人类的进步都有贡献，因为没有更好的办法。有一个枝节问题在此应该一提：在经济衰退时期，用劳动和实物来衡量的金价趋于上升。这个趋势可以帮助经济复兴。因为经济上值得开采的金矿，其矿床可以由此而加深，同时可供开采的金矿品位也在降低。

金的供给增加，也许可以促使利率下降。此外，如果我们没有既增加就业又增加有用财富的其他办法，那么有两个理由可以说明开采金矿是非常切实可行的投资形式。一是淘金有赌博的性质，因此，从事淘金的人不太注意现行利率；二是采金可以使黄金供给增加，但黄金不同于其他物品，不会随着数量的增加而导致边际效用递减。房屋的价值由其效用决定，所以，多建房屋则房租就要下来。除非利率同时降低，否则继续盖房子的利益也将逐渐降低。采金就没有这样的问题，只有当工资单位用黄金计量而提高时，采金才会受到影响。而只有当就业状况大为改善时，用黄金计量的工资单位才会提高。而且，非耐用消费品提取使用者成本和补充成本时会产生不利反应。采金业没有这类缺点。

古埃及真可谓双重幸运，因为埃及修建金字塔和搜索贵金属两种活动的产物都不能作为人类消费之用，因此，不会嫌其太多。一定是由于这个缘故，古埃及才如此之富。中世纪则是造教堂和唱挽歌。造两个金字塔，为死者做两场弥撒，福利自然是两倍于一个金字塔和一场弥撒。但在伦敦和约克之间修两条铁路则不然。现在我们变得理智了，我们把自己训练得越来越接近于一个谨慎的理财家，当我们为后代建造房屋时，都要认真考虑给后代增加的"财务"负担，这样，我们就失去了避免失业问题的简单办法。我们必须接受社会中存在失业的现象，它产生于把私人的"致富"之道运用于国家事务，但私人的"致富"之道只是使私人积累起了大量的财富，对于享用财富的权利，他们并不打算在任何一定的时期行使。

第四篇 投资引诱

第十一章　资本边际效率

一

当一个人购买一笔投资品或资本财产时，实际上是购买了取得这一组未来收益的权利。也就是他可以出售该资产所生产的产品，并从中得到一组年金，即产品的价值减去所付出的开支，我们可以称这一组年金为投资的未来收益（Prospective Yield），用 O_1，O_2，$\cdots$，O_n 表示。

与投资的未来收益相对立的，为该资本资产的供给价格（Supply Price）。所谓供给价格，并不是实际在市场上购买该资产所付出的市场价格，而是足以引诱厂商增加该资产一个新单位所需的价格。因此，资本资产的供给价格，有时被称为该资产的重置成本（Replacement Cost）。从一种资本资产的未来收益与供给价格的关系，可以得到该类资本的边际效率（Marginal Efficiency of Capital）。说得更精确些，我所谓的资本边际效率即一个贴现率（Rate of Discount），用这个贴现率将该资本资产的未来收益折为现值（Present Value），则该现值正好等于该资本资产的供给价格。用同样方法，可以得到各类资本资产的边际效率。其中最大者可视为一般资本（Capital in General）的边际效率。

读者应注意，此处所谓的资本边际效率，是就资本资产的预期收益（Expectation of Yield）及其当前的供给价格来下的定义。所以，资本的边际效率，是用钱投资于新资产所可以预期取得的回报率（Rate of Return），而与该资产寿命告终以后，原投资所得的回报率无关。

在任一时期中若对某类资本的投资增加，则该类资本的边际效率会因投资的增加而降低。原因一部分在于该类资本的供给增加时未来收益下降；一部分则在于当该类资本的产量增大时其生产设备所受的压力加大，故其供给价格提高。短期内之所以能达到均衡，主要靠第二类因素，但时间越长第一类因素的重要性越大。因此，可为每一类资本建立一个表格，在表中列出：如要使其边际效率下降到某一个特定的数值，则在一时期中对该类资本的投资须增加若干。把此类表格加总起来得到一个总表，用总表指示两类的关系：一是总投资量；二是与投资量相对应并由其建立的一般资本边际效率。我把它称为投资需求表（Investment Demand-schedule）或资本边际效率表（Schedule of the Marginal Efficiency of Capital）。

当前的实际投资率（Actual Rate of Current Investment）一定会推进到某一点，使各类资本资产的边际效率都不会超过现行利率（Current Rate of Interest）。这个道理应该很明显。换言之，投资率一定会达到投资需求表上的一点，在该点上，一般资本的边际效率正好等于市场利率（Market Rate of Interest）。[①]

同一事实，可以换一种说法。设 Q_r 为一笔资产在 r 时的未来收益，又设 d_r 为 r 时 1 镑按当前利率的折现值，则 $\Sigma Q_r . d_r$ 为投资的需求价格（Demand Price）。投资量一定会达到一点，使得 $\Sigma Q_r . d_r$ 等于这笔投资的供给价格（定义见上）。假如 $\Sigma Q_r . d_r$ 小于供给价格，那么当前对该资产不会有投资。

所以，投资引诱（Inducement to Invest）一部分决定于投资需求表，一部分决定于利率。至于决定投资率的因素究竟有多么复杂，要在本篇结束时才能看到全貌。但我要求读者立刻注意一点，即仅仅知道资产的未来收益及边际效率，还无法知道利率是多少，资产的现值是多少。我们必须从其他方面决定利率，然后将这笔资产的未来收益按照利率还原，才能求得资产的现值。

二

上述有关资本边际效率的定义，与通常的用法有什么关系呢？资本的边际生产力（Marginal Productivity）、边际报酬（Marginal Yield）、边际效率（Marginal Efficiency）或边际效用（Marginal Utility），都是我们常用的词汇。但要在经济文献中找出很明白的一段话，说明经济学家用这些名词时的含义究竟是什么并不容易。

这里至少有三点是需要加以辨别清楚的。第一是物质与价值的区别。我们到底是讨论产品的物质增量，还是讨论产品的价值增量？前者是由在某一段时间内，资本使用量增加一物质单位（Physical Unit）而引起的，

---

① 为行文简单起见，我将忽略以下一点：资本资产的寿命不同，收益为实现各类资本的未来收益所需时期也不同，所以利率及贴现率也不同。换言之，不是只有一个利率及贴现率，而是有一个利率及贴现率体系。但我们不难将以上论证略加修改，包括此点。

后者是资本的使用量增加一价值单位（Value Unit）引起的。但前者有"什么是资本物质单位"之类的种种困难，我认为这些困难是无法且没必要解决的。当然我们可以说，设 10 人所耕种的土地面积不变，而增加若干机器，则所产麦子必然增加；但是如果要把这种说法换成算术比例，那除非引进价值概念，否则无法了解。然而许多关于这方面的讨论大都着眼于资本的物质生产力。至于什么是资本的物质生产力，又往往不加说明。

第二是绝对数与比例数的区别。所谓资本边际效率是一个绝对量，还是一个比例？通常认为资本边际效率与利率是同一个维度（Dimension）的。由此推论，以及从上下文看，似乎资本边际效率肯定是一个比例，然而这个比例的两项是什么，往往缺乏明白的说明。

第三是一项与多项的区别。我们需要搞明白两个问题：一是在当前有少量资本增加的情况下可以获得的价值增量；二是在新增资本资产的整个寿命中，可预期获得的一系列价值增量。即 Q_1 与这个 Q_1，Q_2，…，Q_n 数列的区别。这一点如果辨别不清，经常会成为混乱与误解的根源。这就引出预期（Expectation）在经济理论中的地位问题。大多数讨论资本边际效率的人，似乎除了 Q 之外，对于这个数列的其他各项根本不注意；然而除非是在静态理论框架下，否则这种办法是行不通的。在静止状态下，各 Q 值都是相等的。分配论中常说，资本目前得到的报酬等于其边际生产力。不论边际生产力的定义是什么，只有在静止状态下，这种说法才是正确的。资本当前收益的总和与资本的边际效率并无直接关系；而在生产的边际上，资本的当前收益（即产出的供给价格中所含的资本报酬）只是等于资本的边际使用者成本。而边际使用者成本也与资本边际效率没有密切的联系。

上面说到，以往对这个问题很少有清楚的说明。但我相信，我以上所下的定义，与马歇尔（Marshall）用这个名词的含义相当接近。马歇尔有时用资本的"边际净效率"（Marginal Net Efficiency）一词，有时则将其称为"资本的边际净效用"（Marginal Utility of Capital）。以下引文，摘自他的《经济学原理》（第 6 版，第 519～520 页），是书中与此问题关系最密切的几段。为表达马歇尔的主旨，我把原书中不相连的几段句子连接在一起：

"一个工厂可以增用价值 100 镑的机器，而不增加其他开支；机器增加以后，工厂每年除去机器设备折旧后的净产值增加 3 镑。投资者往往优先考虑把资本投资于利益优厚的地方，如果经过这样的程序达到均衡以后，投资者还认为值得（而且仅仅是值得）使用这些机器，那么我们可以根据这样的事实来推断年利为 3%。这个例子不过仅仅指出价值决定的因素之一，如果以此作为利息论或工资论，一定会犯循环推理的毛病……假如毫无风险的证券收益年利率为 3％，如果制帽业吸收资本 100 万镑，这就表示制帽业能够很好地运用这 100 万镑，宁可为此付出 3％的利息，而不愿放弃这笔资本不用。如果年息为 20％，制帽业也许还是有一些机器不能不用；年息为 10％时，用的机器会增多；年息为 6％时会更多，为 4％时还要多；最后因为年息为 3％，所以要更多地使用机器。直到最后这个数值达到 3％，即仅仅值得使用的那个机器的边际效用的数值。"

由上面的引文可以看出，马歇尔的意思很明白。如果我们沿着以上思路来决定实际利率，那一定会陷入循环论证的错误。[①] 在这一段里，马歇尔似乎接受了上面的观点：即假设资本的边际效率表不变，则利率决定新投资的数量。如年利率为 3％，当然除非在收回成本和折旧以后，每年的净产值可以增加 3 镑，否则没有人愿意出 100 镑买一部机器。但在第 14 章中我们可以看到，马歇尔在另外几段文字中可没有如此谨慎，而每当论证发生破绽时，他就踌躇不前。

在费舍尔（Irving Fisher）教授的《利息论》（1930 年出版）一书中，虽然还没有用"资本的边际效率"一词，但他所谓的"报酬超过成本率"（Rate of Return over Cost）与我所谓的"资本的边际效率"完全相同。费舍尔教授说："所谓报酬超过成本率是一种利率。用这个利率来计算所有成本的现值，以及所有报酬的现值，正好使二者相等。"[②] 他更进而说明，任何一方面投资的多少，都由报酬超过成本率和利率的比较来决定，要引诱新投资，则"报酬超过成本率必须大于利率"。[③]"这个新因素在利息论的投资机会方面占有重要地位。"[④] 可见，费舍尔教授的"报酬超过成本率"与我的"资本边际效率"不仅意义相同，而且目的也完全相同。

三

资本边际效率，不仅由资本的现在收益决定，而且由资本的未来收益决定。不注意这一点，最容易对资本边际效率的意义和重要性发生误解。要明白这一点，最好说明：如果在人们预期中，由于劳动力成本（即工资单位）的改变，或由于新发明、新生产技术的引进，未来生产成本将有改变时，资本边际效率将有什么影响。今天所生产的机器的产物，在该机器

---

① 但他认为边际生产力决定工资，也犯了循环推理的错误，不是错了吗？
② 费舍尔：《货币论》，第 168 页。
③ 费舍尔：《货币论》，第 159 页。
④ 费舍尔：《货币论》，第 155 页。

的寿命期内，要同以后生产的机器相竞争。因此，由于劳动成本降低或生产技术改进，即使所生产的商品价值比现在低，也值得生产。不仅如此，产量也必然增加。所生产商品的价格也必然下降。产品价格降低，企业家由新旧设备所得到的以货币计量的利润也将降低。只要人们预测这种发展是大概的，甚至是可能的，那么，今日所生产设备的资本边际效率就会降低。

由于这个原因，人们预期的货币购买力将来与现在不同，也足以影响当前产量。如果预期货币贬值，则可以刺激投资，增加一般就业。因为这种预期提高了资本边际效率表，也就是提高了投资需求表。反之，如果预期货币升值，则对当前的投资及就业有不利影响，因此，会降低资本边际效率表。

费舍尔教授原先所谓的"增值与利息论"（Appreciation and Interest）的实际含义也是如此。他对货币利率（Money Rate of Interest）和实际利率（Real Rate of Interest）作了区分，后者等于矫正了前者的比值变动。但是费舍尔的观点不容易理解，因为他没有说清楚到底币值的改变是不是在人们的预期之内。这里有个无法避免的两难问题：如果不在预期之内，则等于当前行为毫无影响；如果在预期之内，则现有产品的价格将立即下降，所以，持有货币与持有产品的好处又相等了，利率也不必变动了，持有货币的人也不会因贷款期间币值的变动而受损或者得利。庇古（Pigou）教授假定币值的改变是在一部分人的意料之中，而另一部分人始料不及，他想用这样的方法来逃避两难问题，但也不成功。

错误的根源在于他们认为币值的改变直接影响利率，其实它只影响既定资本量（Given Stock of Capital）的边际效率。现存资产的价格会随着人们对未来币值预期的改变而调整；这种预期改变的重要性在于可以影响资本边际效率，从而影响新资产的生产。如果人们预期物价上涨，这种预期之所以刺激新资产的生产，不是因为提高利率，而是因为提高了一个既定量资本的边际效率。提高利率可以刺激生产倒是一种奇闻，事实上利率上升反而削弱刺激作用。如果利率上涨与资本边际效率的提高程度相同，那么物价上涨的预期对产量不发生刺激作用。只有利率上涨的程度小于资本边际效率提高的程度才有刺激作用。的确，费舍尔教授的理论最好用实际利率这个概念重写一遍。实际利率是人们虽然对未来币值的预期改变，但不影响当前产量的利率。①

---

① 罗伯森：《产业波动与自然利率》（Industrial Fluctuation and the Natural of Interest），《经济学杂志》，1934 年 12 月号。

有一点值得注意，当人们预期利率要下降，则也足以降低资本边际效率表。因为今天所生产的机器设备，在其寿命期内将与未来生产的机器设备相竞争，而后者可以在收益较低的程度上获得优势。这一点对经济的萧条没有多大的作用，现在对未来利率体系的预期，一部分会反映在现在的利率体系中。话虽如此，大概总会有一些不良影响，原因是现在所生产的机器设备在寿命结束时的产品要与届时的新设备所生产的产品相竞争。新设备的产品可以要求一个较低的收益，因为新设备使用寿命结束时的利率也比现在低。

非常重要的一点是，一个既定量资本的边际效率同预期的改变有关。因为有这种关系，资本边际效率才会有急剧变动，经济周期才会产生。第二十二章中我们将指出，繁荣和萧条（Boom and Slump）之间的交替相随，可以用资本边际效率和利率的相对变动来分析和说明。

四

我们必须分辨影响投资量的两类风险。第一类是企业家或借贷者的风险（The Entrepreneur's or Borrower's Risk）。原因在于借贷者心目中有疑虑，不知道是否能够得到他所预期的未来收益，得到的可能性有多大。如果是他自有资金的投资，那么只需要考虑这一类风险。

但是这里有借贷制度的存在，所以，还要考虑与投资量有关的第二类风险，可称为贷款人风险（The Lender's Risk）。所谓借贷制度，是借款人可以提供一定量动产或不动产担保，放款人据此借钱给他。贷款人风险存在的原因有二：一是道德风险，借钱者故意用合法或不合法的方法不履行债务；二是担保品不足。后者是由于事实和预期不符，不是故意借钱不还。此外还有第三类风险，即币值可能的变动，对放款者可能的不利，不如持有资产更加安全。但这第三类风险的全部或大部分已经反映在，因此也就包含在持久性资产的价格中。

第一类风险是一种真正的社会成本（Real Social Cost），但也有降低的方法，例如平均分摊或增加预期的准确性等。然而，第二类风险全然是投资成本的额外增加，如果借和贷是同一人，那么这种成本就不存在。不仅如此，有一部分贷者的风险与一部分企业家的风险是相互重复的，所以在计算最低限度的未来收益时，这一部分的贷者风险会在纯利率之上计算两次。理由是，如果有一个风险很大的项目，在借款人看来必须在预期收益和利率之间有一个较大的差额，才值得冒险借款；同理可知，在贷款人看来，必须在实际利率与纯利率之间有一个较大的差额才值得放贷——除非借款人拥有巨额财富，地位巩固，可以提供很多担保。即使借方预期结果非常良好，能够平衡其心目中的风险，也无法驱除贷方心目中的疑虑。

有一部分风险被重复计算两次的事实，虽然据我所知一向不受重视，但在某些情况下也许是很重要的。人们在经济繁荣时期一般都比较乐观，往往非常轻率地低估贷款人风险和借款人风险二者的大小。

<h1 style="text-align:center">五</h1>

资本边际效率表非常重要。人们对未来的预期主要通过这个因素影响现在，这是一个比利率要大得多的影响因素。静态社会中未来的一切一仍其旧，不曾有未来的预期改变会影响现在。只有在静态社会中才能把资本边际效率看作是资本设备的当前收益。但是这种看法却切断了今天与明天之间的联系。确切地说，利率主要①是一个现时现象（Current Phenomenon）。如果我们把资本边际效率也看作同一现象，那么，在分析目前的均衡状态时，就无法计算未来对现在的影响。

如今的经济理论常以静态状况为假定前提，结果导致理论脱离实际。我想，引入了使用者成本和资本边际效率两个概念（定义见上）以后，经济理论的现实意义回归了，同时还把经济理论需要修改适应之处降低到了最小的程度。

因为有持久性设备（Durable Equipment）的存在，所以，现在与未来在经济上发生了联系。人们对未来的预期是通过持久性设备的需求价格影响现在的。这种说法与我们所秉持的思想原则是一致的。

---

① 不完全如此，因为利率的高低，一部分反映未来的不确定性。再加上期限不同利率也不同，各种利率之间的关系要看人们对未来的预期为何而定。

第十二章　长期预期状态

一

第十一章已经说明，投资量的大小由利率和资本边际效率表的关系决定。有一个既定的投资量，就有一个与之相对应的资本边际效率，而资本边际效率又由资本资产的供给价格和预期收益（Prospective Yield）的关系决定。本章主要对决定资产预期收益的各种因素作进一步探讨。

人们推测未来预期收益的依据分两部分：一部分是现在的事实，这多少总是比较确定的；另一部分是未来的发展，这一预测取决于信心的大小。前一种情况可以明确指出的有：①现有各类资本资产和一般资本资产的存量；②目前有哪些消费品工业需要更多资本才能有效满足消费者需求。后一种情况需要考虑在投资品寿命期限内以下各种因素可能发生的变化，如未来资本的类型与数量、消费者偏好、有效需求的强度、以货币计量的工资单位的大小，等等。我们可以把这些心理预期（Psychological Expectation）状态总称为长期预期（Long-term Expectatio）状态，以便于同短期预期（Short-term Expectation）相区别。所谓短期是生产者用现有设备生产商品，到制成出售时，他对商品售价和获得收益的预期。短期预期我们在第五章中已经探讨过了。

二

如果在预期时把非常不确定①的因素看得太重，当然不是明智之举。假定有两类事实：一类我们知道得很少，很不清楚，但与我们要考虑的问题关系重大；另一类我们觉得很有把握，但与我们要考虑的问题，关系没

---

① 所谓"非常不确定"（Very Uncertain），并不就是"可能性很小"（Very Improbable），参见拙著《或然论》第六章，论论证的权重。

有如此重大。在作预期时用第二类事实做重要依据也不能说是不合理。由于这个原因，现在既有的事实对于长期预期的影响与其重要性不成比例。通常情况下我们往往以现在推测未来，除非预期未来会有重大变化，否则一般都假定将来和现在一样。

我们依据作决策的长期预期状态，不仅要看哪种预测的可能性大，还要看我们预测的信心（Confidence）如何。换句话说，也要看我们自己认为自己所作决策的可靠性如何。如果我们预期未来会有较大变化，但没有把握，不知道这种变化会采取什么方式，那么我们的信心一定不足。

从事实际经济工作的工商界人对这种所谓的信心状态（State of Confidence）都密切关注；经济学家反而对此不作认真分析而敷衍了事。经济学家没有明白信心状态之所以与经济问题发生关系，是因为它对资本边际效率表有重大影响。信心状态不能和资本边际效率表并列成为影响投资量的两个独立因素；反之，前者之所以有关，是因为它是决定后者的主要因素之一，而后者与投资需求表是一回事。

然而关于信心状态从实际情况方面看没有更多可说的。我们的结论必须主要依赖于实际市场观察和商业心理。因此，以下所讨论的内容并不像本书其他部分那样抽象。

为便于讨论，我们下面讨论信心状态时假定利率不变。换言之，我们假定投资品的价值改变，只是因为预期的投资品未来收益发生了变化，而不是把这笔预期收益资本化（Prospective Yields are Capitalised）的利率有什么变动。如果信心状态和利率同时变动，那么，也不难把两种变动所产生的影响加在一起。

三

事实很明显，我们用来推测预期收益的知识基础非常脆弱。究竟是什么因素决定未来若干年后的投资收益？我们知道得实在微不足道。坦白地说，我们不能不承认，如果根据我们的知识，要估计一条铁路、一座铜矿、一个纺织厂、一件专利品的商誉、一条大西洋航线、一所伦敦市中心的建筑物 10 年以后的收益是多少，我们知道得少之又少，即便是 5 年，所知也聊胜于无。事实上真正作这样估计的常常是极少数，其行为也不足以左右市场。

在过去的时光里，企业主要由发起人或朋友自行经营，投资的多少要看有多少人热心、乐观，想干一番事业。这些人以经营企业为安身立命之道，并不依赖利润为生。所以经营企业有点儿像买彩票（Lottery），有人成功，有人失败，最后结果究竟是在平均利润之上还是之下，要看经营者的才能和品性。即使在事后人们也还是不知道所有投资加总起来的平均结果，究竟是大于、等于还是小于同行的利率。假如把自然资源开采和垄断产业除去，则投资的实际总平均结果，即使在经济进步繁荣时期大概也不及实际的预期。企业家实际在玩一种技能和运气的游戏，参与者无从知道总平均结果。如果人性不喜欢碰运气，对建设一个工厂、一条铁路、一口矿井或一个农场之类（除了获取利润之外）没有兴趣，仅靠冷静盘算，恐怕不会有多少投资。

旧式的私营投资一经决定，无论如何不可能再追回（Irrevocable），不仅全社会如此，个人也是如此。现在流行所有者与经营者两权分离，加上投资市场组织的发展，这就增加了一个非常重要的新因素，它有时使投资更加方便，有时则使经济体系很不稳定。如果没有证券市场（Security Markets），那么对已经投资的部分经常重新估值并没有什么用处。但证券交易所（Stock Exchange）每天都对许多投资进行重新估价，这为私人（但不是社会全体）经常变更其投资提供了机会。这就像一个农民吃完早饭，看看天气，可以在上午 10～11 点决定把资本从农业中抽回来，然后在本周之内再决定把资本投入农业中去。证券交易所每日交易的行情，其初衷在于方便人与人之间过去投资的转让，但势必对当前投资量发生重大影响。如果建设一个新企业的成本比并购（Purchased）一个相似规模的更贵，那毫无疑问当然是并购。此外，如果有一个规模很大的新项目，资金需求量很大，但只要股票能够在证券交易所发行（Floated），那么就立即有利可图，则也未尝不可从事。[1] 各类投资与其说是由企业家的真正预期（Genuine Expectations）来决定，还不如说是由股票价格（Price of Shares）来决定。股票价格代表证券交易所的平均预期（Average Expectation），[2] 证券交易所中现有投资每天的行情，甚至每小时的行情如此重要，那么这种行情是如何决定的呢？

四

实践中我们都默认一条原则，事实上是遵守一种惯例（Convention）。

---

[1] 我在拙著《货币论》中（第二卷，第195页）指出，如果一个公司的股票市值非常高，就可以增发股票募集资本，其效果与低息借款是相同的。同一件事实，我现在则说，如果证券的市场价格很高，就表明该资本边际效率大，因此其效果与利率降低是相同的，投资量是由资本边际效率与利率的比较决定的。

[2] 有一些企业不容易转手，或者没有可以转让的证券与之相对应，对于这类企业以上所说当然不适用。然而这类企业的范围现在逐渐缩小，其在新的投资总值中所占比例也快速缩减。

虽然实际运用起来当然没有这么简单，但其要旨是，除非我们有特殊理由预测未来会改变，否则，我们都假定现行情况会无限期延续下去。这并不是说，我们真的相信现存状态会无限期延续下去。许多经验事实告诉我们，这是最不靠谱的（Most Unlikely）。一项投资的实际结果在经过一个相当长的时期以后极少和原来的预期相符。我们不能合理地解释我们的行为，一个人处于无知状态，就会使过与不及的可能性均等（Equi-probabilities），而预期的概率就恰在其中。这种说法是不通的，因为这很容易显示，基于无知状态的均等推算假定导致了荒谬（Absurdities）。事实上，我们假定不论现有的市场价格是如何达成的，就我们关于影响投资收益事实的现有知识而言，这是唯一正确的价格；当这些知识改变时，这种市场价格才会改变。但从哲学上说（Philosophically Speaking），这个市场价格不可能是唯一正确的（Uniquely Correct）价格。因为我们现有的知识不足以提供一个准确的预期（Mathematical Expectation）。事实上，决定市场估价的许多复杂因素同未来收益毫无关系。

虽然如此，只要我们相信这个惯例会延续下去，那么上述所遵循的办法倒让我们在经济体制上有了相当的连续性和稳定性。

如果存在有组织的投资市场和我们赖以遵循的惯例，那么投资者就可以鼓励自己，认为他唯一的冒险就是不远的将来有可能发生的形势和信息的变化；但这种变化不是很大，其发生的可能性他还可以自我判断。但如果大家沿袭这种惯例，只有这类变化才会影响其投资的估值，那他不必因为不知道 10 年以后他的投资价值几何而闹得失眠。对个人投资者而言，只要他相信这个惯例不会打破，使他经常有机会在短时间内变化不大时，能够改变他的判断和投资，那他就有理由认为投资是"安全"（Safe）的。因此，在社会看来是"固定的"（Fixed）投资，在个人看来则是"流动的"（Liquid）。

我敢肯定，世界上几个主要投资市场都是根据这种方式发展起来的。从绝对观点看，这个惯例既毫无道理（Arbitrary），也不免有弱点。如何使投资充足这个当前的难题，有不小的部分是由这个惯例的变幻莫测（Precariousness）所造成的。

五

强化了这种变幻莫测的几个因素应该引起足够的重视：

（1）从事资本投资的人有的并不自己管理，也没有专业知识，对目前和未来的情况一概不熟悉。这些人的投资量在社会的投资总量中所占比例逐渐增大。因此，对于经营的问题，不论是已有投资者，还是现在准备投资者，在投资价值评估方面的实际知识都在严重减少（Seriously Declined）。

（2）现存投资的利润天天波动起伏（Fluctuations），这种波动虽然只是暂时的和没有实际意义的，但对市场却有过度乃至荒谬的影响。例如，据说美国制冰公司的股票夏天比冬天的价格高，因为受季节的影响，夏天制冰业的利润高，而冬天没人用冰。又如遇到全国性的节假日，英国铁路公司的证券市价可以提高几百万英镑。

（3）按照这个惯例所形成的市价只是一大群无知群众（Ignorant Individuals）的心理产物，自然会因为民众想法（Opinion）的忽然改变出现剧烈变动。而且使民众想法改变的因素也不一定真的与未来收益有关，而民众也未必真的相信市价可以稳定。尤其在非常时期，大家更不相信目前的状态会无限期延续下去，即使没有具体理由可以预测未来将会变化，市场也一会儿受乐观（Optimistic）情绪支配，一会儿受悲观情绪（Pessimistic Sentiment）支配。这种情况可以说是没有经过理性思考的，但在某种意义上又可以说是合乎逻辑的，因为既然没有事实根据，也就无从进行理性计算（Reasonable Calculation）。

（4）有一个特征我们要特别注意。也许有人认为，职业投资家的知识和判断力都超出一般私人投资者，如果听凭没有专业知识的人去从事投资固然会使市场变幻莫测，但专家之间的竞争也许可以矫正这种趋势。但这批职业投资者和投机者（Professional Investor and Speculator）的精力和才干都用在了其他方面。事实上这些人并不是在对投资品整个生命周期的收益进行长期预测方面比常人高出一筹，而仅仅是在预测（Foreseeing）短期市价依据惯例的变化方面比一般群众（General Public）稍早一些。他们所关心的并不是某人购买一笔投资，持有它对个人的实际价值是多少，而是3个月或1年后在群众心理支配下市场对这笔投资的估价是多少。他们的这种行为并不是因为其性格怪僻，而是投资市场的组织方式不可避免地要产生这种结果。如果你相信一笔投资就其未来收益而论值30元，同时也相信3个月以后这笔投资在市场上仅值20元，而你现在却出25元购买它，那你实在是不明智的。

职业投资家被迫关注的是，最能影响群众心理（Mass Psychology）的消息或空气之类的因素在最近的将来会有何改变。投资市场以所谓的"流动性"（Liquidity）为目的，这就是不可避免的结果。在所有正统派的理财原则中，"流动性崇拜"（Fetish of Liquidity）对社会最为不利。这种学说认为投资的关键在于把资源集中在热门股票上。但这个学说忘记了就社会全体而言投资不能有流动性。投资技巧的社会目标应当是洞穿时间黑幕而减少对未来的无知。今天最高明的私人投资目标则是"打败匪徒"（Beat the Gun），像美国人所强调的，先发制人，智超群氓，把贬值的破烂抛给别人。

　　智力游戏的战斗不在预测未来好几年后的收益如何，而在预测近几个月后市价的变化。而且，这种斗智的游戏战不需要外行作为职业投资家的鱼肉参加进来，职业投资家相互之间就可以玩起来。参与者也不必真相信惯例有什么合理的根据。从事职业投资就好像是玩击鼓传花或占座位的游戏，只要谁在鼓点停止以前把花传给邻座，或在音乐终了时占到座位，谁就是胜利者。这类游戏可以玩得津津有味，虽然每个人都知道东西总在传来传去，鼓点停止时总有人要拿住花，或音乐终了时总有人占不到座位。

　　稍微换一种比喻，从事职业投资就好像参加选美竞赛。报纸上发表100张照片，要参加竞赛者选出最美的6个，谁的选择结果与全体参加竞赛者的平均爱好最接近，谁就得奖。在这种情况下，每个参加竞赛者都不选他认为最漂亮的面孔，而会选择他认为别人认为最漂亮的6个。每个参加者都从同样的观点出发，于是都不选自己认为最美的，也不选一般人真的认为最美的，而是运用智力推测一般人认为的一般人认为最美的。这就到了第三级推测，我相信有些人会运用到第四级、第五级，甚至更高。

　　读者也许会插言：如果有人不被这种消遣式的游戏所迷惑而尽可能作长期的预测，再根据预期继续购买投资，经过一个较长时期就一定会从其他参与者手中获取丰厚利润。首先，世上确实不乏这种思维缜密的人，而且，如果他们的力量真能超过赌徒（Game-players），那么，投资市场将大为改观。但我必须补充一句，在现代投资市场上，有几个因素使得这种人不能占优势。真正根据长期预期作投资实在困难，也难以实践。比起那些想跑赢大盘的人，这种长期投资者的日常工作要繁重得多，风险也大得多。在两人智力相等的情况下更容易出大错。也没有实际经验的证据证明，凡对社会最有益的投资政策也就是对私人最有利的投资政策。要击穿时间黑幕和减少我们对未来的无知，比起先发制人可是需要更多的智力。而且人生苦短，往往对于一夜暴富最感兴趣；而对于在遥远未来才能得到的好处，普通人兴趣大减。玩职业投资者所玩的把戏，毫无赌博兴趣的人厌烦紧张，对赌博乐此不疲的人趋之若鹜。其次，投资者要忽视短期市场的波动，为安全起见必须有雄厚的资本实力，而且不能用借来的钱大规模投资。这又是一个资本实力相等、智力相等、从事短期消遣游戏的投资者能赚大钱的理由。最后，长期投资者固然最能促进社会利益，但如果投资基金由什么委员会、董事会或银行经营管理，那么，这种人的行为最遭受批评。① 因为在一般人眼中，这种人行为古怪，不守成规，过分大胆。即使幸而成功，也被说成是过分鲁莽，胆大妄为；而如果他在短期内不幸失败（这是很可能的），那么，一般人不会有多少怜悯和同情。处世之道，宁可让名声失于墨守成规，也别成在违反惯例（Worldly Wisdom Teaches that it is Better for Reputation to Fail Conventionally than to Succeed Unconventionally）。

（5）截至目前，在我的心目中还是以投机者或投机性投资者（Speculator or Speculative Investor）的信心状态（State of Confidence）为主。我们似乎暗中假定只要他认为有利可图，就可以按照市场利率无限制地借款。事实当然并非如此，我们必须考虑到信心状态的另一面，贷款机构对借款人的信任，即所谓信用状态（State of Credit）。证券价格崩溃的原因，既有投机信心的降低，也有信用状态的逆转。其中之一就足以使证券价格崩溃，并对资本边际效率产生非常不利的影响。而要使证券价格回涨却是两者的恢复都不可或缺。信用的降低就足以引起崩溃，而信用的提高却仅仅是经济复苏的必要条件（Necessary Condition），而不是充分条件（Sufficient Condition）。

六

经济学家对以上所讨论的内容都不应忽视，但要区分轻重缓急。如果我们用投机（Speculation）一词代表预测市场心理这种活动，用企业（Enterprise）一词代表预测资产在这个生命周期中的未来收益这种活动，那么投机未必经常支配企业。但投资市场组织越发达，投机支配企业的危险性就越大。纽约为世界最大的投资市场之一，投机在此市场上的势力非常庞大。而即使在投资理财领域以外，美国人也喜欢推测一般人对一般人的看法。这个民族性的弱点也表现在证券市场上。据说美国人很少为收益而投资（目前许多英国人还是如此）；除非他希望以后会有资本增值，否则，他不会十分愿意购买一项投资。这就是说，美国人购买一件投资品时，希望的倒不在于未来的收益，而在于投资的市价波动对他有利。换句话说，他就是以上所谓的投机者。如果投机仅仅是企业洪流中的微波涟漪，也许没有什么害处；但如果企业成为投机旋涡中的水泡，那问题就严

---

① 信托投资公司或保险公司不仅要经常计算其投资所得，而且要计算该投资在市场上的资产价值。一般人认为这种行为很谨慎。也许正因为有这种行为才使一般人对投资资本值的短期变化过分注意。

重了。如果一国资本的发展变成赌博的副产品，这件事情大概不会做得多好。如果认为华尔街的正当社会功能在于引导新投资进入最有利的途径，那么，华尔街的成就不能算是自由放任式资本主义（Laissez-faire Capitalism）的辉煌胜利。这并不足为怪，因为如果我的想法是对的，那么，华尔街的最佳智力也不是用在投资的未来收益方面，而是用在另一方面。

只要我们把投资市场组织得非常灵活，则这种趋势几乎是不可避免的。通常我们为公众利益着想，都同意游戏赌博场所（Casinos）应该收费昂贵和不易进入。恐怕证券交易所也应如此。伦敦交易所的罪恶比华尔街少，并不是因为两国国民性的差异，而是前者比后者收费昂贵，不易进入。要进入伦敦交易所交易，须付介绍费、高额经纪费，还要给英国财政部缴纳高额的转手交易税。凡此种种都足以减少市场的流动性，所以，华尔街上的很多交易在伦敦交易所没有。① 此外，伦敦交易所每两周交割一次，这又增加了市场的流动性。在美国要想不让投机掩盖企业，最切实可行的改革恐怕是由美国政府对一切交易征收高额转手交易税。

现代投资市场的奇观有时促使我突发奇想，假如把购买投资变得像结婚一样，除非死亡或其他重大理由，否则是永久不可分的，那么，这也许是救赎当代种种罪恶的切实办法。因为，这样一来可以把投资者的心思专门集中在预测未来收益上。然而，再仔细一想，这个办法也有一定的困难之处，因为投资市场固然有时阻挠新投资，但也常常便利新投资。假如每个投资者都认为自己的投资有流动性（虽然对于全体投资者是不可能的），他就可以高枕无忧，愿意多冒风险。但如果个人可以有其他方法保存自己的储蓄，而一经投资就失去流动性，那么也会阻碍新投资。困难就在这里：只要个人可以用财富来储存或放款（Hoarding or Lending Money），那么，除非有投资市场可以把资产随时变现，否则谁也不肯购置真正的资本资产；那些不自己经营管理资本资产或对资本资产所知无几的人，尤其如此。

信心危机（Crises of Confidence）对现代经济生活的打击非常大，要医治此病的唯一根本方法只有让私人有两种选择：一是把收入消费掉；二是购买他自己认为能赚钱同时也能买得起的资本资产。当然，有时因为他对未来有很多疑虑而无所适从，只能选择多消费少投资；即使这样也比他对未来存在疑虑而既不消费也不投资要好得多。因为，后者对经济生活会产生重大的、累积性的糟糕影响。

---

① 据说当华尔街交易旺盛时至少有半数的投资买卖，买卖者想在当天就脱手。商品交易所也是如此。

那些强调储存现钱（Hoarding of Money）对社会有害的人，其心目中的理由当然同上述想法有一定相似之处。但他们忽视了一个可能性，即储存数量不变或改变很小也会有对社会不利的现象发生。

七

除了投资以外还有其他不稳定因素起因于人性特征。我们的积极行为很大一部分是由乐观情绪所决定的，而不是由道德方面、苦乐方面或积极方面的冷静计算决定的。我们做一件事情假如要经过很多天以后才知道结果，那么，要不要做这件事大概不是先把可得利益乘以可能性，求出一个加权平均数再做决定的；大多数是受一时的本能冲动，一种油然自发的想动不想静的驱策而行事的。不管企业发起的缘由做得多么坦白诚恳，假如真是如上所说利益计算的结果，那只能是自欺欺人。企业精确计量未来的利益得失，也仅比南极探险依靠计算未来的利益得失略胜一筹。一旦本能冲动衰退，乐观情绪动摇，一切都靠计算行事，企业也就委靡不振，离死期不远了。虽然畏惧损失和希图利润同样缺乏合理的基础。

一般而言，发起企业是由于发起人对未来存有希望，这样的企业对全社会是有利的。企业要靠私人主办的话必须在冷静盘算之外再加上血气（Animal Spirits）的补充和支持。虽然根据以往的经验仅凭过分冲动（Overtakes Pioneers），这项事业以后是要亏本的，但是发起人把亏本的想法抛在脑后，就像健康的人把死亡的概念抛在脑后一样。

不幸的是，上述种种情况不仅加深了不景气的程度，而且使经济繁荣与社会政治气氛的关系太密切：经济繁荣必须社会政治气氛与一般工商界相融洽。因此，如果因为怕工党执政或实施新政（New Deal）而使企业不景气，这倒未必是由于理智盘算或政治阴谋，而只是由于油然自发的乐观情绪实在脆弱，一捅就破。所以，我们在估计未来投资的多少时，必须考虑那些想从事投资的人神经是否健全，甚至消化是否良好，对气候的反应如何。因为，如此种种都可能会影响一个人的情绪，而投资在大部分情况下都是由油然自发的情绪决定的。

我们也不能由此得出结论说，任何事情都是由不理智的心理波动决定的。相反，长期预期状态往往很稳定，当它不稳定的时候也有其他因素发挥其稳定作用。我们只是要提醒自己，人们今天的决策影响未来，那么，这种决策不论是个人的、政治的，还是经济的，都不能完全依据严格的盘算，事实上这种精确的计算也是不存在的。本能的冲动是驱动社会活动运转的轮子，理智则在各种可能性之中尽力挑选，也尽其所能进行计算；但在需要原动力的想象、情绪和机遇的地方，理智则常常退却。

八

无论如何，我们对未来虽然知道得很少，但还有一些重要的因素在实际生活中起作用。由于复利（Compound Interest）的关系，加上资本设备经常随着时间的推移而变得不合时宜，很多投资者在估计未来收益时并不考虑全部而只注意最前面的几项也是合理的。房产是长期投资中最重要的一类，但投资者往往可以把风险转嫁给住户，或者至少可以用契约方式让房主与房客共同承担；房客也乐于这样，因为在他心目中分担风险以后使用权有了保障，不会随时中止。公用事业是长期投资中另一个重要的类别，但投资于公用事业因为有垄断权，就可以在成本与收费之间保持一个规定的差额，这样就使收益有了一定的保障。最后，还有一类越来越重要的投资，政府从事投资，政府承担风险。从事这类投资时，政府只想到对于未来社会的好处，至于商业利益则在所不计；政府也不要求这种投资的预期收益率（依精确计算）至少要等于现行利率。但政府需要付出多少利率才能借得款项，对于政府投资活动的多少仍然不免要有决定性影响。

长期投资的预期状态在短期内的改变作为重要的影响因素和利率的变化不同，我们不能不充分考虑。但在考虑这种变化以后，我们还可以说利率的变化至少在通常情况下仍有极大影响，虽然不是决定性的影响。至于在什么程度内操纵利率可以继续鼓励适量的投资，则有待以后事实证明。

就我自己而言现在有点怀疑仅仅用货币政策操纵利率究竟会有多大成就。我迫切希望看到国家负起直接投资的责任，从社会福利着眼计算资本边际效率。理由是按照我在上面已经论述过的市场估计办法，各种资本品的边际效率可以变动很大，而利率变动的范围很小，恐怕不能完全抵消前者的变动。

第十三章　利率通论

一

第十一章曾经指出，虽然有种种力量使得投资有涨有落，以保持资本边际效率与利率的均等，但资本边际效率本身却并不就是通行利率。我们可以这么说，如果用借款来从事新投资，则资本边际效率表就表示借款人愿意付出的代价，而利率则表示贷款人所要求的代价。因此，为了使我们的理论完整，我们需要知道利率是由什么决定的。

在第十四章及其附录中，我们将辨别过去对这个问题的有关答案。广义地讲，他们的思路是，利率是资本边际效率表与心理储蓄倾向（Psychological Propensity to Save）二者相互影响的结果，利率决定于储蓄的供给和需求的平衡点。他们认为，所谓储蓄的需求是在一个特定利率下所有的新投资，而该利率下储蓄的供给则是由社会的储蓄决定的。但只要我们发现仅仅储蓄的供给和需求不能得出利率，这种学说就破产了。那么我们自己的答案又是如何呢？

二

个人心理上的时间偏好（Time-preferences）如果要全部完成，必须要有两组不同的决定。第一组决定就是我上述所谓的消费倾向，决定消费倾向的动机已经在第三篇列举。在此种种动机的影响之下，消费倾向所决定的是个人将以其收入的多大比例用于消费，多大比例以某种方式保留用作未来消费的支配权（Commmand）。

作了这个决定之后还要作另一个决定。即他到底以什么方式持有当前收入或过去保留下来的对未来的消费支配权。用即期的（Immeiate）、流动的方式（如货币或其等价物）呢？还是愿意把这种即期支配权暂时放弃一段时间（定期或不定期）来听任未来市场决定？他可以依据什么样的条件把对某一类物品的延期支配权（Deferred Command），变为对一般物品的即期支配权呢？换句话说，他的流动性偏好（Liquidity Preference）的程度如何呢？一个人的流动性偏好程度可以列出一个表格来表示：在各种不同的环境下，个人有多少资源（以货币或工资单位计量）愿意用货币形式来保持。

我们会发现，以往许多利率学说的错误就在于他们想从心理上时间偏好的第一种构成得出利率，却忽视了第二种构成。现在我们必须补救这个缺陷。

很明显，利率不能是对储蓄本身或等待本身（Waiting as Such）的报酬。一个人通过储蓄存钱，虽然他照常储蓄，却得不到利息。反之，就字面意思讲，利率一词就直截了当地告诉我们：所谓利息就是在一个特定时期内放弃这种流动性的报酬。利率就是一个比例数，分母是一定量货币，分子是一定时期中放弃对此货币量的控制权换取的债券（Debt）[1] 能够得到的报酬。[2]

利率既然是放弃流动性偏好的报酬，所以在任何时间，利率所衡量的都是货币持有者对这种流动性控制权不愿意放弃的程度。利率并不是使投资资源需求量与目前消费的自愿节约量趋于均衡的"价格"。利率实际上是下面这样一种均衡"价格"，它可以使公众愿意用现金形式持有的财富正好等于现有现金量。这意味着利率如果低于这个均衡水平（把现金脱手所得报酬减少），则公众愿意持有的现金量将超过现有的供给量；如果利率高于这个均衡水平，则一部分现金会变成多余，没有人愿意持有。假使这种解释是正确的，那么货币数量和流动性偏好就是在特定情况下决定实际利率的两大因素。所谓流动性偏好是一种潜在趋势或一种函数关系。设利率一定，则这种潜在趋势或函数关系决定公众愿意持有的货币量。令 r 代表利率，M 代表货币量，L 代表流动性偏好函数，则有 M＝L（r）。这就是货币数量与经济结构（Economic Scheme）发生联系的节点和方式。

但在这一点上，我们要回过头来想一想，为什么会有流动性偏好这种东西存在？货币可以用来进行现在交易，也可以用来作为财富储藏

---

① 至于"货币"和"债券"的界限，可以按照处理特定问题的方便随意划分，而与以上所下定义无关。如我们可以把货币作为对一般购买力的支配权，而且持有者掌握此支配权至少3个月以上。凡对购买力支配权不能在3个月内收回的即为债券。我们也可以用1个月、3天、3小时或任一期限来代替3个月；我们也可以把凡是不能当场支付的现金都不算作货币。但事实上为方便起见，我们常常把银行定期存款包括在货币以内，甚至偶尔把短期债券（Treasury Bills）等票据也包括在内。原则上我还是用《货币论》中的方法：所谓货币就是银行存款。

② 讨论特殊问题时，可以把债券的期限明确规定，但在一般讨论中则不能。债务的期限不同当然利率也不同。所以在一般讨论中所谓的利率，最好是指各种利率所组成的利率体系。

(Store of Wealth)，这种区别古已有之。就第一种用途而言，在某种限度内确实值得为流动方便而牺牲一点利息。而如果利率永远不能是负数，为什么有人会用没有利息或利息很少的方式，而不用可以生息的方式来持有财富呢（这里假定银行倒账和债券倒账风险相同）？详细的解释非常复杂，留待第十五章。但有一个必要条件：没有利息人们就不会因为流动性偏好而用货币持有财富。

这个必要条件就使人们对于利率的前景觉得不确定。换句话说，人们不能确切地知道未来各种利率（因期限长短而不同）将会如何。如果人们对未来各种利率可以准确预知，则现在各种到期债券的利率就能够与未来利率相调整，而未来利率即可以从现在利率中推知。例如，设 $_1d_r$ 为 r 年之后的 1 镑在今年的值，又知道在 n 年时从 n 年算起 r 年之后的 1 镑值为 $_nd_r$，则

$$_nd_r = \frac{_1d_{n+r}}{_1d_n}$$

所以，从 n 年以后，债券将变成现金的折现率可以从今天的利率体系中的两种利率推导出来。如果今天的利率不论债券的期限如何都是正数，那么，用购买债券的方式储藏财富总比持有现金的方式更有利。

反之，如果未来的利率不确定，那我们就不能断言到时候的 $_nd_r$ 必然等于 $\frac{_1d_{n+r}}{_1d_n}$。如果在 n 个年头尚未结束时需要现金，就必须把以前所购买的长期债券出售变现，一买一卖之间就会蒙受损失，而持有现金则不会损失。所以依据现有的或然率计算出来的预期利润，必须足以补偿这种可能发生的损失（不过这种计算是否可能，还是疑问）。

如果有可以买卖债券的市场组织，那么，因为未来的利率不能确定，流动性偏好又增加了一个理由。因为各人对未来的看法不同，而市场价格所表现的是现在最得势一方的意见，所以，如果有人与此意见不同，那他一定愿意持有现金；因为假如他自己的意见是对的，则现在对各 $_1d_r$ 之间的关系，一定和将来的事实不符，他就可以从中获利。①

这和我们在讨论资本边际效率时注意到的一种现象非常类似。正如我们所发现的，资本边际效率并非是由最好的意见所决定的，而是由市场上大众心理的评价所决定的。对利率前途的预测也同样决定于大众的心理，这种反应又影响流动性偏好。但要加上一点，凡是相信未来利率高于现在

① 这里所讨论的就是我在《货币论》中所谓的两种看法以及"多头空头"（Bullbear）。

市场利率的人，都愿意持有现金；① 凡是相信未来利率低于现在市场利率的人，都愿意用短期借款来购买长期债券。**市场价格则决定于空头（Bears）抛出与多头（Bulls）买进之间的均衡点。**

以上所说三种流动性偏好的理由，可以说是由三个动机引起的：①交易动机（Transactions-motive），即需要现金进行个人或公司业务的当前交易；②谨慎动机（Precautionary-motive），即渴望保障全部资源的一部分在未来的现金价值；③投机动机（Speculative-motive），即相信自己对未来的判断比市场上一般人高明，想由此从中获利。这里又像在讨论资本边际效率时一样，要不要有一个非常有组织的市场来买卖债券。这个问题使我们觉得两难。如果没有这样有组织的市场，那么，由谨慎动机所引起的流动性偏好将大为增强；而如果没有这样的市场，那么，由投机动机所引起的流动性偏好又会变得很大。

这可以作如下说明：由交易动机和谨慎动机引起的流动性偏好所吸收的现金数量，对利率本身的改变（不计利率改变对收入的影响）反应不太灵敏，用总货币数量减去此数的剩余可以用来满足投机动机的流动性偏好。利率与债券价格也必然稳定在一个水平，使得有人愿意持有的货币量正好等于可供投机动机使用的现金量。有人之所以愿意持有货币，是因为在这个利率和债券价格水平之下他们对债券的未来看跌（Bearish，即做空），因此，货币数量的每次增加都必然抬高债券的价格，使得债券的价格超过若干"多头"（Bull）的预期而出售债券，换取现金变成"空头"（Bear）。假设除了短暂的过渡期以外，源于投机动机的现金需求为数很少，那么，当货币数量增加时利率可能会立即降低，其降低的程度会使货币数量因就业量的增大和工资单位的提高，被交易动机和谨慎动机所吸收。

一般而论，流动性偏好表（Schedule of Liquidity-preference）即货币数量与利率的函数，可以用一条平滑的曲线（Smooth Curve）来表示；利率下降时，货币需求量增大。这是由以下原因形成的：

第一，如果利率降低，其他情况不变，那么由交易动机引起的流动性偏好将随利率的下降而吸纳较多货币。利率下降可以使国民收入增加，如果国民收入增加，为了交易的方便，交易动机所需要的货币量将随收入的增加而增加，收入增加的比例不一定相同；同时，保持充分的现金以取得

① 也许有人认为，根据同样的理由，如果有人相信未来投资收益比市场预期低，那么他们有充分理由愿意持有现金。其实不然，他固然有充分理由愿意持有现金或债券，而不愿意持有股票，但除非他相信未来利率会比现在市场所想象的高，否则持有债券又比持有现金更有利。

交易方便的代价，即利率的损失，也因利率的降低而减少。除非我们用工资单位而不用货币来衡量流动性偏好，否则当利率降低，就业量增大，以致用工资单位的货币价值表现的工资率上涨时，交易动机所需要的货币量也增加。

第二，利率每降低一次，可以使有些人对利率前途的看法与市场一般看法不同，因此这类人愿意增加其货币持有量。

虽然如此，在一定的环境之下，即使货币数量大量增加，利率所受的影响也很小。货币数量大量增加的可能结果是：①可能使未来变得不稳定，于是安全动机引起的流动性偏好因此而加强；②可能对利率前景的看法变得非常一致，于是目前利率只要稍有一点变动，就会有大批人愿意持有现金。这是一件饶有兴趣的事情：经济体系的稳定性和对货币数量变动反应的灵敏性，需要同时有许多不同意见的存在。最好当然是能预知未来，但是如果不能，而我们还要靠货币数量的变动来控制经济体系的活动，那么，最重要的就是对于未来的判断上观点必须不同。这种控制方法用在美国肯定不如用在英国更有效，因为美国人喜欢在同一时间持同样的意见，而英国人的意见差异是颇为常见的。

三

我们现在已经首次把货币引入因果关系（Causal Nexus）的分析中，我们还可以第一次窥视货币数量的变动是如何影响经济体系的。但是，如果我们由此推论认为货币是一直能够刺激经济体系活动的饮料，那么我们必须提醒自己，在杯子和嘴唇之间还有几道关坎儿。其他情况不变时增加货币数量固然可以降低利率，但是，如果公众的流动性偏好比货币增加得更快，那利率不会降低。其他情况不变时降低利率固然可以增加投资量，但是，如果资本边际效率表比利率下降更快，那么，投资量也不会增加。其他情况不变时增加投资量固然可以增加就业量，但是，如果消费倾向也下降，那么，就业量未必增加。最后，如果就业量增加，则物价上涨；其上涨程度一部分由生产函数的形状决定，一部分要看以货币计量的工资单位是否上涨，产量增加和物价上涨又转而影响流动性偏好，因此，要想维持一个特定的利率，就必须增加货币量。

四

投机动机引起的流动性偏好相当于我在《货币论》中所谓的"空头状

态"（State of Bearishness），但二者并不是一回事。那里所谓的空头状态并不是利率（或债券价格）与货币数量之间的函数关系，而是资产及债券二者的价格与货币量之间的函数关系。然而那种办法却是把两种结果混为一谈：一是利率变动所产生的结果；二是资本边际效率表变动所产生的结果。我希望此处已经得以避免。

五

贮存现钱（Hoarding）的概念可以看作是流动性偏好的第一近似值。假如我们用"贮钱倾向"（Propensity of Hoard）替代"贮存现钱"，那么，二者几乎是一回事。但是，如果我们所谓的贮存现钱是指增加现金持有额，那么它是一个不完整的概念；如果我们因此以为贮存或不贮存是两种简单选择，那么更容易引起误解。在决定贮存与否时，不能不权衡放弃流动性偏好能够得到的好处。因此，贮存与否是把各种利害权衡之后的结果，我们必须要知道另一面有什么好处。另外，所谓贮存（Hoarding）是指持有现款（Holding of Cash），其实际数量并不因为公众的决定而有改变。贮存量一定等于货币量，或（须看定义如何）等于货币总量减去为满足交易动机所需的货币量。而货币数量并不是由公众决定的，公众的贮存倾向能够发挥作用之处只是决定一个利率，使公众愿意贮存的数额正好等于所有现金。利率与贮存现钱的关系一向被忽视，这也许能部分地解释，为什么利息被视为不消费的报酬，而事实上利息却是不贮存现钱的报酬（Reward of Not-hoarding）。

第十四章　古典学派的利率理论

什么是古典学派的利率论？我们一直是在其中熏陶出来的，而且直到最近我们也还是没有多少保留地接受这个学说；然而，我发现要把它说精确或者要在现代古典学派的重要著作中找到明白无误的解释却是很困难的。[①]

不过有一点很清楚，这种传统向来把利率看作是投资需求与储蓄意愿趋于均衡的因素。投资代表可投资资源的需求，而储蓄代表资源的供给，利率是使这种资源供需趋于均衡的价格。商品的价格必定固定在使商品供需相等的一点上；同样，市场的力量也一定使利率固定到能够使投资量恰好等于储蓄量的一点上。

在马歇尔的《原理》（Marshall's Principles）一书中找不出上面这些词句。然而他的理论似乎就是这样；我被这样教，也这样教人教了好多年。例如，《原理》中有如下一段："利息既然是市场上使用资本所付出的代价，那么利息就经常趋于一个均衡点，使得该市场在该利率下对资本的总需求量恰好等于该利率下资本的供给量。"[②] 又如卡塞尔（Cassel）教授在其著作《利息的性质与必然性》（Nature and Necessity of Interest）中说，投资构成"等待的需求"（Demand for Waiting），储蓄构成"等待的供给"（Supply of Waiting），言外之意，利息就是使二者趋于相等的"价格"，但在这里我找不出原文来引证。卡佛（Carver）教授所著的《财富的分配》（Distribution of Wealth）的第六章却清清楚楚地把利息看作是使等待的边际负效用（Marginal Disutility of Waiting）与资本的边际生产力（Marginal Productivity of Capital）二者趋于相等的因素。[③] 福鲁克斯（Sir Alfred Flux）在《经济原理》（Economic Principles）中写道："如果

---

①　凡能找到的我都节录下来放在本章的附录中。

②　在附录第一节中我们还要讨论这一段。

③　卡佛教授对于利息的讨论颇为费解。因为：一是他前后不一致，不知道他所谓"资本边际生产力"是指边际产物的数量呢，还是指边际产物的价值呢？二是他也没有说明，资本的数量应当如何衡量。

我们所讨论的问题是公平（Justice），那就必须承认，储蓄和利用资本的机会一定会自动调整……只要净利率大于零……储蓄不会没有用处。"陶西格（Taussig）教授在其《原理》第二篇（Principles，vol. ii）中这样描述："利率会确定在这样一点，使资本的边际生产力恰好足够引导储蓄的边际增量（Marginal Instalment of Saving）。"然后（第 29 页）画一条储蓄的供给曲线，再画一条需求曲线，后者表示资本数量增加时的资本边际生产力递减。[①] 瓦尔拉斯在其著作《纯粹经济学要义》（Éléments D'économie Pure）的附录 1（三）中讨论"储蓄与新资本交换"时明白表示，在每一个可能的利率下，把各人愿意储蓄的数额加在一起，形成一个总数，再把个人愿意投资新资本资产的数额加在一起，形成一个总数，二者趋于相等；利率就是使二者正好相等的变量。所以均衡利率必然固定在一点，使得储蓄量，即新资本的供给等于储蓄的需求量。因此，瓦尔拉斯的学说是严格的古典传统（Classical Tradition）。

的确，银行家、公务员或政治家等受过传统理论熏陶的普通人，和训练有素的经济学家都有一种观念，认为每当个人有储蓄行为时，利率就会下降；利率下降自然会刺激资本的生产。利率所要下降的幅度就在于使资本的增加量恰好等于储蓄的增加量。而且这是一种自动的调整过程（Self-regulatory Process of Adjustment），不必由货币当局（Monetary Authority）特别干涉或溺爱关心（Grandmotherly Care）。时至今日同样有一个更为普遍的信念：投资的增加必然引起利率的提高，除非储蓄意愿的变化能够将其抵消。

由以上几章的分析我们已经明白，这种说法是错误的。现在我们要追本溯源，探究意见不同的原因，不过首先还是让我们从共同点开始。

新古典学派（Neo-classical School）虽然相信储蓄与投资可以实际不相等，但古典学派（Classical School）本身则相信二者是相等的。例如，马歇尔虽然没有明白说出来，但他相信总储蓄与总投资一定相等。事实上，大多数古典学派的人把这个信念推得太远了，他们认为每当个人储蓄增加时，投资就同时等量增加。而以上所引古典作家们所谓的资本需求曲线与我所谓的资本边际效率表或投资需求表，并没有多大差别。当我们进一步讨论消费倾向及其推论——储蓄倾向——时，意见就逐渐不同了，因

---

① 最近，奈特（F. H. Knight）教授曾讨论这些问题（《资本、时间和利率》，《经济》，1934 年 8 月号），对于资本的性质，曾有许多饶有兴趣的深刻观察。他证明马歇尔教授的健全和庞巴维克分析的无用。但他的利息论却完全是传统式的、古典学派式的。依照奈特教授的说法，则所谓资本边际生产力状态就是一种利率使得储蓄流入市场的时间速度正好等于储蓄流入投资用途的时间速度，而投资所产生的净收益率，则又等于为使用其储蓄而付出的代价。

为他们更加强调利率对储蓄倾向的影响。不过我想他们也不会否认，收入水平对储蓄也有重要影响；而在我这方面也不否认收入不变时的储蓄也许受利率影响，虽然影响之道也许和他们想象的不同。所有这些共同点可以总结成一个古典学派和我都能接受的命题，即收入水平既定时，储蓄和资本需求都随利率的改变而改变，当前的利率一定在资本需求曲线和储蓄曲线的相交点。

　　但是，从这点以后古典理论就开始犯错误了。如果古典学派仅仅从以上命题推论：资本需求曲线不变时，从既定收入中愿意储蓄的数量确实受利率的影响，但影响方式不变，即储蓄和利率在一定量收入下的函数关系不变，则收入水平与利率之间一定有唯一的关系存在。假使古典学派仅仅这么说那就无可争执，而且，由此还可得出另一个含有重要真理的命题，即利率不变，资本的需求曲线不变，定量收入中储蓄受利率的影响也不变，那么，收入水平必然是使储蓄与投资二者相等的因素。不过事实上古典理论不仅忽略了收入水平变化的影响，而且还犯了形式上的错误。

　　由以上所引可以看出，古典理论认为可以不必修改储蓄来源的收入量不变这个假定，就能进一步讨论当资本需求曲线改变时利率受到什么影响。古典学派利率论的自变量只有两个：①资本需求曲线；②收入既定时利率对于储蓄量的影响。照此说法，当资本需求曲线整个移动时，相当于该收入水平的储蓄曲线可以不变，新的利率就由新资本需求曲线和旧储蓄曲线的交点所决定。古典学派的利率论似乎设想，资本需求曲线移动，或是相当于一定收入水平的储蓄曲线移动，或两条曲线都移动，则新利率就是两条曲线的新交点。但是，这是一个谬论（Nonsense Theory），因为假定收入不变，又假定两条曲线之一可以自己移动而不相互影响，这两个假定是矛盾的。如果两条曲线之一移动，那么，通常情况下收入也将改变，因此，根据收入不变这个假定所构建的整个理论架构即告坍塌（Breaks Down）。要自圆其说，就必须用一个很复杂的假定：每当两条曲线或其一移动时，工资单位会自动改变，其改变的程度会使这种改变对流动性偏好的影响，正好足够形成一个新利率以抵消曲线移动的影响，而维持产出不变。但在上述作家中，我们找不出任何有必要作这种假定的暗示。而且，这种假定至多只能用于长期均衡，而不能用来作为短期理论的基础；即使在长期中这种假定也未必适用。事实上，古典理论没有意识到收入水平的改变是一个关键因素，更没有想到，收入水平事实上可能是投资率的函数。

以上所说，可以用图 14－1 表示。[①]

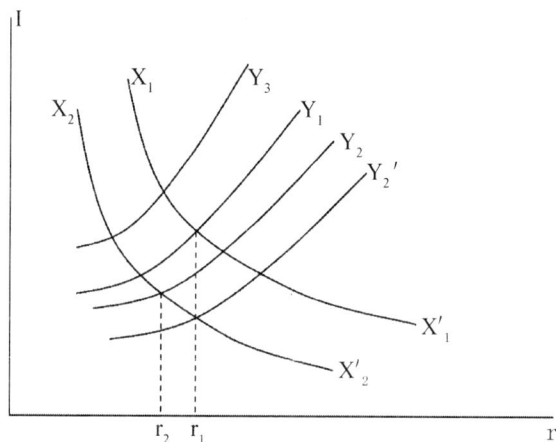

图 14－1

图 14－1 的纵轴表示投资（或储蓄）量 I，横轴表示利率 r。$X_1 X_1'$ 为投资需求表的原始位置，$X_2 X_2'$ 为该曲线移动后的位置。曲线 Y_1 表示收入水平为 Y_1 时储蓄量与利率的关系，曲线 Y_2、Y_3 等的意义也相同，只是收入水平改变为 Y_2、Y_3 而已。现假设在 Y 曲线组中，曲线 Y_1 是唯一与投资需求表 $X_1 X_1'$ 和利率 r_1 相吻合的曲线。如果投资需求表从 $X_1 X_1'$ 移动到 $X_2 X_2'$，那么一般而言，收入水平也将移动，但图 14－1 并没有充分的数据告诉我们新的收入水平值是多少。因此我们不知道哪条 Y 曲线更合适，当然也无从知道在哪一点上新的投资需求表与之相交。但是如果我们引入流动性偏好状态和货币数量，二者告诉我们利率为 Y_2，那么整个情况就立即确定下来了。在 r 这一点上，与 $X_2 X_2'$ 相交的 Y 曲线（Y_2）就是最合适的 Y 曲线。所以，X 曲线与 Y 曲线组本身不能告诉我们利率的任何情况，它们告诉我们的仅仅是，如果我们能从其他方面知道利率的高低，那么收入将是什么水平。如果流动性偏好状态及货币数量没有发生任何变化，则利率不变，那么曲线 Y_2' 将是最合适的 Y 曲线，它与新投资需求表 $X_2 X_2'$ 相交点的利率，就是曲线 Y_1 与旧投资需求表相交点的利率，Y_2' 所表示的就是新的收入水平。

古典理论所使用的函数，即投资对于利率的反应和收入既定时储蓄对

① 图 14－1 是哈罗德（R. T. Harrod）先生提供给我的，罗伯森先生也用过类似的分析方法，《经济学杂志》，1934 年 13 月号，第 652 页。

于利率的反应，不足以构成利率理论模型。这两个函数只能反应利率既定时的收入水平，而利率要从其他方面才能获知；或者说如果要将收入维持在某一水平（如充分就业的水平），那么利率该定在什么水平。

错误的根源在于把利率看作是对等待的奖赏（Reward for Waiting），而不是作为不贮存的报酬（Reward for Not-hoarding）。其实，各种贷款和投资都有风险，只是程度不同而已。贷款或投资得到的好处不能看作是等待的奖赏，而是甘冒风险（Running the Risk）的报酬。实话实说，由贷款或投资得到的报酬与所谓的"纯"利率（"Pure" Rate of Interest）之间并没有清楚的界限，这些都是甘冒一种或多种风险的报酬。只有当货币只作为交易手段，不作为储藏价值（Store of Value）时，不同的理论才变得合适。①

然而，有非常熟悉的两点应当可以给古典学派在一些事情上的错误提出警告：第一点，至少在卡塞尔教授的《利息的性质与必然性》出版以后大家都同意，收入既定时的储蓄不一定随利率的提高而增加，同时也没有人否认，在投资需求表上投资随利率的上升而下降。但是，设 X 曲线组和 Y 曲线组都是下降的，则一特定的 Y 曲线与一特定的 X 曲线不一定有交点。这就暗示，决定利率的不能只是 Y 曲线和 X 曲线。

第二点，古典学派通常设想，当货币数量增加时，至少在开始时以及短期内利率有降低的趋势。但是，他们没有提出理由说明为什么货币数量的改变会影响投资需求表或影响既定收入中的储蓄量。古典学派有两套不同的利率理论，在第一卷价值论中是一套，在第二卷货币论中又是一套。他们似乎并不因为二者存在矛盾而感觉不安。据我所知，截至目前他们也没有设法在两套理论之间搭桥的意思。这是说的古典学派本身，新古典学派则想调和二者的矛盾，结果陷入最糟糕的泥潭。新古典学派推论说，一定有两个供给来源来满足投资需求：①正常储蓄（Savings Proper），即古典学派所谓的储蓄；②由于增加货币量所产生的储蓄（这是对公众的一种征敛，Levy，可称为"强制储蓄"，Forced Saving，或类似名称）。于是就产生了"自然"（Natural）利率、"中立"（Neutral）利率②或"均衡"（Equilibrium）利率之类的概念。所谓"自然"、"中立"或"均衡"的利率，就是使得投资与古典学派的正常储蓄相等的利率，而"强制储蓄"不在其中。最后，根据以上所述，新古典学派更是得到一个最浅显的解决方

---

① 参阅本书第十七章。
② 当代经济学家所谓的"中立"利率，与庞巴维克所谓的"自然"利率不同，也与维克塞尔（Wicksell）所谓的"自然"利率不同。

案：只要在所有情况下，能维持货币数量不变，则所有复杂情况都无从产生，货币数量不变，由投资超过正常储蓄所产生的种种可能性后果都不存在。但在这一点上我们已经潜入水中无力自拔。"野鸭已经潜到水底最深处，而且死咬水底的野草、蔓茎和垃圾不放，现在需要一只超聪明的狗跳下去才能够把鸭子捞上来。"

传统分析方法之所以错误，是因为未能正确认识什么是经济体系的自变量（Independent Variables）。储蓄和投资都是经济体系的被决定因素，而不是决定因素。经济体系的决定因素是消费倾向、资本边际效率表和利率，储蓄和投资是这些决定因素的双胞胎（Twin Results）。当然，这三个决定因素本身也非常复杂，而且可以互相影响。但三者仍不失为自变量，亦即三者之中任一变量的值都不能从其余两个变量的值推导而来。传统分析方法知道储蓄由收入决定，但忽视了一个事实：收入是由投资决定的。当投资改变时，收入必定改变，收入改变的程度就使得储蓄正好等于投资的改变。

还有一些试图从资本边际效率求出利率的理论也没有取得成功。均衡状态下的利率确实等于资本边际效率，当二者不等时，则增加或减少当前投资量以使二者相等就一定是有利的。但如果以此作为利率理论或由此推导出利率来，那就陷入了循环推理。马歇尔想遵循这条路线解释利率，中途就发现了这个毛病。[①] 资本边际效率的一部分是由当前的投资量多少决定的，而要计算当前的投资量，就必须已经知道利率。一个有意义的结论是，新增投资的产出必须达到一点，以使得资本边际效率等于利率；资本边际效率表能够告诉我们的，不是利率将确定在哪一点上，而是利率为已知时新投资的产出将扩大到什么程度。

读者或许已经明白，我们现在所讨论的难题，无论是在理论意义上还是在实践价值上，都是非常重要的问题。历来的经济学家对实际问题有所主张时，所依据的经济学原理都假定：如果其他情况不变，那么减少消费可以降低利率，增加投资可以提高利率。如果储蓄意愿和投资所决定的不是利率，而是就业总量，那么，我们对经济体制（Economic System）的运行机制（Mechanism）将彻底改变看法。如果在其他情况不变的条件下，消费意愿低的结果不是增加投资，而是减少就业，那么，我们对这个因素的态度将大不相同。

---

① 见本章附录。

附录：马歇尔的《经济学原理》、
李嘉图的《政治经济学原理》和其他著作中
关于利率的论述

一

在马歇尔、艾奇维斯和庇古教授的著作中，对于利率都没有集中的讨论，只是随意提及而已。除了上面所引用的一段（第十一章第二节）外，马歇尔对于利率问题的态度，只能从他《原理》（第六版）的第六篇第 534 页和第 593 页的内容猜测。以下所引用的就是这两页内容的主要意思：

"利息是市场上使用资本的代价，因此利息经常趋向于一定均衡点，使得市场上在这个利率下的资本总需求量恰好等于资本总供给量。① 如果我们所讨论的市场是一个小市场，例如一个城市或一个行业，那么当这个市场对资本的需求增加时，可以从临近区域或其他行业抽调资本增加供给，以迅速满足需求。但是如果把全世界或一个大国作为一个市场，那么资本的总供给量不能因为利率的改变就迅速大量增加。资本的来源是劳动力和等待，利率提高当然能够引导人们额外增加工作②和等待，但在短期内这种额外增加的工作和等待，与现在的资本品内所包含的劳动和等待相比不会太多。如果短期内资本的需求大量增加，能够满足这种需求的，那

---

① 注意，马歇尔用"资本"一词而不用"货币"，用"资本供给量"而不用"贷款"，然而利息是借钱的代价，因此，这里所谓"资本的需求"应当是指"为购买资本品而对贷款的需求"。但是，使资本品供需相等的是资本品的价格而不是利率。利率可使借贷的款项相等，换言之，可使债务票据的供需相等。

② 这就假定收入不是不变。然而我们不清楚，为什么提高利率会"额外增加工作"，难道说提高利率因为可以增加为储蓄而工作的吸引力，所以可看作是实际工资的增加，从而可以使生产要素接受较低的（货币）工资而工作吗？我想这是罗伯森先生在类似场合心目中所有的意思。当然，这种额外工作"在短时间内不会太多"，想用这个因素来解释实际投资量的变动可以说是最不近情理甚至是荒谬的。我主张把这下半句重写如下："如果资本边际效率增加，对一般资本的需求量增加，而且这种增加没有被利率上涨所抵消，那么资本品的生产增加；因为资本品的生产增加，而就业量增加，所以收入水平提高；因为收入水平提高所以有额外等待，而且这种额外等待的货币值恰好等于前面资本品的增加值，所以前者正好足以提供后者。"

么，出自供给增加的部分很少，出自利率上涨的部分较多。① 利率上涨了，有一部分资本将自其边际效率最低的使用处逐渐退出。所以提高利率只能慢慢地逐渐增加资本的总供给量。"（第 534 页）

"我们不能不反复阐述，'利率'一词的含义用在旧的资本投资品上非常受限制。② 例如，我们也许会说：本国各种工商业所投资本约为 70 亿镑，年收益率为 3％。不过这种说法虽然方便，在许多场合也可以这么说，但并不正确。我们应当说：如果在各工商业中投资的新资本（在边际投资上）年净收益率约为 3％，那么各工商业把原有投资 33 年收益的折现值（按年利率为 3％计算）还原为资本，就约为 70 亿镑。而资本一经投资于改良土地，建筑房屋、铁路和购置机器，那么其价值就是预期未来净收益（或准地租）的折现值之和。如果这笔资本在未来产生收益的能力降低，那么其价值也要降低；其新价值可以从较小收益中减去折旧，再加以资本还原化（Capitalised Value）求得。"（第 593 页）

在《福利经济学》第三版（*Economics of Welfare*，3rd edn.）第 163 页，庇古教授说："'等待'这一种服务的性质一向受人误解很深。有时被猜想成等待就是提供货币，有时被猜想成等待就是提供时间；根据这两种猜测，有人争辩说，等待对于国民收益毫无贡献。这两种说法都不对。所谓'等待'，只是把现在要消费的东西暂时延期不消费，于是使本来即将毁灭的资源变为生产工具③……所以'等待'的单位是一个既定的资源量④（例如劳动力或机器）使用一个既定的时间……更广泛点说，等待的单位是一个'年值单位'（Year-value-unit），用卡塞尔（Cassel）博士的说法（比较简单，但也比较不正确），等待的单位是一个'年镑'（Year-pound）……一般人认为在任何一年中所积聚的资本一定等于该年的储蓄。对于这种看法，我们也许要特别注意。即使把储蓄解释为净储蓄

---

① 为什么不会出自资本品的供给价格提高呢？例如一般资本的需求量之所以大量增加，是因为利率降低，那么资本品的供给价格将上涨。我主张这句话这样写："如果对资本品的需求量大量增加，而资本品的供给量不能即刻增加以满足需求，那么这种需求未满足的部分，将暂时因资本品的供给价格的提高而受到抑制；提高的程度使投资量不必有多大改变，而资本边际效率已经等于利率。同时（也永远如此），适应于生产资本品的生产要素将用来生产在新环境下边际效率最高的资本品。"

② 简直不能用。利率只适用于借贷市场，所以我们只能说，为购买新旧资本投资品或为其他目的而借钱的利率。

③ 此处行文含糊，到底是说延期消费一定会产生这种效果呢？还是说延期消费只腾出若干资源，至于这些资源是失业还是作投资要看环境而定。

④ 注意，并不是收入的持有人可以但并没有做消费之用的钱；所以等待的报酬是准地租而不是利息。这句话的言外之意似乎是说这样腾出的资源一定来投资。而如果腾出来的资源导致了失业，那么等待还会有什么报酬？

（不计借给他人以增加他人消费的储蓄），又把暂时存入银行不动用的服务支配权忽略不计，这个看法还是不对，因为有许多储蓄本意是要拿来变为资本的，而事实上却因为误入歧途而浪费掉了。[①]

庇古教授唯一论述什么决定利率之处，位于他所著的《产业波动》第一版（Industrial Fluctuations，1st edn.）第 251～253 页。在这里他不同意下列说法：利率既然是实际资本供需决定的，那么就不在中央银行和其他银行的控制之下。他提出反对意见说："当银行家为工商界创造更多信用时，其实是为工商界向公众强征实物，扩大实际资本的供给源流，而且长期和短期贷款同样引起实际利率的下降。此处应加说明之处详见第一篇第十三章。[②] 总之，银行放贷利率固然机械地追随长期实际利率，但这并不说明决定实际利率的条件完全不在银行家控制之下。"

我对以上各家之说所做评论都已放入脚注。我发现对马歇尔的观点大惑不解的根本原因在于"利息"这个概念属于货币经济范畴，所以不应该闯入不讨论货币的著作中。"利息"实在不应当出现在马歇尔的《经济学原理》之中，它属于经济学的另一个分支。庇古教授在《福利经济学》中几乎从未提及利息，他让我们觉得：等待的单位就是当前投资的单位；等待的报酬就是准地租。这倒是和他的暗含假定相一致。然而这些学者并不是在讨论一个非货币经济（如果有这种东西），他们明明设想有货币的使用，还有银行制度的存在。庇古教授的《产业波动》一书研究资本边际效率的波动，他的《失业理论》一书主要研究没有"非自愿"失业的话，是什么决定就业量。然而在《福利经济学》一书中，利率所占的重要地位丝毫不逊于以上这两本书。

二

以下引文摘自李嘉图的《政治经济学原理》第 511 页，是他关于利率

---

① 在这段文字里，庇古教授没有告诉我们，如果我们不计使用不当的投资，但计算了"暂时存入银行，未曾动用的服务支配权"，那么净储蓄是否等于资本增量。但在《产业波动》第 22 页，庇古教授明白地说，这种存钱对于"实际储蓄"（Real Savings）并不发生影响。

② 在该处（前引之书第一版第 129～135 页或第二版第 146～150 页）庇古教授讨论当银行创造新信用时，可供工商界使用的实际资本的源流将扩大多少。他的办法是"从银行创造出来交给工商界的流动信用之中，减去如果没有银行也会产生的流动资本。这种减数有两个。自此以后他的论证就非常晦涩了。开头，固定收入者有收入 1500，消费用去 500，储蓄 1000，后来因为银行创造信用，所以他的实际收入减为 1300，消费用去 $500-X$，储蓄 $800+X$。庇古教授下了结论：这个 X 就是银行创造信用而净增的资本。企业家们的收入到底增加多少？是等于银行所借的数额（减去以上两个减数）呢？还是等于固定收入者减少的数额（200）呢？不论增加多少，是不是企业家把全部增加的数额都储蓄起来呢？投资量的增加是不是等于银行所创造的信用减去以上两个减数呢？还是等于 X 呢？所以庇古教授的论证似乎在应当开始时反而戛然而止。

理论的主要论述：

"决定利率大小的不是英格兰银行的贷款利息是 5％、3％，还是 2％，而是使用资本能够得到的利润率；后者与货币的数量或货币价值毫无关系。不论英格兰银行贷款 100 万、1000 万，还是 1 个亿，它们都不能永久改变市场利率，只能改变发行额，即币值。为完成同样的业务，在一种情况下所需要的货币，将是其他情况下的 10 倍或 20 倍。所以向英格兰银行贷款多少，要由银行愿意贷款的利率与使用贷款能够带来的利润率二者的比较确定。如果银行所要求的低于市场利率，那么无论多少钱都放得出去；如果银行所要求的高于市场利率，那么除了挥霍无度（Spendthrifts and Prodigals）的败家子，没有人向他们借款。"

李嘉图说得相当明白，较之后世作家的说法更容易讨论。后世学者其实并没有逃离李嘉图学说的窠臼，但觉得此说法有些欠妥，只能含糊其辞以求掩饰。以上引文当然只能解释为一种长期学说，着重点放在文中的"长久"一词。李嘉图总是只讨论长期情况，这种学说成立所需要的假定是很有意思的。

所需要的其实就是古典学派常用的充分就业假定。假定生产的劳动力供给曲线不变，那么在长期均衡中只有一种可能的就业水平。根据这个假定，再加上各种心理倾向不变和除了货币数量的改变之外其他预期不变这两个假定，则李嘉图学说可以成立；意思是说，在这许多假定之下，是只有一个利率与长期充分就业相适应的。但李嘉图及其继承人忽略了一点，即使在长期中，就业量也不一定充分，也可以改变；有一个银行政策就有一个不同的长期就业水平与之相对应；长期均衡的位置也会随着货币当局的利息政策的改变而改变。

如果当局的货币政策是维持一个既定的货币数量不变，那么在这种情况下只要假定货币工资有很大弹性，这种学说就仍然是正确的。也就是说，无论货币当局所决定的货币量是 100 万还是 1 个亿，李嘉图学说只要能够保持利率恒久不变，他的结论仍将成立。但是所谓货币政策是当局增减货币数量的条件，换言之，指货币当局用贴现或公开市场业务增减其资产时所要求的利率（这就是李嘉图在以上引文中所强调运用的方法），那么当局的货币政策绝非毫无影响，也不是只有一个政策与长期均衡相适应。但有"非自愿"失业存在时，失业工人就会因无谓的激烈竞争而无限制减低工资以争取就业机会。在这种极端情况下，说实话，可能只有两个长期均衡位置：充分就业和低于充分就业的就业水平。后者是指利率降低到流动性偏好可以无限制地吸纳货币。换句话说，利率达到这个水平时流动性偏好就变成绝对的。假定货币工资有很大弹性，则货币数量本身在长期中不起作用，但货币当局愿意改变货币数量这一条件是作为一个实际决定因素进入经济机制（Economic Scheme）的。

有一点值得注意，从以上引文的最后几句看来，李嘉图似乎忽略了资本边际效率可以随投资量的改变而改变。但这一点刚好说明李嘉图的学说体系比起后继者是前后一致、逻辑严谨的。如果社会的就业量和心理倾向都是既定的，那么事实上只有一个可能的资本积累率，因此也只有一个可能的资本边际效率。李嘉图提供了最高的智力成就，使我们这些弱智者无法企及。他可以把一个远离现实的世界作为现实世界，然后始终生活其中。而大部分李嘉图的后继者则不能兼顾常识，于是其学说逻辑上的前后一致性就受到了损害。

三

冯·米塞斯（Von Mises）教授有一个奇特的利率理论，被哈耶克（Hayek）教授（我想）还有罗宾斯（Robbins）教授所采用。即所谓利率的改变实际是消费品价格水平与资本品价格水平的相对改变。① 我们不清楚这个结论是如何得来的，但其论证似乎是如下进行的：先用一套假定把情况极度简单化；然后再根据这套假定，用消费品的供给价格与资本品的供给价格之比来衡量资本边际效率。② 于是这个比例就是利率。因为利率的降低有利于投资，因此上述比例降低也有利于投资。

这种方法使个人储蓄的增加与社会总投资的增加有了联系。一般人以为个人储蓄增加则消费品的价格下降，而且下降的程度还可能大于资本品价格下降的程度。按照上面的推理，利率降低，所以会刺激投资。但是，如果有好几种资本资产的边际效率降低，以致一般的资本边际效率降低，则其效果正好与以上论证所假设的相反。资本边际效率表提高可以刺激投资，利率降低也可以刺激投资。因为把资本边际效率与利率混淆不清，结果导致米塞斯教授及其信徒所得结论与事实相反。遵循这种思路所引起的混乱可以用汉森（Alvin Hansen）教授的下面一段文字做最好的例证："按照有些经济学家的建议，减少消费的净结果，将使消费品的价格与没有减少时相比要低，所以，投资于固定资本的动机受到削弱。但是，这种看法是不对的，因为，这种看法把消费品价格的高低对资本形成的影响与

① 《货币和信用理论》，第339页以及全书，尤其是第363页。
② 如果我们是在长期均衡状态，则也许可以作出这种假定，使这个说法成立。但是我们所讨论的价格是不景气情况下的价格，假定企业家在预测时设想现有价格会永久维持的假定必然与事实不符。如果企业家如此设想，那么现有资本品的价格将与消费品的价格同比例下降。

利率的改变对资本形成的影响混为一谈了。减少消费及增加储蓄固然可以使消费品价格与资本品价格相比要低；但是这在效果上只表示利率降低，利率降低可以刺激资本投资扩张，所以在以前利率条件下无利可图的领域，现在则也可以从事了。"①

---

① 《经济复兴》（Economic Reconctruction），第 233 页。

第十五章 流动性偏好的心理和商业动机

一

我们在第十三章中曾经简单介绍过流动性偏好的动机，现在对相关的细节再做进一步分析。这里讨论的题目大约相当于别人的货币需求。它与所谓的货币收入流通速度（Income-velocity of Money）关系密切，货币收入流通速度只是衡量公众手持现金占收入的比例；所以，货币流通收入速度的提高可能是流动性偏好降低的一种征兆。然而两者毕竟不是一回事，所以，个人可以选择流动性与否的部分，只限于其所集聚的储蓄而不是全部收入。而"货币收入流通速度"一词会引起一种错误的联想，以为全部货币需求都可能与收入成比例，而事实上正如我们将要看到的，这个推论只适应于公众持有的现金部分，而忽视了利率的作用部分。

在拙著《货币论》中，我用收入存款（Income-deposits）、商业存款（Business-deposits）和储蓄存款（Savings-deposits）来研究货币的全部需求。我不必再重复该书第三章的分析，但是，为此三个目的所持有的货币还是汇总在一个池子里，不必将它们分成三个互不连通的部分。即使在持有人心目中也未必非常清楚地划分。持有人的同一笔现金可以有主要的和其他次要的两个理由。所以，把个人在一定情况下对货币的总需求看作一个单独的决定也未尝不可，或许更好；但这个单独的决定仍然是许多动机的综合结果。

但是，在分析动机时仍然需要分为几类：第一类大致相当于我以前所谓的收入存款和商业存款；第二类、第三类相当于我以前所谓的储蓄存款。在第十三章中，我把这三类分为交易动机、谨慎动机和投机动机；交易动机还可再分为收入动机和商业动机。

（1）收入动机（Income-motive）。持有现金的理由之一是为收入和支出间架设一座桥梁，这个动机的强度主要由收入的数量以及正常情况下收支之间的时间跨度决定。货币收入流通速度这一概念只适应于这个目的所持有的货币。

（2）商业动机（Business-motive）。持有现金同样是为度过业务成本支出到销售收入回款之间的时间跨度。商人持有货币以度过从进货到售货这段时间就包括在此动机之下。这个需求的强度主要由两个因素决定：当前产出（当前收入）的价值，以及产品要经过几道手才能到达最终消费。

（3）谨慎动机（Precautionary-motive）。持有货币是为了预防意外发生或错过未曾预料的有利购货机会。另外货币这种资产如果以其本身作为计量单位则价值不变，如果负债也以货币作为计量单位，那么，持有货币的动机则是便于偿还债务。

以上三类动机的强度，一部分由需要现款时，用暂时借款，特别是透支等方法的可靠性和需要付出的代价如何来确定。如果在需要现金时可以毫不费力地取得，那就没有必要为度过这个时间段而持有不用的现金。这三个动机的强度也决定于持有现金的相对成本。如果为保持现金而不能购买可以获利的资产，那么持有现金的成本增加，因此会减弱持有一定量现金的动机。但如果存款可以获得利息，或持有现金可以避免给银行付费，那么，成本降低的动机会加强。但如果持有现金的成本没有大的改变，这个因素大概是次要的。

（4）投机动机（Speculative-motive）。这种动机和以上三个动机相比需要做详细的考察分析。原因在于：第一，人们对这个动机的了解不如其他动机深入；第二，在传播由货币数量改变的各种影响这一点上，这个因素特别重要。

在正常情况下，为满足交易动机和谨慎动机所需要的货币数量，大体上是由经济活动的周期和货币收入水平决定的。但是，由于投资动机在发挥作用，货币数量的变动（不论是有意的还是偶然的）会导致经济体系的"熊市"（Bear）。用以满足前两类动机的货币需求，既然由经济周期活动和货币收入多少来决定，那么，除了这两者有实际变动外大体不受其他因素影响。但经验表明，用以满足投机动机的货币需求经常随利率的改变而改变，二者的变动方式可以用一条连续曲线（Continuous Curve）来表示。而利率的改变则又可以用长短期债券的价格变动来改变。

若非如此，则公开市场业务（Open Market Operations）就不可能实现。我曾说过，上述连续关系状态在经验上的存在，是因为事实上银行系统总是可以提高债券价格以便用现金购买债券，也可以通过压低债券价格以便卖出债券取得现金。银行系统想用买（卖）债券的方法来增加（减少）现金的数量越大，利率的下降（上升）程度也越大。但是如果像美国

1933～1934 年的情况，公开市场业务仅限于超短期（Very Short-dated）债券，那么其影响也仅限于短期利率，而对于重要性相当大的长期利率反而影响很小。

在讨论投机动机时，区分两种利率的变化是很重要的。第一种是流动性函数（Liquidity Function）不变，可以满足投机动机的货币供应量改变引起的利率变化；第二种是预期改变导致流动性函数本身变化所引起的变化。公开市场业务不仅能改变货币数量，而且能够改变人们对货币当局未来政策的预期，因此，可以双管齐下影响利率。人们由于信息的变化而调整预期会使流动性偏好函数本身发生变化，而这种变化通常是不连续的，由此引起的利率变化也是不连续的。事实上，不同的人对信息的变化理解不同，信息变化对不同人利益的影响也不同。只要是这种情况，债券市场的交易就将增多。如果信息的变化使每个人的想法和做法都有完全相同的改变，那就不需要任何交易，以债券价格表示的利率会立即调整以与新条件相适应。

如果在一个最简单的场合，每个人的性情和处境都非常相似，那么，环境和预期的变化不可能引起任何的货币易主，只能使利率涨落。利率变化的程度会使因环境和预期变化想改变现金持有量的人正好打消这种念头。随着利率的变化，每个人想改变自己手中持有现金的反应程度相同，其结果也是没有任何交易。每一组环境和预期都有一组合适的利率与之对应，无论任何人都不必改变手中所持有的现金数量。

但在通常情况下，环境和预期的变化经常使个人所持有的货币数量重新调整。事实上每个人的处境不同，持有货币的理由不同，对环境的认识和解读不同，所以，个人的看法和态度也不同。因此，个人持有现金量的重新分配与新的均衡利率相伴随生。虽然如此，我们重点注意的还应是利率的变化而不是货币量的重新分配。后者只是人与人之间有差异而偶然产生的现象，而本质的现象在上文的简单场合已可窥见。而且，即使在通常情况下，信息的变化所引起的一切反应中也以利率最为显著。报纸上经常说，债券价格的变动与市场交易量完全不成比例。如果我们想，每个人对信息的反应相同之处远多于不同之处，那么就应当有这种现象。

二

个人为满足交易动机和谨慎动机所持有的现金量与为满足投机动机所持有的现金量并非完全无关，但就大体而言或者作为第一近似值，我们可以把两组现金持有量看作互不相关。在以下分析中，我们就把问题分为这样两部分。令 M_1 代表满足交易动机和谨慎动机所需要的现金量，M_2 代表满足投机动机所需要的现金量，与这两部分相对应的则有两个流动性偏好函数 L_1 和 L_2，L_1 主要由收入水平决定；L_2 主要由当前利率和预期状态的关系决定。故有：

$$M = M_1 + M_2 = L_1（Y）+ L_2（r）$$

其中，L_1 代表收入 Y 与 M_1 的函数关系，L_2 代表利率 r 与 M_2 的函数关系。我们有三个问题要研究：①当 M 变化时，Y 和 r 将起什么变化？②是什么决定 L_1 的形状？③是什么决定 L_2 的形状？

（1）当 M 变化时，Y 和 r 将起什么变化？这个问题要看 M 的变化是由什么引起的。假设 M 是由黄金构成，M 的变化只能由金矿而来，而采金的矿工又属于我们所研究的经济体系，则 M 的变化必然引起 Y 的变化，新产的金子一定属于某些人的收入。假设 M 的变化是由于政府为应付财政支出而印发纸币，那情况就完全不同，这种情况下新增的财政支出也必然成为有些人的收入。但新的收入水平达不到足以把 M 的增加部分都吸收到 M_1 中的程度，所以有一部分货币要另寻出路，购买债券或其他资产，于是利率降低使 M_2 增大；同时由于利率降低也刺激 Y 上升，M_1 也增大，直到最后全部新货币不是被吸收在 M_2 中，就是被吸收在 M_1 中。由此看来，以上情况只是比另一种情况多了一步，另一种情况则是如要增发货币，只有银行体系必须先放松其信用条件，使得有人把债券卖给银行以换取新的现金。

我们可以把后一种作为典型的情况。假定要改变 M，必须先改变 r，r 改变以后，部分引起 M_2 改变，部分引起 Y 改变，从而引起 M_1 改变产生一个新的均衡。至于在这种新的均衡下，新增现金如何分配到 M_1 和 M_2，要看投资对于利率的反应如何以及收入对于投资的反应如何来确定。[①] 因为 Y 部分也是由 r 决定的，所以，当 M 改变一个给定量时，r 必须改变到一定程度使得 M_1 与 M_2 的改变之和恰好等于 M 的给定变量。

（2）所谓货币收入流通速度到底是指 Y 与 M 之比，还是 Y 与 M_1 之比？一般总是搞不清楚。我主张用后一种意义，令 V 代表货币收入流通速度，则有：

$$L_1（Y）= \frac{Y}{V} = M_1$$

当然，我们没有理由说 V 是一个常数。V 的值由银行及工商业的组织特征、社会习惯、收入在各个阶级之间的分配和持有现金不用所付出的代价

---

① 至于什么决定新均衡的性质，则必需留待第五篇讨论。

等来决定。如果我们所讨论的是短期，则这些因素不会有重大改变，所以，V 可以说几乎不变。

（3）最后是 M_2 与 r 的关系问题。在第十三章中我们已经看到，对引起人们持有现金 M_2 的流动性偏好 L_2 的唯一合理解释是人们对利率的前途觉得不确定。由此可知，在给定的 M_2 与 r 之间没有一个确定的数量关系。人们注意的不是 r 的绝对水平，而是在计算发生变化的可能性以后，r 的绝对水平与一般认为 r 的相当安全水平二者之间的差别程度。虽然如此，在预期状态不变的情况下，还有两个理由说明 r 降低时会引起 M_2 增加。第一，如果一般人认为 r 的安全水平不变，则 r 每降低一次，就使得市场利率比"安全"利率相对减小，因此，就使得放弃流动性偏好的风险加大。第二，放弃流动性偏好所得的报酬可以看作是一种保险赔偿金，用来补偿资本账户蒙受损失的风险，利率每降低一次，其补偿额等于旧利率与新利率的平方差。例如，长期债券利率为 4%，若未来利率的增加速度为现在利率的 4%，即每年增长 0.16%，那么利息收入与现在资本账户的损失大约相等；除非人们愿意根据概率的估计结果，觉得未来利率的每年上涨速度会大于现在利率的 4%，否则宁愿放弃流动性偏好而赚取利息。假设现在利率已经降低到年息 2%，则利息收入所能补偿的资本损失，只是未来利息每年增加 0.04% 而已。年利率为 4% 时，利息收入所能补偿的利率上涨风险为每年增加 0.16%；年利率为 2% 时，利息收入所能补偿的利率上涨风险为每年增加 0.04%；两者补偿额的差等于旧利率的平方与新利率的平方之差。事实上这也许就是利率为什么不能降到极低的主要障碍，除非未来会跟过去经验大不相同，否则，当长期利率已经下降到 2% 时，利率上涨的可能性极大，而下降的可能性极小，而利息收入所能补偿的利率上涨程度也极小。

由此看来，利率现象中的心理成分很大。在第五篇中我们将看到，利率低于同充分就业相适应的水平就是一种非均衡状态。如果有这种现象就会产生真正的通货膨胀，结果是现金量的增加将被 M_1 完全吸收。但是，利率高于同充分就业相适应的水平，长期市场利率不仅由货币当局的当前政策而定，而且还要由市场上对其未来政策的推测而定。对短期利率的控制比较容易，因为第一，货币当局不难让人相信，近期政策不会有大的改变；第二，除非利息收入等于零，否则利息收入总会大于可能的资本损失。但如果长期利率已经下降到某个很低的水平，使一般人可以基于以往的经验和对未来货币政策的预期觉得这个水平"不安全"，货币当局就很难控制长期利率。例如，在一个国际金本位成员国，如果利率低于其他各国利率，人民自然就会对本国利率失去信心，如果提高利率，使其与国际金本位体系中的最高利率相等（除去风险因素后），也许又过高而与国内充分就业水平不相容。

如果一般舆论认为某种货币当局的政策仅具试验性质且很容易改变，那么货币政策恐怕不能把长期利率降低很多；因为如果 r 降低到某种水平以下时 M_2 将无限制地增加。此外，如果舆论认为该政策是合理的、切实的，而且是对公众有利的，认为当局推行政策的信念坚定，不会轻易改弦更张，那么同一政策就很容易成功。

更确切地说，利率现象与其说其心理成分很大，不如说是一种非常因循成规（Highly Conventional）的现象。实际利率水平大部分是由人们对于未来利率的预测决定的。任何利率水平，只要公众充分相信这个水平将继续维持下去，它就会继续维持下去。当然，在一个动荡的社会中，利率通常可以因为种种理由围绕这个预期的水平上下波动。理由之一是，如果 M_1 的增速大于 M，利率就会上涨；反之则下降。然而利率所围绕上下波动的那个水平可能历经几十年的高位而使充分就业不能实现。特别是当一般人认为利率会自动调整，因此有比因循成规更强有力的客观理由使得实际利率非如此不可时，这种情况尤其容易发生。因此在一般公众和当局心中很难想象，就业量达不到实际水平是由于不合适的利率在作怪。

现在读者应该明白，让有效需求维持在一个足以提供充分就业的高水平是多么困难。原因就在于长期利率因沿成习而相当稳定，资本边际效率则变化无常，很不稳定。

我们聊以自慰的只有一点，习惯并不是基于确切的知识。因此，我们希望，只要货币当局坚持推行其主张，习惯不至于顽抗到底，舆论可以习惯于温和的利率下降；下降以后的利率又逐渐成为新的习惯而作为预测未来的根据，此时货币当局又可以再次把利率压低。这种方法当然有一定限度。放弃金本位以后英国的长期利率下降就是很好的例证。主要活动要经过一系列不连续的跳跃才能见效，即每当公众的流动性偏好函数已经习惯于新利率，当局政策的新动向或信息中的新刺激又可重新起作用时，就再把利率压低一次。

三

以上所述，可以用一个简单的命题来概括：在给定的预期状态下，除交易动机和谨慎动机外，公众心中还有持有现金的潜力，其程度要依货币当局创造现金的条件而定。流动性偏好函数 L_2 所概括的实际就是这种潜力。因此，如果已知货币当局所创造的货币数量而其他条件不变，那么，只有一个利率（严格地说只有一个利率组合）与此货币量相当。然而，把经济体系中的任何一个因素单独提出来分析，都和利率有一定关系。因此，除非货币数量的变动和利率之间有特别直接或有目的的联系，否则，把货币和利率单独提出来分析没有什么用处和重要意义。我们之所以认为两者有特殊关系，是因为银行系统和货币当局是买卖货币和债务票据的商人，而不是买卖资本品和消费品的商人。

假如货币当局能根据一定的条件买卖期限不同的各种债券，那么，利率体系和货币数量的关系就非常直接。利率体系只是银行系统肯买卖债券的条件，货币数量只是个人愿意持有的现金量。后者在考虑了一切相关的情况后，觉得宁愿保持流通现金，也不愿依据市场利率把现款脱手换取债券。在货币管理技术方面现在最重要而切实的改革，恐怕是让中央银行按照一组规定的价格买卖各种期限的金边债券（Gilt-edged Bonds），而不是单个银行利率的短期票据业务。

从现在的实际情况看，各个银行系统控制债券市场价格的"有效"程度是有差别的。有时银行的控制力量在一个方向上比另一个方向有效。例如银行只肯按照一定价格买进债券，不肯在价格上加进一点儿手续费，定出一个与买价相差无几的卖价出售债券。当然并没有理由说，为什么不能利用公开市场业务使银行所定价格在两个方向上都有效。货币当局有一条不成文的规则，对各类债券不愿一视同仁，往往集中买卖短期债券，用短期债券价格影响长期债券价格。当然，这种影响不会即刻生效，也不可能完全生效，又和以上一样没有理由说明为什么非如此不可。有了这些先决条件，利率与货币数量之间的关系就不直接了。在英国，当局有意控制的范围似乎在扩大。要把这些理论应用于实践就必须顾及到货币当局实际控制方法的特征。如当局只买卖短期债券，那我们就必须考虑现在或将来的短期债券价格对长期票据的影响将会如何。

货币当局要为风险和期限不同的各类债券建立一套利率体系，则有以下种种限制：

（1）有些限制是货币当局自己加的。如它只肯买卖某种类型的债券。

（2）有这样的可能性，根据上述讨论的理由，当利率下降到某种水平时，流动性偏好可能变成几乎是绝对的；即由于利率过低，几乎每个人都宁愿持有现金而不愿持有债券。这将使货币当局失去利率工具的调控能力。这种极端的情况在将来可能会变得特别重要，但截至目前，我知道还没有这种实际案例。理由是货币当局在过去不愿意大胆买卖长期债券，所以，没有许多机会来做这个试验。假如真有这种情况出现，政府就可以用极低的利率向银行无限制地借款。

（3）这种极端的例子曾经在极度不正常状态下产生过。因为流动性偏好函数变成了一条直线，以致利率完全失去了稳定性。战后[①]的俄国和中欧曾出现过通货危机，人人都要逃避通货恐慌，无论什么条件，人们都不愿意持有现金或债券。又因一般人预期币值会继续下跌，所以，即使利率继续增高，也还是追不上资本（尤其是囤货）的边际效率上涨。美国在1932年的若干时期有一个情况相反的危机——金融危机或清算危机。那时无论条件怎么合理，几乎没有人愿意把现金脱手。

（4）最后还有第十一章第四节所讨论的困难。即要把借款人和最后的贷款人拉拢在一起，必须有中间费用，而且贷款人会要求在纯利率之上再加上一点风险补偿，尤其是道德风险。所以实际利率很难低于某个低利率区的水平。纯利率降低时，中间费用和保险费未必会下降。所以一个典型的借款人必须付出的利率，比纯利率下降得慢，而且在现有银行机构下，恐怕不能低于某一最低水平。假如贷款人对风险估计很高，这一点尤其重要。毕竟风险是由贷款人心中怀疑借款人不诚实引起的，即使借款人不想不诚实也没有办法使利率不高。短期借贷的手续多、费用高，这一点也很重要；贷款者的纯利率即使等于零，银行可能仍然要求企业家付 $1.5\%\sim2\%$ 的利息。

四

预期成本（Cost of Anticipating）是第二十一章更合适的讨论题目，这里先提纲挈领地谈谈本章与货币数量论的关系也许很有趣。

在一个静态社会，或许没有人因其他理由对未来利率感到不确定，流动性偏好函数或称贮存倾向（Propensity to Hoard）在均衡状态中常等于零。也就是均衡状态下，$M_2=0$，$M=M_1$；M 变动必然引起利率变动，直到一个新的水平使 $M_1=M$。所以有 $M_1 \cdot V=Y$，其中，V 为货币收入流通速度（定义见上），Y 为总收入。假如我们可以计量本期产品的数量（O）和价格（P），那么，$Y=OP$，故有 $MV=OP$。这是货币数量论的传统形式。[②]

就现实世界而言，货币数量论大谬不然，原因在于其没有明确区分价

---

① 指第一次世界大战。——译者注

② 即使把 Y 的定义不规定为 Y/M_1，而规定为 Y/M，则货币数量说仍然是放诸四海而皆准的（Truism），但是却没有任何重要性。

格的变化究竟是产出变化的函数，还是工资单位变化的函数。[①] 之所以有这种疏漏，大概是由于货币数量论既假定不存在贮存现钱的倾向，又假定能够维持充分就业。在这种情况下，产出 O 是常数，$M_2 = 0$；设 V 也为常数，则工资单位和物价都与货币量成正比。

---

① 这一点在第二十一章还要讨论。

第十六章　关于资本性质的几点考察

一

打个比喻，当一个人决定储蓄的时候，只表示他决定今天少吃一顿，但他不一定同时决定把今天省下来的钱留待一周或一年以后用来吃饭或买鞋，或为了某年某月某日去消费某物。因此，今天开饭馆的就蒙受不景气的影响，而今天制造未来消费品的企业也没有得到多少激励。这样看来，个人的储蓄行为并不是用未来的消费需求替代当前的消费需求，而只是减少了当前消费需求。一般人推测未来的消费量时大多是以现在的消费量为依据，所以，现在消费减少大概会使未来消费蒙受不景气的影响。个人的储蓄行为不仅压低了消费品的价格，而且会使现在的资本边际效率降低，结果是既降低现在的消费需求，又降低现在的投资需求。

如果储蓄不仅是现在不消费，而且同时还预定未来消费，那么，其效果实际上就迥然不同了。在这种情况下，现在投资未来的预期收益将因此而增加，一些准备从事现在消费的资源会转而准备从事未来消费。即使如此，二者也不一定相等，因为，未来消费的时间可能距离当前很远，而生产方法也要"迂回"（Roundabout）到很不方便的程度，使边际效率低于当前的利率。预期消费对就业的有利影响不能立即产生，要留待以后逐渐呈现，因此，当即的影响还是对就业不利。事实上，个人储蓄时并没有对未来消费下一张具体的订单，而只是撤销了现在的一张订单。由于就业的唯一理由在于满足消费，所以，毫不奇怪，当消费倾向降低而其他情况不变时，就业量就蒙受不利影响。

麻烦在于个人储蓄行为并不蕴涵着用一个事先规定的未来消费替代当前的消费；而且即使如此，为未来所需要的经济活动做的准备，在数量上也未必就正好等于这个储蓄数额用于现在消费所需要的经济活动。储蓄只是单纯地要持有"财富"，从而获得一种可以随时随地消费的潜能。有一种谬论在一般人中蔓延，认为个人储蓄行为就有效需求而言结果与个人消费行为完全相同。这一谬论源自一个乍看起来更加难辨真伪的谬论：所谓持有财富的欲望增加就是投资的欲望增加，后者会增加投资需求，刺激投资生产，所以，当个人储蓄时投资的增加量正好等于消费的减少量。

把这种谬论从人们的心目中消除干净是最困难的。它源于一般人相信财富持有人想得到的是资本资产本身（Capital-asset as Such）；实际上他只想得到该资产的未来收益（Prospective Yield）。未来收益完全由预期的未来有效需求和供给的关系决定。如果储蓄行为根本不能改变未来收益，也就根本不能刺激投资。而且就个人而言，储蓄要达到持有财富的目的，也不必有新资本资产的产生才能完成。正如我们上面所说，个人储蓄行为具有"两面性"（Two-sided），一个人储蓄时，一定会迫使别人把无论新旧的某种财富转移给他，当然他自己也因为别人储蓄而蒙受不利影响。这种财富转移不要求有新财富的创造，事实上正如我们所看见的，这种被迫的创造（"Forced" Inevitable）也许是有害的。新财富的创造完全依赖于新财富的预期收益要达到现行利率水平。而边际新投资的未来收益要看在特定的时间，对特定物品有没有预期的需求而定。因此，有人想要增加其财富这件事实本身并不能使边际新投资的预期收益增加。

论辩中我们也不能回避这样的结论：财富所有者想要得到的并不是特定的预期收益，而是一个最佳可能的预期收益，当持有财富的欲望增加时，新投资的生产者感到满意的预期收益也降低。这个说法忽略了一点，即除了实际资本资产外，总还可以用货币或债券方式来持有财富，所以，新投资品生产者所满意的预期收益不能低于现行利率标准。但我们已经知道，现行利率并不是由要不要持有财富来决定的，而是由以流动的还是非流动的形式来持有财富，以及财富在各种形式上的供给量来决定的。假如读者还迷惑不解，那就请他反躬自问：货币数量不变，为什么当个人有新的储蓄行为时，在现行利率下人们愿意用流动形态来保持的财富数量会因此减少？

假如我们还继续追问，就会有一些更深的疑难问题，需要留待下一章讨论。

二

我们最好说资本在其寿命中会有一个超过原来成本的收益，而不说是资本是生产的（Productive）。资本在其寿命中的服务价值大于原来供给价格的唯一理由是资本稀缺（Scarce）。资本之所以稀缺是因为有货币利率（Rate of Interest on Money）与之竞争。如果资本的稀缺性降低，那么，收益超过原成本的数额递减，但资本的生产力至少就物质意义而言并没有降低。

因此，我同情前古典（Pre-classical）理论的劳动生产论（Produced by Labou），即有助于劳动力的是：过去所谓的工艺（Art）也就是现在所谓的技术（Technique）；自然资源，由丰裕或稀缺程度决定是无偿使用还是支付地租成本；过去的劳动成果物化而成的资产，其价格也依稀缺性和丰富性而定。我们最好是把劳动看作生产的唯一要素（Sole Factor），当然，包括企业家及其助手的工作在内，在既定的生产技术、自然资源、资本设备和有效需求等环境下工作，这样可以部分地解释为什么除了货币和时间单位外，我们可以用劳动单位（Unit of Labour）作为经济体系唯一的物质单位（Sole Physical Unit）。

有些长的或迂回的生产过程确实表现为物理效率（Physically Efficient）较高，但有些短的生产过程也是如此。长过程并不因为其长而物理效率高，有些长过程（也许是大部分）的物理效率很低，因为，有些东西不能长期储存，会有损耗。① 在既定的劳动数量下，利用物化的劳动进行迂回生产是有一定限度的。别的不说，制造机器的劳动和使用机器的劳动就必须成一定比例。当生产过程越来越迂回时，即使物理效率还在增加，最后的价值量（Ultimate Quantity of Value）也不会无限制地增加。如果延缓消费的愿望很强，要实现充分就业，投资量必须扩大到使资本边际效率成为负数，生产过程才仅仅因为长而变得有利。在这种情况下，我们会挑选物理效率比较低的生产过程，这些过程的长度要使其延迟消费之利大于效率低下之弊；而实际上还有一种情况，我们要使短生产过程稀缺到物理效率较高之利大于产品早产之弊。一个正确的学说应当是两方面都适用的，即无论资本边际效率是正是负，都可以包括在内。我想只有上述"稀缺"说才能做到这一点。

进一步讲，所有理由都说明，为什么有些服务和设备会稀缺以致其价格（相对于其所用的劳动力）昂贵？例如空气恶浊的生产过程劳动报酬就高，否则谁都不愿意干。有风险的过程也是如此。但我们并不设计一个生产理论：空气恶浊或有风险的生产过程是富有生产效率的。简而言之，并非所有的工作环境都是同样愉快的，在均衡状态下，不愉快的工作环境（如恶浊空气、有风险或时间间隔等）下生产出来的产品一定是稀缺的，以便保持较高的价格。但如果时间间隔变成一种愉快的环境，这是很有可能的，而且已经有人持这种观点，那么上面已经说过，短的生产过程倒反

① 参阅马歇尔对庞巴维克下的脚注，《原理》，第583页。

而要保持相当的稀缺性了（Sufficiently Scarce）。

如果给定最适度的迂回生产过程，我们当然要在同一迂回程度的生产过程中选择效率最高者。而所谓的最适度则是指最合适的时间满足消费者的延迟需求。换句话说，在最适度的情况下，生产的组织方式应当推测在什么时间消费者的需求会变得有效，然后根据这个时间，用效率最高的方法去组织生产。如果交货日期与这个时间不同，那即使改变这个时间可以使物质产量增加也无济于事。例如，除非消费者因为受饭菜丰盛的引诱，愿意提前到场或把开饭时间推迟。如果消费者在听取了详细报告之后知道了各种晚餐可能有的饭菜情况，决定20：00开饭，那么，即使厨师认为绝对最好的晚餐应该是19：30、20：00或20：30，但他的职责就是配合消费者确定的这个时间尽力做好饭菜，准备开饭。在社会上有的阶层可能是好饭不怕晚；有的阶层则宁可饭菜差些也要早些。上面已经说过了，我们的理论应当两种情况都适应。

如果利率为零，那么要使劳动力成本最低，则任何既定商品在要素平均投入日期到商品消费日期之间，都有一个最适度的时间间隔（Optimum Interval）。如果生产过程比这段时间间隔短了，则技术上效率就降低了；如果比这长了，则因有仓储费用和损耗的关系也使效率降低了。如果利率大于零，那又多了一个成本因素，而且这个新因素会随生产过程的加长而增大，于是最适度的时间间隔就应该缩短，而当前为了未来交货而投入的要素也随之减少，直到未来价格的提高足以弥补成本的增加。成本的增加则是因为利息负担和生产过程缩短引起的效率损失。如果利率小于零（假定这种情况具有技术可行性），则情况相反：如果未来消费需求不变，现在投入的生产要素要同未来的要素投入相竞争，后者会因为技术效率的提高或要素价格的变化而产品成本较低，只要后者的生产成本降低小于现在的负利息收入，生产过程就不值得现在开始而留待未来。大部分商品只能在消费时间不久之前开始生产，时间间隔太长就缺乏效率。即使利率等于零，可以为消费需求做准备而且有利可图的情况也有一个严格限制；随着利率的上涨，今天为未来消费需求准备生产的比例也逐渐降低。

三

我们已经明白，资本在长期中必须保持足够的稀缺度（Scarce Enough），以使其边际效率至少等于长期利率，所谓长期亦即资本寿命期；而利率则是由心理和制度情况决定的。没有一个社会，其资本设备已经很丰富，如果再增加投资，则资本边际效率将为零或负数；但该社会的金融体制又使得货币可以"保持"，而贮藏和保管的费用又都极少，所以，事实上利率不能为负数。在充分就业的情况下，该社会的储蓄倾向该当如何？

现在先假定这一社会已经达到充分就业，再观察以上种种假设的后果。如果企业家们利用现有全部资本设备继续提供就业，则企业家们一定蒙受损失。因此，现有资本量和就业量必须缩减，直到社会穷到总储蓄等于零，即一定个人和团体的正储蓄正好被别人的负储蓄所抵消。所以，这一假想社会在自由放任政策下达到的均衡状态，一定是就业量及生活标准都低得可怜，以至于出现零储蓄。比这个可能性更大的则是围绕这个均衡位置的循环运动。如果未来还有不确定性的余地，则资本边际效率会偶然大于零而引起"繁荣"；而在以后不景气的时期，资本数量又会降得太低，以至于边际效率又大于零。假如有先见之明，则均衡状态下边际效率等于零的资本数量必然小于充分就业下的资本数量，与均衡状态下的资本数量相对应的一定是一部分人失业，这样才能确保零储蓄。

除此以外，唯一可能的均衡状态是，边际效率等于零时的资本数量恰好是人民在充分就业和利率等于零的情况下，愿意提出以备未来之用的财富数量。但是，要使充分就业下的储蓄倾向恰好在资本数量大致使边际效率等于零时，得到满足是不大可能的。因此，如果利率改变可以补救储蓄倾向与充分就业的冲突性，那么利率必须逐渐下降，但不必很快下降到零。

到现在为止，一直假定制度因素的存在使利率不能为负数，然而事实上，除了制度因素以外，还有心理因素，所以，利率下降时可能达到的限度要比零大许多。尤其是把借贷双方拉到一起就要发生费用，加上利率的前途不确定，因此，长期利率所能达到的最低限度可能在 2％～2.5％ 的水平上。如果这种看法正确，那么，财富数量增加和自由放任政策下利率下跌两种情况所共同产生的恶果很快就会在现实中出现。而且，如果利率的实际水平远在零之上，而在利率还没有达到最低水平以前，社会积累财富的欲望大概也得不到满足。

第一次世界大战之后，英美两国的实际经验表明，因为积累下来的财富已经很大，所以资本边际效率下降很快，但利率却由于制度的和心理的因素而不能很快下降；于是大体上自由放任情况下的就业量和生活标准都达不到合理的水平，虽然就生产技术而言完全可以实现。

因此，没有两个社会，生产技术相同但资本数量不同，则短期内资本数量较小的社会可能反而比资本数量较大的社会享受更高的生活标准。而在资本数量赶上以后，两个社会都遭遇了米达斯（Midas）命运。[①] 这个令人不安的结论基于一个假定：即人们并不从社会利益角度设法对消费倾向和投资量加以调控，而主要是让二者在自由放任情况下自行发展。

充分就业条件下的资本边际效率等于利率时，有一个与储蓄倾向相对应的资本积累率。无论什么原因，如果利率的下降速度赶不上在此积累率下的资本边际效率下降速度，那么，即使把持有财富的欲望转向于经济上不能生息的资产，也足以增加经济福利。因此，百万富翁活着建豪宅，死后造金字塔作坟墓；或为忏悔罪恶而建造教堂，资助寺院，接济宗教团体，则因资本充足，也会使产出丰富的日子向后延续。因此，利用储蓄"在地上挖窟窿"不仅可以增加就业量，而且可以增加实际国民收入中有用的商品和服务。不过假如我们已经知道决定有效需求的各种因素，那么，在一个理性的社会中，就不应该再固步自封，继续依赖这种偶然的常常很浪费的补救办法。

四

我们假定已经有办法调整利率，使投资正好能够维持充分就业。并假定国家也从事经济活动以弥补私人企业的不足，使得资本设备达到饱和点，但又不操之过急以保证现在一代的生活标准不会因此而受影响下降。

在以上种种假定之下，我猜想一个由现代技术资源（Modern Technical Resources）装备起来步入现代轨道的社会，如果人口不增加太快，那么，在一个世代内（Single Generation），就可以使均衡状态下的资本边际效率约等于零。这样我们就进入一个准静态社会（Quasi-stationary Community）的状态，除非生产技术、个人偏好、人口和制度发生改变，否则不再会有改变和进步。资本所生产商品的售价也与劳动力成比例，其价值的决定原则，一如需要资本极少的消费品，资本已经变得毫无意义。

如果我的这种看法是正确的，那么，我们很容易使资本丰富到边际效率等于零的程度，这也许是革除资本主义诸多弊病（Features of Capitalism）的最好方法。一个微小的反应所表现的将是巨大的社会变革！这是财富积累将逐渐得不到报酬的结果。个人仍然有自由积累自己所挣的收入以备日后之用，但是，他的这种积累将不再自行增长。他的处境与波波之

---

① 米达斯（Midas）也译"迈达斯"。希腊神话中的佛律癸亚国王，贪恋财富，求神赐给他点金的法术，狄俄尼索斯神满足了他的愿望。最后连他的爱女和食物也都被他手指点到而变成金子。他无法生活，又向神祈祷，一切才恢复原状。——译者注

父（Pope's Father）相同：从商业上退休下来时携带一箱金币迁入乡间别墅，日常用度就从此箱取用。

虽然食利阶层（Rentier）会消失，但人们对未来的看法还可以不同，因此，进取心和技巧（Enterprise and Skill）还有用武之地。以上只是就纯利率进行讨论，没有涉及风险之类的报酬，所以，不是包括风险报酬在内的资产总收益。除非利率是负数，否则只要投得巧妙，投资于未来收益不确定的资产，收益仍然为正数。如果人们都不太愿意承担风险，那么，由这类资产整体所可得的净收益也是正数。然而在这种情况下，也可能因为人们太热衷于从事不健全的投资以图收益，结果投资者所得的净收益总额却是负数（Negative）。

第十七章　利息和货币的本质特性

一

货币利率（Rate of Interest on Money）在限制就业水平这一点上似乎有着特殊的作用，因为货币利率确定了一个标准，要有新资本资产的生产，则其边际效率必须达到这个标准。乍看起来，这一点会使人大惑不解。因此我们要进一步追问，货币与其他资产的不同之处，其特性究竟何在？是不是只有货币才有利率？在非货币经济体系中情况会是如何呢？在没有回答这些问题以前，不会完全明白我们学说的重要性。

我要提醒读者，所谓货币利率只是把一笔在将来（例如一年以后）交付的货币减去它的现在价格，以这个差数为分子，以现在价格为分母，化为百分比而已。这样说来，似乎每一种资本资产都有货币利率的类似物。在今天交货的 100 夸特麦子抵一年后交货的多少夸特麦子，有一个确定的数量。如果后者为 105 夸特，则麦子的利率为 5%；如果为 95 夸特，则每年利率为 −5%。所以，每一种持久商品都有其本身的利率，例如麦子的利率、铜的利率、房子的利率，甚至钢铁厂的利率等。

以麦子为例，麦子在市场上的期货价格及现货价格，与麦子利率有一定关系，但因为期货价格的计算单位是在未来交付的货币，而不是麦子的现货，所以货币利率也掺杂其中。其准确关系如下：

如果麦子的现货价格为每 100 夸特 100 镑，一年以后的期货价格为每 100 夸特 107 镑，货币的年利率为 5%，问麦子的年利率是多少？100 镑现款可以购买一年后交付的货币 105 镑，一年以后交付的货币 105 镑可以购买一年以后交货的麦子为 105÷107×100（=98）夸特，同时 100 镑现款可购买麦子现货 100 夸特，所以，麦子现货 100 夸特可以购买麦子期货 98 夸特。这样算来，麦子的利率为年息 −2%。[1]

---

① 这个关系由斯拉法（Sraffa）先生首先指出，《经济学杂志》，1932 年 3 月号，第 50 页。

如此说来，各种商品本身的利率没有理由会相等，麦子利率没有理由会等于铜利率。就市场上现货价格与期货价格的关系而言，各种商品显然不同。我们以后会知道，这一点使我们得到了研究的线索：也许自身利率（Own-rates of Interest）的最大者是起统治作用的王者（Rules the Roost），也许会有种种理由使得货币利率是自身利率的最大者。可以肯定的是，要有新资本资产产生，则其边际效率必须达到自身利率的最大者；我们还将发现，其他各类资产的自身利率都容易下降，而货币则不然。

这里可以补充一点：正如在任何时间各种商品的自身利率都有差异一样，从事外汇交易的人也很明白，两种货币（例如英镑和美元）的自身利率也不一致。外币的现货（Spot）价格与期货（Future）价格的差别，如果以英镑作计量单位，则各种外币也未必都相同。

我们可以用任何商品做标准来衡量资本边际效率，其方便程度和货币一样。假如我们可以用麦子作标准，用麦子来计量一笔资本资产的未来收益以及现在的供给价格，农民使这一组年金与现在供给价格（二者都以麦子作计量单位）相等的折现率，就是用麦子作为计量标准得到的该资产的边际效率。如果两者标准的相对价格在未来不变，那么，不论用什么标准来衡量，该资本资产的边际效率都是相同的，其计算公式的左右两边，都作同比例的改变。而如果两种标准的相对价值在未来会有改变，则资本资产的边际效率将随计量标准的不同而不同，但从一种计量标准改为另一种时，各资本的边际效率都会增加（减少）同一绝对值。为了便于说明，我们这里举一个最简单的例子：设两种标准为麦子和货币，麦价（用货币计量）的预期改变为每年增 $a\%$；则一笔资产的资本边际效率用货币计量为 $x\%$，用麦子计量则为（$x-a$）$\%$。因为所有资产的边际效率都增减同一绝对值，所以，不论以哪种商品作标准，大小的顺序都不会改变。

假如有一种复合商品可以完全代表所有商品，那么，这种复合商品的自身利率以及以此标准计量得来的资本边际效率，在某种意义上可以看作是唯一的利率（Rate of Interest）和唯一的资本边际效率（Marginal Efficiency of Capital）。然而要找出这样一种复合商品，其困难相当于找出一个唯一的价值标准。

到现在为止，货币利率与其他利率相比没有什么特殊性，其地位也与其他利率完全相同。但是货币利率的特殊性究竟何在？以至于让我们在以上几章赋予它那么大的实际重要性！为什么产量和就业量与货币利率的关系要比与麦子或房屋利率的关系要更为密切呢？

二

我们可以考察一下在一年内各种资产的自身利率大致将是如何的。现在，我们用各种商品轮流作标准，所以，此处所谓每种商品的收益以其本身作计量单位。

以下三种属性，各类资产所具有的程度是不同的：

（1）有些资产可以帮助某种生产过程，或者可以为消费者提供服务，所以可以产生一个以本身计量的收益或产出（Yield or Output），其数量用 q 表示（用各类该资产本身计量）。

（2）除了货币以外的大部分资产，不论是否用于生产或相对价值是否改变，都会仅仅因为时间的消逝而蒙受损耗并引起成本支出。换句话说，这类资产有持有成本（Carrying Cost），我们用 c（用各类该资产本身计量）表示。至于哪种成本包括在 c 中，哪种成本在计算 q 时扣除，即成本的分界线在哪里与当前的问题无关，因为我们后面只讨论 q－c 这一个数量。

（3）资产持有人可以任意处置其资产，也就是作为资产持有人，他有一种潜在的便利性或安全性。在这方面，各类资产也不尽相同，即使开始时其价值是相同的。这种潜在性是无形的，期终时也拿不出具体收益，但是人们还是愿意付出相当的代价以获取它。人们所愿意支付的代价，希望从资产（不包括资产的收益和保存费在内）的处置权中，取得这种潜在的便利性或安全性。我们称为流动性溢价（Liquidity-premium），用 l 表示（也用各该资产本身计量）。

由此一来，在一定的时期内，持有的一项资产所可预期取得的总收益等于该资产的产物或收益减去持有成本，再加上流动性溢价，即 q－c＋l。这意味着 q－c＋l 是任何一种商品的自身利率（q、c、l 都以该商品本身作计量）。

正在使用的工具资本（如一部机器）或消费资本（如一所房子）有一个特征，即其收益（Yield）通常超过其持有成本（Carrying Cost），而其流动性溢价微不足道；至于还没有出售的商品或多余而闲置不用的工具资本及消费资本，则收益等于零，却要付出持有成本，只要其存量没有太多到超过某一水平，其流动性溢价也往往微不足道。而货币则不然，虽然其收益也等于零，持有成本也微不足道，但其流动性溢价的潜力很大。各种商品可能也具有程度不同的流动性溢价空间，货币可能也有持有成本，如保管费，但货币与所有（或大部分）其他资产的重要区别是，货币的流动性溢价超过其持有成本很多，而其他资产则相反，持有成本会超过流动性溢价很多。为了说明问题，让我们假定房子的收益为 q_1，持有成本和流动性溢价忽略不计；麦子的持有成本为 c_2，其收益和流动性溢价忽略不计；货币的流动性溢价为 I_3，其收益和持有成本忽略不计。换句话说，q_1 为房子的利率，$-c_2$ 为麦子的利率，I_3 为货币的利率。

要知道均衡状态下各种资产的预期收益之间有什么关系，必须先知道在这一年之内，各该资产的相对价值会有什么变化。现在，以货币（此处货币只是计量单位，我们同样可以用麦子）作为衡量标准，又假定房子的增减值为 $a_1\%$，麦子的增减值为 $a_2\%$，上面我们把 q_1、$-c_2$ 和 I_3 分别作为房子、麦子和货币的利率，即 q_1 是以房子作为计量单位的房子利率，$-c_2$ 是以麦子作为计量单位的麦子利率，I_3 是以货币作为计量单位的货币利率。现在，我们假定把货币作为共同的价值标准，把三者化为共同单位，则 a_1+q_1、a_2-c_2 和 I_3 可以分别为房子的货币利率（House-rate of Money-interest）、麦子的货币利率（Wheat-rate of Money-interest）和货币的货币利率（Money-rate of Money-interest）。有了这种符号，我们就容易明白，想持有财富的人必须先看 a_1+q_1、a_2-c_2 和 I_3 三者之中哪个最大，然后根据需求，或集中于房子，或集中于麦子，或集中于货币。在均衡状态下，以货币表示的房子和麦子的需求价格必须是在各种财富形态之间，持此或持彼，利益是无差别的，即 a_1+q_1、a_2-c_2 和 I_3 三者是相等的。以上结论与选择哪个商品作为价值标准毫无关系，从一种标准换成另一种标准，各项都作同量的变化，其变化量就是新标准（用旧标准作计量单位）预期增减值的数量。

要有新资产产生，则其正常供给价格必须小于需求价格；亦即其边际效率（依正常供给价格计算）必须大于利率（只要价值标准相同，二者可以用任何商品计量）。这类资产的数量逐渐增加时，则其初始时的边际效率至少等于利率，以后则逐渐下降（下降的原因非常浅显，且上面已经说过）；因此，除非利率同时下降，否则，总会达到一点，超过此点就不值得再继续生产。如果所有资产的边际效率都小于利率，那么资本资产的生产就会终止。

让我们假定（在论证的现阶段，只是一个纯粹假定）有一些资产，例如货币，其利率是固定的，或当其产量增加时，其利率的下降速度要比其他任何商品本身的利率慢，那么情况将如何调整？因为 a_1+q_1、a_2-c_2 和 I_3 必须相等，而根据假定 I_3 是固定的，或者比 q_1 或 $-c_2$ 下降得慢，因此 a_1 和 a_2 必须上升；换句话说，除了货币以外的所有其他商品的现在货币价格都倾向于比预期的未来价格低。如果 q_1 和 $-c_2$ 继续下降，则最终会达到一点，使得生产任何商品都无利可图，除非一种商品的未来生产成本大于其现在的生产成本，而且二者之差足以补偿把现在生产的商品保存到将来高价出售所需要的保存费（Cost of Carrying）。

我们以前说货币利率限制产量，现在看来这句话并不完全正确。我们应当说，当各种资产的数量增加时，因为有一种资产的利率本身下降最慢，所以，使得其他资产的生产最终都变得无利可图，除非在目前与未来的生产成本之间有刚才说过的特殊关系存在。因此，当产量逐渐增加时，许多资产的自身利率都一个一个地下降到该资产的生产不再有利可图的水平，最后，只有一两个自身利率高高在上，超过任何其他资产的边际效率。

由此可知，假设所谓货币只是价值标准，则捣乱分子不一定是货币利率。我们不能仅仅只颁布一道法令，废除黄金或英镑，而用麦子或房子作价值标准，就把一切困难都解决了——虽然有人作如是想。即使有任何资产的产量增加时其自身利率不会下降，但同样困难仍继续存在。例如在一个不兑换纸币本位的国家中，黄金可能仍然是具有如此性质的资产。

三

当我们赋予货币利率以特殊的重要性时，我们就在暗中假定：我们现在已经习惯的货币确实有若干特征，使其自身利率（以货币自身计量）固然随产出的增加而下降，但其下降速度却不如其他资产的自身利率（以各该资产自身计量）下降大。这个假定能够成立吗？我想，以下所述货币的几个普遍特征可以使这个假定成立。只要货币确实具有这几个特征，那么，以上关于货币利率是唯一重要利率的笼统说法就可以成立。

（1）货币的第一个特征是：不论在长期内还是在短期内，如果抛开货币当局的行为而仅就私人企业而言，则货币的生产弹性等于零或至少很小；所谓生产弹性（Elasticity of Production），[①] 是指实际从事货币生产的劳动力数量随着单位货币购买力上升而上升的反应程度。这就是说，货币不能很容易就生产，当其用工资单位计量的价格提高时，企业家并不能随意用其所雇用的劳动力转而增加货币生产。在一个不兑换纸币或通货管制的国家，这个条件完全满足；而即使在金本位国家也大致如此，也就是说，除非在以采金为主要产业的国家，否则，可以用于货币生产的劳动力的最大限度比例的增加仍然很小。

---

① 见第二十章。

对于有生产弹性的资产，我们之所以能够假定其自身利率会下降，是因为我们可以假定当其目前产量增加时，其现存总量也将增大。而货币的供给则是固定的（此处暂不考虑工资单位的影响或货币当局有意增加货币供给）。货币不太容易用劳动力来生产这个特征已经使我们有初步理由说，为什么货币的自身利率较其他商品的自身利率难以下降。如果货币也可以像农作物一样生长，或像汽车一样制造，那么，不景气就可以避免或减少。在这种情况下，当用货币计量的其他资产的价格下降时，劳动力就可以转而生产货币。就像我们在金矿开采国家所看到的一样，但就整个世界而言，劳动力可以转而从事金矿开采的最大量也微不足道。

很明显，不仅是货币，一切有纯粹地租的要素都能满足以上这个条件，因此，必须有第二个条件以使货币区别于其他地租要素（Rent Elements）。

（2）货币的第二个特征是：货币的替代弹性（Elasticity of Substitution）等于或几乎等于零。这意味着当货币的交换价值上涨时，人们没有倾向要用其他要素来替代货币，也许除了货币商品同时可以作工艺品外，但即使如此范围也非常狭小。这个特征的由来在于货币的效用完全来自其交换价值，所以二者同时涨落。因此，货币与其他地租要素不同，当货币的交换价值上涨时，人们没有动机或倾向用别的要素来替换。

因此，当用劳动力计量的货币价格上涨时，我们不仅不能增加劳动力来生产货币，而且无论其价格如何上涨，人们也不会像其他地租要素那样，减少对货币的需求转而增加其他商品的需求。因此，当货币的需求增加时，货币可以无限制地容纳购买力（Purchasing Power）。

以上这种说法只有一点需要修正：即当货币的劳动力价格提高到一定程度时，即让人们对这种上涨程度在未来能否维持感觉不确定时，则 a_1 和 a_2 增加；若 a_1 和 a_2 增加，则商品折成货币的利率提高，所以可以刺激其他资产的产量。

（3）我们虽然不能雇用劳动力增加货币生产，但是说货币的有效供给量固定到没有伸缩余地也不完全正确；因为当工资单位降低时，一部分现金可以从别的用途中腾出来满足流动性偏好动机，而且，当物品的货币价值降低时，货币数量在社会总财富中所占比重也随即升高。这种种情况会不会影响以上结论呢？

我们不能从纯粹理论方面证明这种反应不能使货币利率有所下降。然而，我们可以举出几个理由说明在我们习惯的经济体系中，为什么货币利率很不容易就下降。这几种理由联合起来就形成令人信服的力量。

（a）我们不能不注意到，当工资单位下降时，用货币计量的其他资产的边际效率也有所反应，我们关心的是货币利率与资本边际效率实际的差额。如果工资单位下降引起人们预测以后会回涨，那么结果完全良好；反之，如果引起人们预测今后会下降，则资本边际效率方面所起反应，可以抵消利率下降。[1]

（b）用货币表示的工资通常是有粘性的（Sticky）倾向的，货币工资比实际工资要稳定，因此，以货币计量的货币工资不易下降。而且假使不是这样，情况可能更糟糕而不是好转；如果货币工资很容易下降，那么一旦下降也许引起人们预测其会继续下降，以致资本边际效率蒙受不利影响。更进一步，如果工资用其他商品（例如麦子）作计量单位，则大概不会有粘性。正因为货币有其他特征，尤其是周转灵活方便，所以，工资一经用货币规定以后，通常不会轻易改变。

（c）至此我们就达到了最基本的认知点，即货币的特征使其能够满足流动性偏好。在一些经常出现的场合，尤其是当利率下降到某种水平时，即使货币数量比起其他形式的财富大量增加，利率的反应也不再敏感。[2]换句话说，超过货币收益的某点以后，货币由于有方便的流动性，其心理产物虽然也随货币数量的增加而下降，但其下降的速度决不像其他资产的数量作同等程度增加时那样快。

此处货币持有成本极低发挥着关键作用。如果货币持有成本相当高，人们就不会因为对货币价值的未来价值有某种预期而增加其持有量。稍微换一种说法，人们之所以会对很微弱的刺激即起反应，增加货币持有量，就是因为货币有流动性之利而无巨额持有成本（Carrying-costs）之弊。至于货币之外的其他商品，如果少量持有固然可有相当方便，但如果数量增大，则即使财富价值相当稳定，不失为财富贮藏之道，也会因为持有人要负担持有成本和损耗等，在达到某点以后再增加其持有量，必定要蒙受损失。

货币则不然，因为有种种理由使货币在一般人心目中成为最"灵活"（Liquid）的东西。有些改革者提出各种办法，想替货币造出人为的持有成本，例如每隔相当一个时期，人们必须缴纳相当的费用，请当局在法定通货上加盖印记（Stamped），之后才能作为货币继续流通等诸如此类的办法。这些人的路径是对的，所提方案的实际价值也值得考虑。

货币利率的重要性是由以下特征联合产生的：第一，由于有流动性偏

---

[1]　这一点在第十九章中还要比较仔细地讨论。

[2]　如果工资和契约用麦子规定，则麦子可能也会有流动性收益，这一点我们在本章第四节再进一步讨论。

好动机，当货币数量较之其他以货币计量的财富相对增加时，利率也许不大起反应；第二，货币的生产弹性等于零或微不足道；第三，货币的替代弹性也等于零或微不足道。第一点表示人们对资产的需求可能绝大部分都集中于货币；第二点表示这种情况发生时劳动力不能用来增加货币的产量；第三点表示即使其他商品很低廉也不能取代货币的职能，因此无法减少货币的需求。如果资本边际效率不变，流动性偏好不变，唯一的补救办法就是增加货币数量，或（在理论上也是一回事）提高货币价值，以便使一个给定量的货币能增加其货币服务（Money-services）。

当货币利率提高时，一切有生产弹性的商品产量都受影响，而货币的产量却不能增加（依据假定，货币生产没有弹性）。换一种说法，因为利率决定其他商品的自身利率所能下降的程度，因此投资从事其他商品的生产会受到阻碍。而且由投资动机而引起的货币需求弹性很大，当需求情况稍微改变时，也许不能使利率发生很大的改变；同时由于货币生产（除非当局采取行动）无弹性（Inelasticity），因此，也不能让自然力量从总供给方面来压低利率。至于普通的商品情况则完全不同，人们对普通商品的持有量极少有弹性，因此，需求方面稍微有变化时，就可能使自身利率骤涨骤落；同时，商品本身又有生产弹性，以商品本身计量的现货价格和期货价格相差不可能太大。其他商品的"自然力量"（Natural Forces），即市场力量可以使其自身利率降低，直到充分就业为止。在达到充分就业以后，一般商品都具有货币通常具有的特征，即供给无弹性。所以如果没有货币，也没有其他商品具有货币的特征，即供给无弹性，那么，各种利率只有在充分就业的情况下，方才达到均衡。

这意味着，失业问题之所以发生，就是因为人们要造空中楼阁，如果人们所要的东西（例如货币）不能生产，而对这种东西的需求又不容易压制，劳动力就无法就业。唯一补救之道只有让公众相信由政府来统制纸币工厂，换句话说就是由政府来统制中央银行。

有一点很有意思，也值得注意：历来之所以认为黄金特别适于作价值标准，就因为黄金的供给缺乏弹性。现在我们知道，正因为有这种特征，所以才困难丛生。

概括起来，我们的结论如下：设消费倾向不变，则当所有各种资产的自身利率最大者等于所有各种资产的边际效率（用自身利率最大的资产作计量单位）最大者时，投资就不能再增加。

在充分就业情况下，这种条件一定能够满足。但在还没有达到充分就业以前，这个条件也能满足：只要有一种商品的生产弹性和替代弹性都等于零（或比较小），① 当其产量增加时，其自身利率的下降速度要比其他各种资产的资本边际效率慢。

四

上面说过，一种商品能否作为价值标准与该商品的利率是否成为唯一重要的利率没有必然联系。现在我们要问：这些使得货币利率成为唯一重要利率的种种特征，有多少是因为货币是债务和工资计量标准才具有的呢？这个问题可以分两方面来讨论：

第一，契约用货币来规定，以及货币工资常常相当稳定这两点，当然与货币具有如此高的流动性收益有重大关系。很明显，如果所持有的资产可以直接用来支付未来债务，而且预期的未来生活费用如果用这种资产作计量标准也相当稳定，那么，持有这样的资产就相当方便。如果用作价值标准的是一种生产弹性极大的商品，那么，公众就可能不太相信未来产品的货币成本会相当稳定。而且，货币利率之所以成为唯一的重要利率，除了高额的流动性收益发挥着重要作用以外，较低的持有成本也同样重要。就利率而言，重要的是流动性收益与持有成本之间的差额。如果用金银或钞票之外的商品作为价值标准来订立契约或规定工资，那么，这种商品自然也能获得价值标准通常所具有的流动性收益功能，但大部分商品的持有成本也至少与流动性收益相等，因此，即使今天把英镑具有的流动性收益转移给麦子，麦子的利率恐怕仍然不会大于零。至此我们可以得出这样一个结论：契约和工资常用货币来规定这样一个事实，固然大大提高了货币利率的重要性，然而这一事实本身还不足以产生我们所看到的货币利率的特征。

第二点更微妙。通常的预测是产出的价值用货币来计量要比用其他商品计量更稳定，当然，这并不仅仅是因为工资是用货币规定的这一事实，而是因为用货币规定的工资更有黏性（Sticky）。如果人们预测工资用另外一两种商品作计量标准比用货币作计量标准更有黏性（更稳定，More Stable），那么，情况将会怎样呢？这种预期必须满足两个条件：一是该商品用工资单位计量的生产成本不论产出多少，在长期和短期内都必须相当稳定；二是按照成本价格出售时，如果产量超过需求，则其剩余必须可以作为存货而不必再多花费成本，这就是说该商品的流动性收益必须超过其持有成本，否则，在坐等高价获利无望（No Hope of Profit From a

_____

① 弹性等于零这个条件太过苛刻，并不必需。

Higher Price）的情况下，保存大量存货（Stock）一定会蒙受损失。假如能够发现一种商品满足以上两个条件，则这种商品一定能够成为货币的竞争对手。要找出这种用作计量标准比货币更稳定的商品，在逻辑上并非不可能，然而这种商品实际存在的可能性似乎没有。

因此我敢断言：如果某种商品用作工资的计量标准最富粘性，那么这种商品一定是生产弹性最小且持有成本超过流动性收益也最小。换句话说，人们之所以预期货币工资有相当粘性，是因为在各种资产中货币的流动性收益超过持有成本的数额最大。

我们由此看到，种种特征联合起来就使得货币利率成为唯一重要的利率，而且这种特征还以累积叠加的方式相互影响。由于货币的生产弹性（Elasticities of Production）和替代弹性（Elasticities of Substitution）很小，且持有成本也低，因此，人们预期货币工资会相当稳定；因为有这种预期，所以货币的流动性收益提高，于是使得货币利率与其他资产的边际效率之间并没有密切联系。假如有这种联系的话，人们便不会有货币利率的掠夺之痛。

庇古教授（还有别人）常常假定，实际工资总是比货币工资稳定。如果这个假定成立，就必须说明为什么就业量很稳定（Stability of Employment）的有利条件下，还要解决一个工资品（Wage-goods）持有成本很高的困难。假如真的想用工资品作为计量单位来稳定实际工资，其结果只会使物价（用货币计量）剧烈波动。在这种情况下，只要消费倾向或投资引诱稍微有点变动，物价就会在零和无穷大之间（Between Zero and Infinity）剧烈地波动。因此，经济体系要想有内在稳定性（Inherent Stability），货币工资必须比实际工资稳定。

只要我们认为我们所研究的经济体系确实具有稳定性，意思是说，当消费倾向或投资引诱稍有变化时，用货币计量的物价不至于有剧烈的波动，则实际工资比货币工资稳定的假定不仅与事实经验不符，而且在逻辑上也是错误的。

五

本节是脚注的性质，主要解释以上已经论述过的内容。有一点值得强调：流动性和持有成本（Liquidity and Carrying-costs）都只是程度问题，货币的特性只是前者比后者大而已。

例如在一个经济体系中，所有资产的流动性收益都小于其持有成本，这是我能给出的所谓非货币经济（Non-monetary Economy）的最佳定义，换言之，除了各种消费品与资本设备以外，该经济体系别无他物。各资本设备的寿命虽然不同，所能生产或辅助生产的消费品虽然也不同，但资本设备本身都有一个共同特征：即如果把它作为存货保存，则其损耗与费用一定超过流动性收益（Liquidity-premium）。

在这种经济体系内，资本设备能互相区别的条件是：①其所能帮助生产的消费品不同；②其产品价值的稳定性不同（面包的价值通常比时髦的新奇商品价值稳定）；③其所包含的财富可以"流动转化"（Become "Liquid"）的速度不同，也可以说是产出的速度不同；出售产品所得的售价可以转而购置其他完全不同的财富。

财富拥有者必须权衡两种得失：一是各种资本设备在以上所说意义上都缺乏流动性的便利；二是持有的财富在去除风险成分以后可以产生未来的收益（这是按照可能性的最佳估计）。流动性收益与风险收益（Risk-premium）有点相似，但又有点不同，其之所以不同是因为：第一，对可能性程度的最佳估计不同；第二，作这种估计的信心不同。[1] 我们在以上几章讨论预期收益（Prospective Yield）时，没有详细讨论估计的细节（Detail）方法；又为了不使论证过分复杂，也没有仔细分辨源于流动性的差别和源于风险本身的差别，但在计算利率本身时，二者当然都应该考虑到。

很明显，所谓流动性之便并没有绝对标准，只是在程度上有差别；在比较拥有各种财富的好处时，除了估计持有成本和使用该财富可能得到的收益以外，或多或少总要顾及到流动性收益。至于哪些构成流动性，在概念上还比较模糊且时常变化，要依社会习惯和社会制度而定；但在任何一个特定的时间，财富拥有者心目中对各种财富的流动性程度的感觉，其偏好顺序是肯定的；就分析经济体系的行为而言这一点就足够了。

在某种历史环境中，很可能在某些财富拥有者心目中认为土地的流动性收益很高。土地与货币的相似之处在于生产弹性和替代弹性都可能很低。[2] 因此历史上可能有一段时间利率很高，原因在于人们愿意拥有土地；就像现代利率之所以太高，是因为人们愿意持有货币。我们很难从数量方面来追踪这个影响，因为严格说来，土地没有一个用土地本身计量的期货价格可以同债权利率相比较；但是我们可以找出非常类似的东西，那

---

① 参阅第十二章第二节脚注（第 85 页）
② "流动性收益"这一属性与此二者的存在与否有关。如果一种资产的供给可以很容易就增加，而对这类资产的需求可以因为相对价格的变化很容易就转移到别的物品上，则这类资产在财富拥有者心目中不大会有"流动性收益"，如果人们预期货币的未来供给量会有急剧变化，则货币本身也就失去了"流动性收益"。

就是盛行于土地抵押贷款上的高利贷。① 土地抵押贷款者所付的利息往往超过耕种该土地的收益，这是农业经济的常见现象。禁止高利贷法一向以这种借款为主要对象是很正确的。在初期的社会组织中，现代式的长期债券并不存在，如果土地抵押贷款的利率非常高，则就会妨碍生产新资产的投资，阻碍财富的生长，就像在现代社会中把长期债券的利率定得太高一样。

经过了几千年的个人积极储蓄以后，世界上积聚的财富还如此之少。要解释这个现象，依我的看法既不是因为人类不肯节俭，也不是因为战争的破坏；而是因为先前拥有土地的流动性收益太高，现在则是拥有货币的流动性收益太高。在这一点上我不同意老一点的看法。马歇尔在《经济学原理》第 581 页把这种老看法说得异常肯定：

> 每个人都知道，财富积累之所以受到限制，利率之所以能维持，是因为大多数人都喜欢在现在满足欲望，而不喜欢留待未来去满足，换句话说，他们不愿意"等待"。

六

在拙著《货币论》中，我曾给所谓"自然利率"（Natural Rate of Interest）下过定义：所谓自然力量就是使一个时期中的储蓄量（依照该书的定义）与投资量保持相等的利率。当时我认为这是唯一的利率；又相信这个概念是维克塞尔（Wicksell）的"自然利率"概念的演进，同时又把他的概念明朗化了。维克塞尔所谓的"自然利率"就是使某种物价水平保持稳定的利率。至于到底是哪种物价水平，他并没有明确规定。

我当时忽略了一点：根据这个定义，在一个特定的社会中，有一个假想的就业水平，便有一个不同的自然利率与之相对应；同样地，有一个利率，就有一个与之相对应的就业水平，所以对于该就业水平而言，这个利率就是自然利率。意思是说，在该利率和该就业水平之下的经济体系可以达到均衡。所以说只有一个自然利率，或者说从以上定义中不论就业水平如何，只能得出一个利率是错误的。我当时并不了解，在某种情况下经济体系可以在没有达到充分就业以前就达到了均衡。

我当时认为自然利率这个概念非常有前途，而现在已经不再这么认为

---

① 土地抵押贷款及其利息固然都用货币规定，但抵押者可以交割土地以清偿债务，而且当他不能用货币来履行债务时必须交割土地，因此土地抵押制度有时很像一种契约，用现在交割的土地购买未来交割的土地。有时地主把土地出售给佃户，也先经过抵押手续，就更和这种契约的性质接近了。

了；反之，我觉得这个概念对于我们的分析没有多大用处和重要性。自然利率只是一个维持现状的利率，而一般说来我们对现状本身并不特别感兴趣。

假如有一个能够称得起唯一的、重要的利率，那么可以称为中性利率。① 其定义是，设经济体系中其他条件不变，则在一组（以上所谓）自然利率中，有一个自然利率与充分就业相适应，该利率就是中性利率（Neutral Rate of Interest），但称为最适度利率（Optimum Rate.）可能更为合适。

更严格地说，所谓中性利率就是一个特种均衡状态下的利率，在这一均衡状态时产出与就业量已经达到了使就业弹性（就全体而论）等于零的水平。②

以上所说再次告诉我们一个答案，古典理论的利率论需要哪些暗含的假定才有意义。该利率论或者假定实际利率总是等于我们刚刚定义过的中性利率，或者假定实际利率总是能够维持一定的就业水平不变。假使古典学派的理论作如此解释，那么其实际结论很少会出现错误。而古典理论却暗含假定银行当局或自然力量可以使市场利率满足以上两个条件之一，他们所研究的是在此假定之下，什么样的法则支配社会上生产资源的使用和分配。有了这个限制，则决定产出量的只是其假定不变的就业水平以及当时的设备与生产技术；于是我们就很平安地进入了李嘉图的世界（Ricardian World）。

① 此处所下的定义与当代学者对中立利率所下的定义颇有出入，但与他们心目中的对象可能有一定的联系。

② 参阅第二十章。

第十八章　就业通论复述

一

我们现在已经到了可以把以上所有论证提纲挈领地总结起来的阶段。一开始我们最好分辨清楚，在经济体系中，哪些因素是给定的已知数，哪些是自变量，哪些是因变量。

我们假定不变的有：劳动者的数量和技能、现有资本设备的质量与数量、现有生产技术、竞争程度、消费者偏好与习惯、各种体力劳动和监督管理活动的负效用以及社会结构，而社会结构又包含着除了以下列举的变量之外能够决定国民收入分配的各种力量。这并不意味着我们假定的这些因素是固定不变的，而只是说在这里我们不讨论，也顾及不到这些因素的变化所造成的影响和后果。

我们的自变量是：消费倾向、资本边际效率表以及利率。上面说过，这些自变量都可以进一步分析。

我们的因变量是就业量和国民收入，后者以工资单位计量。

已知因素作为给定的已知数，可以影响但不能决定我们的自变量。例如资本边际效率表：一部分是由现有资本设备的数量决定，这是我们认为不变的因素之一；而一部分是由长期预期状态决定，这不能从不变因素中推导出来。但也有一些完全可以从不变因素中推导出来，我们也可以把这种推导出来的东西看作是不变的。例如在不变因素中给定就业水平，则可以推导出工资单位计量的国民收入水平；因此，在我们认为不变的经济体制中，国民收入由就业量决定，换句话说，由现在用于生产的劳动力数量决定。这说明在国民收入与就业量之间有一个唯一的对应关系。[①] 进而在不变因素中，还可以推理出各种总供给函数。一类物品的总供给函数，自

---

①　各种产出的就业函数在就业量的有关变动范围之内也许斜率不同，在现阶段我们暂时忽略由此引起的复杂性。参阅第二十章。

变量是以工资单位计量的有效需求，因变量则是从事该物品生产的劳动力数量。最后，可以从不变因素中推导出劳动力的供给函数，我们据此还可得知，到了哪一点劳动就业函数①就不再有弹性。

资本边际效率一部分由上述不变因素决定，一部分由各种资本资产的未来收益决定。利率一部分由流动性偏好状态（流动性偏好函数）决定，一部分由工资单位计量的货币数量决定。因此，我们可以认定，最后的自变量只有三种：①三个基本心理因素：心理上的消费倾向（Propensity to Consume）、心理上的流动性偏好（Attitude to Liquidity）、心理上对资产未来收益的预期（Expectation of Future Yield）；②由劳资双方议价决定的工资单位（Wage-unit）；③由中央银行决定的货币数量（Quantity of Money）。如果上述给定的已知因素不变，则这三种自变量决定国民收入（National Income）和就业量（Quantity of Employment）；而这三种自变量还可以进一步分析，并非原子式的终极自变量。

当然，把经济体系中的决定因素划分为给定的已知因素和自变量两类，从任何绝对的观点看都是武断的。分类的标准只能建立在经验之上。一方面，凡是变化很小，与我们所研究的问题关系不大，而短期内所产生的影响也微不足道的因素都可列为给定的已知因素；另一方面，凡是其实际变化对我们所研究的问题有支配性影响的因素都列为自变量。我们现在所研究的问题是，任何时间内一个既定经济体制下的国民收入及其就业量（二者几乎是同一事物）究竟是由什么决定的？经济学的研究既然如此复杂，我们不能希望有完全准确的概括性结论，而只能找出几个主要因素作为自变量，它们的变化决定我们研究的主要问题。我们的最后任务也许是在我们实际生活的这种体制中找出几个变量，来由中央当局加以调控或管理。

二

现在让我们把以上各章的论证做一个概括性的总结。而总结中各个因素的次序则与以上各章的次序正好相反。

社会上总有一种动力把投资率推到这样一点，它使要素供给价格与未来预期收益所决定的资本边际效率大约等于利率。这就是说，新的投资是由资本品工业的供给状况、对未来收益的信心、心理上的流动性偏好和货币数量四方面因素所决定的。

---

① 定义见第二十章。

投资的增加（或减少）必然引起消费的增加（或减少）；一般说来，只有当收入增加（或减少）时，公众才愿意扩大（或缩小）其收入与消费的差额。这就是说，一般而言消费的变化与收入的变化是同方向的，但消费变化的数量较小。当储蓄增加量一定时，消费的相应增加量可由边际消费倾向推导出来。与投资增加相对应的总收入的增加量可由投资乘数推导出来。

最后，如果我们假定（作为第一近似值）就业乘数就等于投资乘数，那么用这个投资乘数乘以投资工业中的增量（或减量），即可得到总的就业增量（或减量）。投资率增减的原因先前已经讨论过了。

就业人数的增加（或减少）可以提高（或降低）流动性偏好表。其原因有三个：①就业增加时，即使工资单位和以工资单位计量的物价不变，产品的总价值也仍然增加；②工资单位本身也有提高的趋势；③产出增加时，因为短期内成本递增，所以按工资单位计量的物价会上涨。这三方面都增加货币的需求。

凡此种种，加上其他各种反应，都会影响经济均衡的位置。而且以上所列举的自变量都可能毫无征兆地随时发生变化，有时甚至是很大的变化，所以，事态的发展异常复杂。虽然如此，我们还是要把这几个变量单独提出来，因为这样比较有用，也比较方便。如果我们用以上这种方法来研究实际问题，也比较容易处理；否则，如果处理实际问题仅凭直觉（直觉所能顾及的事实往往有太多枝节问题，不是一般原理所能处理的），恐怕会因材料太多而让我们感到手足无措。

三

以上是通论的简要总结。因为消费倾向、资本边际效率表和利率三者都有各种特征，所以，经济体系的实际现象也蒙上一层色彩。关于这各种特征，我们当然可以从经验上做概括性的结论，但这样的结论在逻辑上并不是必然的。

我们现在生活其中的经济体系有一个显著特征，即在产出与就业方面有剧烈波动，但经济体系并不是非常不稳定；反之似乎可以在次正常（Subnormal）状态下停留一个相当时期，既不显著趋向于复苏，又不显著趋向于完全崩溃。而且根据以往的经验，充分就业（或近乎充分就业）是一种稀有的短暂现象。变动初始可能很活跃，未及顶点便不能支持，正所谓"其勃也兴，其亡也忽"（Start Briskly But Seem to Wear Themselves）；于是我们就经常处于庸庸碌碌的状态之中，既不能说满意，也不能说绝望。由于变动在没有达到极端以前便不能支持，接着又向相反的方向变动，因此就有了经济周期波动理论。同样的情况也适用于物价，经过一番扰动之后，似乎可以发现一个我们能够维持的物价水平，然后便暂时稳定下来。

这些由经验得出来的事实，并没有逻辑上的必然性，于是我们只能假定：现代社会在环境上和心理上一定有若干特征会产生如此结果。这里我们要提出两个问题：第一，哪种假想的心理倾向会产生一个稳定的体系？第二，根据我们对于当代人性所有的一点常识，我们可不可以说当代社会确有这种心理倾向？

根据以上分析，我们要解释观察得来的结果就需要以下稳定条件：

（1）当一个特定社会在其资本设备上增加（或减少）劳动力，因而产出随之增加（或减少）时，社会边际消费倾向必然如此：由此推算出来的两个乘数都大于1，但也不会太大。

（2）当资本的未来收益或利率变化时，资本边际效率表必然如此：新投资量的变化不能与此前的投资变化太不成比例；亦即当资本的未来预期收益变化或利率变化相当温和时，投资量的变化也不能太大。

（3）当就业量变化时，货币工资也趋于同方向变化，但不太成比例；即就业量的变化比较温和时，货币工资的变化也不能太大。这与其说是就业量的稳定条件，不如说是物价的稳定条件。

（4）我们可以加上第四个条件，它所提供的倒不是经济体系有稳定性，而是在朝一个方向变动到相当程度以后会自动改变，朝相反方向变动。即投资率较前期更高（或更低）的状态已经持续一个以年计量也不算太长的相当时期，则资本边际效率将蒙受不利（或有利）影响。

（1）第一个稳定条件是说，乘数虽然大于1，但也并不太大。这个条件作为人性的心理特征似乎非常合理。当实际收入增加时，现实需求的压力逐渐减少，而维持习惯上所需的生活费用与收入的差额在增大；如果实际收入减少则正好相反。就社会上一般人而言，当就业增加时，当前的消费量自然也趋于增加，但不如实际收入的增加量大；但就业量减少时，当前消费量也趋于减少，但不如实际收入的减少量大。而且不仅一般人如此，政府大致也是如此，特别是在失业人数持续增加的年代，政府往往不得不举债实施救济。

不论读者是否认为这个心理法则合情合理，有一点是很确定的：如果这个心理法则不适用，那么实际经验必然与现在大不相同。在后一种情况下，不论投资量如何微小，有效需求都会呈累积性增加，直到实现充分就业为止；反之，当投资减少时，有效需求也会呈累积性的减少，一直到就业人数等于零为止。而实际经验与此不同,我们并不趋向于极端,而是在两个极端之间。也许在某一段范围内真有这种不稳定性;假使如此,则范围也一定很狭小。在此范围以外的无论哪个方向,我们的心理法则都一定适用。还有一点也很明显,即乘数虽然大于 1,但通常情况下并不是非常大;如果乘数真的奇大无比,那么当投资率有一个特定量的变化时,消费量也将大幅改变(其改变限度在充分就业和零就业之间)。

(2)有了第一个条件,当投资量有一个温和的变化时,消费品的需求也不会有无限大的变化。有了第二个条件,则当资本资产的未来收益或利率变化不太大时,投资量也不会有无限大的变化;原因在于要从现有设备上大量扩大产品生产,很可能会引起成本的递增。如果在初始阶段可以用来生产资本资产的资源有大量剩余,则在某一段范围之内可能很不稳定,而一旦剩余资源大部分已经利用,则不稳定性就不会存在。另外,如果工商界的心理起了剧烈的变化,或是有划时代的新发明,以致资本资产的未来收益发生了剧烈的变化,第二个条件也能限制由此引起的不稳定性;而在限制向上变动方面可能要比限制向下变动方面更有效一些。

(3)第三个条件与我们的人性经验相符合。虽然上面说过关于货币工资的斗争大体上只是要维持一个高额的相对工资,但是当就业人数增加时,一方面因为工人的谈判能力增大,另一方面因为工资的边际效用减少,工人愿意为改善财政状况而多冒一些风险,因此,货币工资的斗争大概在各个行业都会加强。然而这些动机也有一个限度,工人不会因就业情况改善而要求货币工资增加许多,也不会因为要避免失业而让货币工资减少许多。

这里又和上面一样,不论这个结论是否合情合理,但是实际经验表明,这种心理法则一定存在。如若不然,则失业工人之间的竞争就一定会使货币工资减少许多,因此使得物价水平极不稳定。不仅如此,恐怕除了充分就业之外,没有另外的稳定均衡位置;而货币工资率将无限制降低,直到以工资单位计量的货币数量变得非常丰裕,利率也因此下降到足以恢复充分就业的程度为止。除此之外,没有哪一点是休止符。[1]

(4)我们的第四个条件倒不是一个稳定条件,而是经济衰退与复苏的接连起伏。这个条件只是根据一个假定:资本资产的年限参差不齐,而寿命都不太长,最后都不堪再用。如果投资率低于某个水平,那么即使其他因素都没有大的变动,最后,资本边际效率再次提高,投资率再次恢复到这个水平之上只是时间问题。同样,如果投资一期比一期高,而又没有其

---

① 工资单位改变的影响将在第十九章详细讨论。

他因素变化，资本边际效率又会再次降低，直至最后引起经济衰退这也只是时间问题。

经济的复苏和衰退因以上几个稳定条件而受到了限制；因为有了这第四个条件，即使是有限度的经济复苏和衰退，只要已经延续了相当时期，即使没有其他因素的改变来加以干涉，也会自己转换方向作相反的运动；以后还是这同一力量再把方向转换过来。

这四个条件结合起来，足以解释我们实际经验中的显著特征：就业量和物价水平的变动并不趋向两个极端，而是围绕一条中线上下波动。这条中线的位置固然比充分就业要低得多，但也比最低就业量要高得多。所谓最低就业量是指如果就业人数如果低于这个水平，生活将受到威胁。

但是我们不能因此就下结论说，这不高不低的位置既然是由"自然"趋势所决定的，而且这种"自然"趋势如果我们不设法矫正大概会继续下去，所以这个位置是建立在必然规律（Laws of Necessity）之上无法改变的。以上四个条件畅通无阻只是一个实际观察到的事实，并不是一个不能改变的必然规律。

第五篇　货币工资与价格

第十九章　货币工资的变化

一

假如我们能够把货币工资变化的影响在前面的章节提前讨论倒是一件好事。古典理论之所以一向认为经济体系有自动调整的性质，就是因为假想货币工资有伸缩性（Fluidity）；而一旦它是刚性的（Rigidity），就把经济体系失调的过错推到这个刚性上了。

然而我们不能这样做，因为在我们自己的理论建立以前，还不能充分讨论这个问题。货币工资的变化所产生的结果相当复杂，在某种情况下，确实像古典理论所设想的那样降低货币工资能刺激产量。我与古典理论的不同之处主要是分析方法上存在差别，因此在读者还没有了解我的方法之前，我不可能把这些不同之处做清楚的说明。

据我的理解，一般的解释是非常简单的，没有像我以下所说的那么曲折。简单的解释只是说，当其他情况不变时，通过货币工资降低，最终产品的价格也将降低，因此可以刺激需求和增加产出与就业；但在给定资本设备的条件下，则劳动的边际效率递减，而当劳动的边际效率与劳动力同意接受的货币工资重复相等时，产量和就业就不再增加。

这种解释的最粗陋形式简直就等于说：货币工资降低时，需求不受影响。现在也许还有一些经济学家认为需求的确不受影响，理由是总需求是由货币数量和货币流通速度的乘积决定的，当货币工资降低时，并没有明显的理由说，为什么货币数量会减少或货币流通速度会降低。他们甚至会说，如果货币工资降低，利润必然会增加。但是我想，更多的人应该会承认，当货币工资降低时，一部分劳动者的购买力会降低，因此总需求的确要受到一定影响；但他们会指出，一部分人的货币收入并未减少，这些人的实际需求将因价格下降而增大；即使在劳动者方面，除非劳动力的需求弹性小于 1，否则当货币工资降低就业人数增加时，劳动者方面的总需求也会增加。因此在新的均衡状态下，就业人数会比以前增多——除非是非常特殊的极端情况，但这种情况事实上不会发生。

对于这种分析我根本不同意，其实，将以上称为分析是很欠妥的。虽然这可以代表许多经济学家的看法，但是，他们很少把他们的想法详细地写出来。

很显然，他们的这些想法遵循着以下的路径：任何给定的行业我们都可以给出一个需求表，以此表示不同的价格与销量之间的关系；又有一组供给表，表示产量与生产该产量时生产者所要求的价格之间的关系。供给表之所以是一组，是因为各企业的生产成本的计算基础不同。如果其他成本不变（由产量变化所引起的除外），那么，由这两种表格可以得到劳动力的需求表，表示就业人数与工资水平之间的关系。该曲线在任何一点的形状就决定劳动力的需求弹性。至于工资究竟是货币工资还是实际工资与论证没有关系。假如是货币工资，币值的变化固然必须矫正，但这不足以影响论证的要旨，因为物价并不会与货币工资恰好按同一比例变化。

如果以上这些真是论证的根据（如果不是这些，那我就不知道根据是什么了），那确实是错误的。因为要为一个行业建立需求表，必须先假定其他行业的需求表不变，总有效需求（Aggregate Effective Demand）不变，因此，除非把总有效需求不变这个假定也搬过去，否则，我们不能把仅仅适用于一个行业的假定转而用于全部工业。不过如果真做这样的假定，那么，这种论证可以说是答非所问。因为固然大家都承认，货币工资降低而总有效需求仍然与以前相同的话，那么，就业人数一定增加；而争论的焦点就在于货币工资降低的话，用货币计量的总有效需求会不会与以前相同？或者至少总有效需求的减少并不完全与货币工资的降低成比例（若用工资单位衡量的话，总有效需求会有些增大）？如果我们不允许把仅仅适用于一个行业的结论推广到全体行业，那么古典理论就完全不能回答货币工资降低时就业人数会受到什么影响这一问题了。因为该理论没有一种分析方法可以用来回答这个问题。在我看来，庇古教授的《失业论》已经竭尽古典理论之全力，而结果该书却成了一个明显的例证，说明古典理论对究竟什么决定实际总就业量这一问题已经毫无办法了。[①]

二

现在让我们用我们自己的分析方法来回答这个问题。我们可以分为两部分来讨论这个问题：①如果消费倾向、资本边际效率和利率三者就社会

---

① 在本章附录中，还要对庇古教授的《失业论》详加批评。

全体而言仍然与以前相同，那么，货币工资的降低有没有直接增加就业人数的倾向？②货币工资的降低是否对以上三个因素发生必然的或可能的影响？或者可以在一个特殊的方向上有必然或可能的趋势影响就业人数？

对于第一个问题我们已经在以上几章给出了否定的答案。我们知道，就业人数只与有效需求（以工资单位计量）有关系，后者是预期消费与预期投资的总和。如果消费倾向、资本边际效率和利率三者不变，则有效需求也不变；如果以上三个因素不变而企业家增加就业人数，就企业家全体而言，其收益一定少于其供给价格。

降低货币工资可以降低生产成本，因此可以增加就业人数，这是一个非常粗陋的结论。要证明这个结论的谬误，我们最好先假定（这是对这种说法最有利的假定），企业家的初始预期确实是降低货币工资会降低生产成本；然后再观察事态的发展，就单独一个企业家而言，当货币工资降低时，他很可能只看到自己生产成本的降低，而忽略了货币工资的降低对其产品的需求也会发生影响，于是认为现在增加产量可以增加利润，于是就增加产量。假如所有的企业家都作这样的预期，都这样去做，他们会增加利润吗？不会。除非社会的边际消费倾向等于1，收入的增量等于消费的增量；或者投资增加可以弥补收入增量与消费增量的差额。但是，要投资增加，则资本边际效率表必须比利率相对增加。因此，除非边际消费倾向等于1，或者货币工资的降低会使资本边际效率表比利率相对增加，因此而增加投资量。否则增加产量的收益一定会使企业家们失望，于是就业量又回到原来的数量。如果企业家们确实根据其预期售价提供就业量，那么公众的收入将增加，收入增加以后愿意储蓄的数量就大于当前的投资量，因此企业家们一定会蒙受损失。其损失的数量正好等于愿意储蓄的数额与当前投资量的差额。以上所说不论货币工资在什么水平都是正确的。在一段时期内，企业家们固然可能增加其对运营资本（Working Capital）的投资，二者之差因而得以弥补，但这至多能把失望来临的日期向后延迟一些时间而已。

因此降低货币工资并没有增加就业的直接趋向，除非社会的消费倾向、资本边际效率表或利率因货币工资的降低而受到影响。因此要分析降低货币工资的效果，只能探讨这三个要素可能受到的影响。

现实生活中这些要素可能受到的最重要的影响如下：

（1）货币工资降低时，物价会下降，因此可以引起部分实际收入重新分配。包括：①从工薪阶层（Wage-earners）转移给边际直接成本中其他报酬不减的生产要素；②从企业家阶层（Entrepreneurs）转移给食利者阶层（Rentiers），因为后者的收入是用货币来规定的。

　　这种重新分配对社会的消费倾向有什么影响呢？实际收入从工薪阶层转移给其他要素大概会降低消费倾向；而从企业家阶层转移给食利者阶层的影响如何就很成问题了。大体而言，食利者阶层在社会上比企业家阶层富裕，其生活标准也极少有伸缩性，这种重新分配的效果应该是不利的。依据这种考虑，其净结果如何，我们只能猜想而已。大概是弊大于利的趋势。

　　（2）如果我们所讨论的经济体系并不是一个封闭体系，而货币工资的降低又比国外的货币工资相对较低（当二者都化为共同单位），那么贸易差额趋于扩大，显然对投资有利。这里当然假定国外的关税和进口限额等没有改变而抵消了这种好处。就英美两国而言，英国之所以在传统上比较相信货币工资降低可以增加就业，是因为英国的经济体系相对开放，而美国的封闭性要严重得多。

　　（3）在一个非封闭的体系，降低货币工资固然可以增加贸易顺差，但也会使贸易的物物交换条件趋于恶化。因此除了新就业者以外，原就业者的实际收入将降低。这一点大概趋向于提高消费倾向。

　　（4）如果当货币工资降低时，人们预期这是同未来的货币工资相比的降低，理由正如我们在上面所见到的，则资本边际效率将提高，这种变化对投资是有利的；而同理可证，这种预期对消费也是有利的。反之，如果货币工资降低时，人们预期未来的货币工资还要再降，或者预期这种可能性很大，则效果恰恰相反，资本边际效率会更低，投资和消费都将延期。

　　（5）工资总支出的降低，再加上物价和货币收入的普遍降低，可以减少收入和商业目的的现金需求，在这种范围内足以减低全社会的流动性偏好表。这种情况将会降低利率并有利于投资。但利率的下降程度也受预期的影响，假如如（4）中最后所述，人们预期工资和物价会再次上涨，则短期利率会受影响较大，长期利率所受影响较小。进一步讲，如果工资的降低引起了公众的不满以致削弱了对政治前途的信心，那么流动性偏好会增强，且增强的程度恐怕不是积极流通中的现金节余所能抵消的。

　　（6）如果货币工资的降低仅限一家企业或一个行业，则对该企业或行业是有利的。因此，当货币工资普遍降低时，虽然其实际影响不同，但也可能在企业家心目中产生一种乐观的情绪，从而打破因为对资本边际效率作过于悲观的估计而引起的恶性循环（Vicious Circle）；于是一切事物又可以根据比较正常的预期重复进行。在相反方面，如果工人们对于货币工资普遍降低的后果在看法上也犯像企业家一样的错误，那就会引起劳资纠纷，把这种有利影响完全抵消。除此以外，因为没有办法可以使各行业的货币工资同时降低，而且降低的程度也完全一样，所以作为一般规律，工人们出于自身利益的考虑,都要抵抗本行业货币工资的降低。事实上,企业家们设法压低货币工资时所遭遇的抵抗,比物价水平上涨实际工资下降时遭遇的抵抗要强烈得多(More Strongly)。反之,当货币工资降低时,企业家的债务负担加重,这种不利影响可以部分抵消上述乐观情绪。如果工资和物价下降很厉害,则债务负担极重的企业家可能会濒临破产(Reach the Point of Insolvency)。果真到了这步田地,则对于投资非常不利。如果物价水平降低,那么公债,进而税赋的实际负担加重,这对于工商界的信心也是极为不利的。

以上这些并不完全包括复杂的现实世界中货币工资降低所可能引起的一切反应。不过通常而言最重要的反应,我想大概也都尽在其中了。

如果我们所讨论的是一个封闭的经济体系,并假定实际收入的重新分配对社会的消费倾向并没有实际影响,即使有的话也在其不利方面,那么,当货币工资降低时,我们所能希望其增加就业的途径不外乎两条:一是如(4)所述,因为资本边际效率增加,所以投资增加;二是如(5)所述,利率下降。让我们对这两种可能性再做进一步的讨论。

如果一般人相信:货币工资率已降至不能再降,以后一定只会提高,则对资本边际效率有利;最不利的情况是,货币工资还在逐渐下降,而且每降低一次都导致人们对未来能否不再降低更缺乏信心。因此在有效需求逐渐疲软的时候,索性把货币工资大幅度降低,直到每个人都觉得太低了,再不会无休止地继续下去了。这样倒是对提高有效需求最为有利。但是这只能靠行政调控实现;在工资由自由议价决定的经济体系中,极少有这种实际可能性。此外,可能有以下两种情况:一是货币工资是刚性固定的,一般人认为不会有大变更;二是经济衰退时,货币工资有逐渐下降的趋势,因此当失业人数增加1%时,人们即预期工资还要再减。二者相比应该还是前者好得多。如果人们预期明年工资要降低2%,则其影响大约等于把明年所付利息增加2%。以上所说,只要稍加修正,也同样适用于经济繁荣时期。

在当代的实际习惯和制度之下,与其制定一个使货币工资非常有弹性,可以很容易随失业人数的增减而改变的政策,还不如制定一个使货币工资非常有刚性,固定不变的政策。以上是专就资本边际效率这一点立论。若就利率立论,以上结论是否仍站得住脚呢?

那些相信经济体系有自动调整功能的人,只能将其论证的主要方面放在当工资和物价水平下降时,货币需求方面所起的反应上。但是据我所知,他们并没有这样做。如果货币数量也是工资和物价水平的函数,那么在这方面也毫无希望。但是,如果货币数量是几乎固定的,那么,只要货币工资降低的程度足够大，货币数量（用工资单位计量）就可以无限增加，且在收入中所占比例也可以大大增加；后一种增加的限度要看工资成本在边际直接成本中所占的比例如何，以及当工资单位下降时，边际直接成本中其他因素的反应如何而定。

因此仅就理论而言，我们至少有两种方法影响利率，且其效果完全相同：其一是降低工资而保持货币数量不变；其二是增加货币数量而保持工资水平不变。因此，降低工资与增加货币数量这两种方法，作为达到充分就业的手段都受到同样限制。上面已经举出种种理由说明为什么不能仅从增加货币数量着手，使得投资增加到最适度的水平；同样的理由，只要在枝节上略加修改，也适用于降低工资这一方法。如果货币数量的增加相当温和，则对于长期利率的影响也许不够；如果增加得很多，则又怕要动摇社会信心而抵消货币数量增加时的其他好处。同样，假如货币工资的降低相当温和，那么也许影响不足；假如降低很多，则即使实际上行得通，恐怕也会动摇信心。

因此，那些相信一个有弹性的工资政策就能继续维持充分就业的人，正如相信仅用公开市场交易政策而不用其他辅助方法就可以得到同一结果一样毫无根据。我们不能通过这些途径使得经济体系有自动调整的功能。

实际上，假定每当就业量小于充分就业时，劳动者就一致联合起来自动降低其工资要求，使得用工资单位计量的货币数量增加，利率下降，以便达到充分就业。如果果真如此，那么货币管理即以维持充分就业为目的，实施管理者是工会，而不是银行体系。

有弹性的工资政策，与有伸缩性的货币政策，如果仅就增加货币数量（用工资单位计量）这一点而言，在理论上两者的效果完全相同，但在其他方面则有天壤之别。我这里简要提醒读者考虑的方面有如下几点：

（1）除非在一个社会主义社会（Socialised Community）中，一纸法令就可以改变工资政策，否则没有办法可以使各阶层级劳动者（Every Class of Labour）的工资趋于一致地降低。要达到这个效果，只能经过一组逐渐的、零星的、不规则的改变，而且恐怕还要经过几度劳资争执以后才能完成。此种改变方法，无论从社会正义（Social Justice）方面看，还是从经济有利（Economic Expedience）方面看都无可辩护；而劳资争执又是浪费的、不幸的，且在争执过程中，议价能力最弱者相比其他工人受害较深。反之，要改变货币数量，则只要用公开市场政策或类似办法便可办到，因此已在大多数政府掌握之中。人性与制度既属如此，则只有愚蠢的人才会挑选有弹性的工资政策，而不挑选有弹性的货币政策——除非他能够指出，前者有后者所不能达到的好处。而且，假使其他情况相同，则一个比较容易实施的方法当然比一个难以推行的方法好。

（2）假使货币工资固定不变，则除了独占价格（Prices as Occur）（决定独占价格者的不只是边际成本，还有其他因素）以外，其他物价之所以改变，主要是因为在现有设备上增加产量，将有边际生产力递减现象发生。社会上有一部分人士的收入是由契约用货币规定的，例如食利者阶层以及公私机关中的固定薪水阶层。假使货币工资不变，则在这批人与劳动者之间可以达到最大限度的、实际可行的公平。假使有一些主要阶层的货币收入无论如何总是固定不变的，则从社会正义或社会有利考虑，最好所有生产要素的货币报酬都固定不变。既然有一大部分收入是用货币规定的，而且比较固定，那么只有不义之徒（Unjust Person，不讲正义的人）才会挑选有弹性的工资政策，而不挑选有弹性的货币政策——除非他能够指出前者有后者所不能达到的好处。

（3）用降低工资单位的方法来增加货币数量（用工资单位计量），将使债务负担按比例增加，而如果增加货币且保持工资单位不变，则债务负担所受的影响恰恰相反。有许多种债务的负担，既然已经太重，那么，只有不谙世故的人（Inexperienced Person）才会选择前者。

（4）假使因为要使利率逐渐下降而工资水平必须逐渐下降，则上面已经说过，资本的边际效率将受双重不利影响，因此有两重理由要暂缓投资，经济复苏也因此而迟缓（Postponing Recovery）。

三

假如当就业量逐渐减少时，工人们也逐渐降低其货币工资要求。这种政策由于对产出是不利的，因此一般说来不仅不会降低恐怕还要增加真实工资。采取这种政策的主要结果，只能是使物价极不稳定。也许物价要变动剧烈到这样一种程度，以至于使得在一个像我们实际生活其中的经济体系之内，一切商业考量都毫无用处。因此，在一个大体上是自由放任的经济体系之中，有弹性的工资政策是应有的、必要的附属品，这种说法正好与真理相反。只有在高度集权的社会（Highly Authoritarian Society）中，政府一纸法令才可以立即做出大量的普遍改变，有弹性的工资政策才能运用自如。我们可以想象这个政策在意德俄运用，但不能在英美法实施。

如果像澳大利亚一样用法令规定实际工资，则只有一个就业水平与这个实际工资相对应；至于实际就业人数，在一个封闭体系中要看投资量是否与该水平相一致，而只能在该水平与毫无就业之间剧烈变动。设投资量不多不少，刚与该水平相一致，则物价就处在不稳定均衡状态，只要投资量再少一些，物价就骤降为零；再多一些，物价就无限暴涨。要在这种经济体系中找出一个有稳定性的东西，则只能从控制货币数量着手，使得货币工资水平与货币数量配合起来建立一个利率，而该利率与资本边际效率的关系又恰恰使投资量不多不少。若果真如此，则就业水平（与法定实际工资相应的就业水平）不变，但货币工资与物价则常常剧烈变动，以求投资恰好维持在这样不多不少的数量上。就澳大利亚的实际情况而言，之所以未曾有此极度不稳定现象发生，一部分当然是因为法令总不能完全达到目的，还有一部分是因为澳大利亚不是封闭体系。因此，货币工资本身是一个国际投资以及总投资量的决定因素，而贸易条件对实际工资又有重要影响。

根据这些考虑，我现在认为，就一个封闭体系而言，在权衡得失以后，最好还是维持一个稳定的一般货币工资水平（General Level of Money-wages）；对于一个开放体系而言，如果能用汇率变动的方法与世界其他各国维持均衡，则以上结论也同样适用。就特殊工业而言，货币工资如果有相当弹性固然很好，因为可以加速工人从相对衰退的工业转移到比较繁荣的工业；但是，一般货币工资水平还是越稳定越好，至少在短时期中是如此。

采取这种政策可获得物价水平相当稳定的效果，至少比在有弹性的工资政策下稳定。除了垄断价格（Monopoly Prices,）以外，物价的变化在短期内只是因为就业人数改变，以致边际直接成本受到影响；在长时期中，只是因为设备增加，或有新技术出现和新设备产生，以致生产成本改变。

固然，假使就业量变动很大，则物价水平的实际变动也将相伴随生。但我已经说过，这种变动程度比在弹性工资政策之下要小得多。

采取刚性工资政策，则在短时期中要物价稳定必须避免就业量出现变动。但在长时期中，我们还可以在两种政策之间选择：其一是令工资稳定，而让物价随技术与设备的进步缓慢下降；其二是令物价稳定，而让工资缓慢上涨。我总体上倾向于选择后者，一部分是因为，要使得实际就业水平接近充分就业，那么，在未来工资会上涨这种预期下比较容易办到，而在未来工资会下降这种预期下则比较难以办到；另一部分是因为，逐渐减轻债务负担对社会有利；在衰退工业与新兴工业之间，比较容易调整；还有，假使货币工资有温和上涨的趋势，则心理上也许会感觉到一种鼓励。不过这里并没有原则上的重要差别，现在不必把两方面的论证详加发挥。

附录：论庇古教授的《失业论》

在庇古（Pigou）教授的《失业论》（*Theory of Unemployment*）一书中，就业量由两个基本因素决定：①工人所要求的实际工资率（Real Rates of Wages）；②劳动力的实际需求函数（Real Demand Function for Labour）的形状。该书的中心部分就是讨论什么决定此函数的形状。工人所要求的，不是实际工资率，而是货币工资率，这件事实该书并没有忽视；不过该书认为，用工资品的价格除以实际货币工资率所得的商数，即可作为工人所要求的实际工资率。

在《失业论》第90页，庇古教授提出两个方程式，认为这是研究的起点。但是有几个默认的假定前提限制了庇古教授分析方法的应用，而这些默认的假定前提又在论证一开始时就混进来了，所以我必须先把他的处理方法直到争论的要点做一个提要性的说明。

庇古教授把工业分为两类：一类是在国内制造工资品的工业和制造出口产品换取国外工资品的工业；另一类是其他工业。为方便起见，可以把这两类工业称为工资品工业及非工资品工业。他设想前者雇用 x 人，后者雇用 y 人；x 人所产工资品的总价值，他用 F(x) 来表示，一般工资率则用 F'(x) 来表示。庇古教授虽然自己不说，然而这就等于假定边际工资成本等于边际直接成本。[①] 他又假定 x＋y＝φ(x)，这就是说，总就业量就是工资品工业中就业量的函数。他于是说，全部劳动力的真实需求弹性（Elasticity of the Real Demand for Labour in the Aggregate）可以写作：

$$Er = \frac{\Phi'(x)}{\Phi(x)} \cdot \frac{F'(x)}{F''(x)}$$

---

① 边际直接成本即等于边际工资成本。这种说法当然是错误的。错误根源大概是由于边际工资成本这一名词的含义不清。一种含义是：所谓边际工资成本是指产量每增加一单位时，所需增加的成本（如果除了工资成本以外，其他成本都不变）；另一种含义是：用最经济的方法，利用现有设备以及其他失业因素增加一单位产品时所需增加的成本。假使采用前一种含义，则除增加劳动力以外不能再增加企业家的劳动、运营资本或任何其他东西；甚至不能让资本设备因为就业量增大而多耗损一些。在这种情况下，因为我们不让劳动力成本以外的其他成本加入边际直接成本，所以边际工资成本当然等于边际直接成本。然而根据这样的前提得到的分析结果，几乎毫无用处，因为这样的前提事实上很少会实现。在事实上，我们也不会笨到当劳动力增加时不让其他要素（除非身边没有这些要素）也适当增加的地步。所以要这个前提成立，就只能假定：除了劳动力以外，其他生产要素都已经不可能再增加了。

由此弹性，并可推导出劳动力真实需求函数的形状。

如果仅就符号而言，那么他与我的表达模型并没有重大区别。只要我们把庇古教授的工资品作为我的消费品，把他的"其他物品"作为我的投资品，则因 $F(x)/F'(x)$ 是用工资单位计算的工资品工业的产出总值，所以等于我的 C_w。若工资品就等于消费品，则他的函数 ϕ 就是我所谓的就业乘数 k' 的函数。那么

$$\Delta(x+y) = k'\Delta y$$

故 $\quad \phi'(x) = \dfrac{k'}{k'-1} = 1+\dfrac{1}{k'}(\text{approx.})$

因此，庇古教授所谓的"全体劳动力真实需求弹性"是一个复合概念，其构成分子类似于我自己所用的若干因素；其弹性一部分由工业的生产情况（他用函数 F 表示）决定，一部分由人们对工资品的消费倾向（他用函数 ϕ 来表示）决定。以上所说，当然只限于一个特例，即边际劳动力成本等于边际直接成本的情形。

要决定就业量，庇古教授就把劳动力的真实需求函数与劳动力的供给函数二者联合起来。他假定后者只是实际工资率的函数。不过，因为他已经假定实际工资率是工资品工业中所雇工人人数 x 的函数，因此说劳动力的供给只是实际工资率的函数无疑是说，在现行实际工资率之下，劳动力总供给量只是 x 的函数。用符号表示，即 $n = \chi(x)$，其中 n 代表在实际工资率 $F'(x)$ 之下所可能有的劳动力供给量。

这样把所有复杂因素廓清以后，庇古教授的分析方法就是想从下列两个方程式中发现就业量。这两个方程式是：

$$x+y = \phi(x)$$

和 $\quad n = \chi(x)$

但在这两个方程式中却有三个未知数。他规避这种困难的方法似乎是假定 $n=x+y$。当然这等于假定："非自愿"失业（按照以上所下严格定义）并不存在，也就是说，在现行实际工资率之下所可能有的劳动力供给量事实上都已全部就业。于是 x 的值，可从方程式 $\phi(x) = \chi(x)$ 中求得；设由此所得 x 的值为 n_1，则 y 必等于 $\chi(n_1)-n$，总就业量 n 则等于 $\chi(n_1)$。

这里值得暂停下来，考察一下这到底是什么含义。这个含义是说，设劳动力的供给函数改变（在一特定实际工资之下，劳动力的供给量较前增大），故由 $\phi(x) = \chi(x)$ 所得的 x 的值现在变为 n_1+dn_1，则非工资品的需求一定使得非工资品工业中的就业量增加，以保持 $\phi(n_1+dn_1)$ 与 $\chi(n_1+dn_1)$ 二者相等。除了供给函数的改变以外，唯一可使总就业量改变的是因为非工资劳动者（Non-wage-earners）的偏好改变，多购非工资品，少

购工资品。

假定 n＝x＋y，当然就是假定劳动力总可以自己决定其实际工资率；而假定劳动力总可以自己决定其实际工资率，又无异假定：非工资品的需求情况一定会服从上述法则。换句话说，这无异于假定利率一定会常常与资本边际效率表相适应，使得充分就业能够保持。假使没有这种假定，则庇古教授的分析即告崩溃，提不出一个方法来决定就业量。奇怪的是，庇古教授竟然会认为，他可以不必提及因为利率或信心状态改变，而不是因为劳动力的供给函数改变所引起的投资量改变（非工资品工业中就业量的改变），就可以提出一个失业理论。

因此该书以《失业论》命名，实在有点名不副实。该书其实并不是讨论失业问题，而是讨论：如果劳动力的供给函数不变，充分就业能经常维持的情况下，就业量将是怎样的。所谓全体劳动力的实际需求弹性这一概念，其目的也只在说明：当劳动力的供给函数作特定移动时，充分就业量将相应地提高或降低多少。或者（也许是更好的看法）我们可以把该书看作是一种没有因果性（Non-causative）的研究，所研究的其实是实际工资水平与就业水平的函数关系。但该书不能告诉我们究竟是什么决定实际就业水平；对于"非自愿"失业这个问题，该书没有直接触及。

即使庇古教授否认有我所谓的非自愿失业的可能性，我们还是难以明白他的这些分析怎样才能应用于实际。他没有讨论是什么决定 x 与 y（工资品工业中的就业量与非工资品工业中的就业量）之间的关系，这点疏忽也是其致命的缺陷。

而且他也承认，在某种限度以内劳动者在事实上所要求的常常不是一个特定的实际工资率，而是一个特定的货币工资率。如果承认这一点，那么劳动力的供给函数就不仅是 $F'(x)$ 的函数，而且是 $F'(x)$ 与工资品的货币价格二者的函数；于是他以前的分析就宣告破产。因为这里多添加了一个因素，却没有多添加一个方程式来解这个新未知数。用假数学方法处理经济问题，如果要得到结果，必先假定一切函数都只含一个自变量，使得所有偏微分（Partial Differentials）都不存在。庇古教授的分析方法为这种方法的危险提出了一个最佳例证。事后承认事实上确有其他变数存在，但并不把以前所写的东西再改写一遍，那么这种承认有什么用处？因此假使在某种限度以内劳动者要求规定的是货币工资，则除非我们知道是什么决定工资品的货币价格，否则即使假定 n＝x＋y，还是证据不足。毕竟工资品的货币价格要看总就业量的多少而定，所以要知道总就业量，就必须先知道工资品的货币价格；要知道工资品的货币价格，则必须先知道总就业量。这就是我说过的，我们这里少一个方程式。然而假使我们暂时假定货币工资率有刚性，而不假定实际工资率有刚性，恐怕倒与事实很接近。例如在 1924～1934 年这 10 年中，英国经济状况相当不稳定，但在这 10 年内，货币工资的变动范围只有 6％，而实际工资的变动范围却超过 20％。真正称得起通论的理论必须是不论货币工资是否固定（或不论有没有一个范围，在该范围以内货币工资固定不变）都可以适用。政治家可以有抱怨货币工资应当有高度伸缩性的权利；但是理论家在分析时，对于货币工资是否应有高度伸缩性这个问题应该毫无偏袒。一个科学的理论不能要求事实与其假定相符。

当庇古教授进而讨论降低货币工资的影响时，据我看来他所用资料也太少，因此也不能提出一个具体答案。开始时（《失业论》第 101 页）他批驳一种论证，这种论证是说，设边际直接成本等于边际工资成本，则当货币工资降低时，非工资劳动者的收入将与工资劳动者的收入同比例改变。他所持的反对理由是，这个论证只有当就业量不变时才能成立，而就业量是否不变正是尚待讨论之点。但在下一页（《失业论》第 102 页），他自己却也犯了同样的错误：他假定"在开始时，非工资劳动者的货币收入不变"；他自己刚指出这个假定只有当就业量并非不变时才能成立，而就业量是否要变正是尚待讨论之点。事实上，除非在研究资料中再加上其他因素，否则不可能有答案。

工人们在事实上所要求规定的不是一个特定的实际工资率，而是一个特定的货币工资率（只要实际工资不低于某一最低限度）。承认这一点，则整个分析都受到影响。因为如果承认这一点，就不能同时再假定：除非实际工资提高，否则劳力供给量不会增大，而这个假定又是大部分论证的基础。例如，庇古教授反对乘数理论（《失业论》第 75 页），理由是实际工资率既然不变，换句话说，充分就业既然已达到，那么降低实际工资并不能使劳动力的供给量增大。在这种假定之下，他的论证当然是对的。不过在该段中，庇古教授所批评的是实际政策方面的一种方案；当英国失业人数超过 200 万，就是说有 200 万以上工人愿意接受现行货币工资而工作时，还假定只要生活费用比货币工资稍为提高一些，就有工人要从劳动力市场退出，而且退出的人数还大于 200 万人，这种假定实在是离事实太远，想入非非。

我们要强调一点：庇古教授全书都基于一个假定，即当生活费用比货币工资相对增加时，不论增加得如何温和，都有一部分工人要从劳动力市场上退出，而且退出的人数大于现有全部失业人数。

还有，在这一段中（《失业论》第 75 页），庇古教授没有注意到，他认为政府投资政策既不能引起"第二级"就业（Secondary Employment），则根据同样理由该政策也不能增加"第一级"就业（Primary Employment）。如果工资品工业的实际工资率不变，那么除非非工资品劳动者肯减少其工资品的消费，否则就业量无论如何不能增加。理由是，在第一级就业中新雇的工人，大概会增加其工资品的消费，因而实际工资降低，于是（根据他的假定）有一部分以前在别处已经就业的工人，将退出劳动力市场。然而庇古教授似乎认为，第一级就业确有增加的可能。第一级与第二级就业的分界线，似乎也是心理上的分界线，超过这个界线以后，庇古教授的好常识（Good Common Sense）就再敌不住他的坏理论（Bad Theory）。

因为假定不同、分析不同，因此所得结论也不同，下面引用的一段可作例证："如果在工人之间有自由竞争，劳动力又可以完全流动，那么二者（即工人所要求的实际工资率和劳动力的需求函数）的关系就非常简单。在这种假定之下一定总会有一种强烈趋势，让工资率与需求状况相互适应，使得每个人都能就业；如果情况稳定，则实际上每个人确实都能就业。言外之意是说，如果在任何时间真有失业现象，那么这种失业完全是因为需求情况继续在改变，而摩擦阻力使得工资不能随时作适度的调整。"[1] 这是重要的一段，庇古教授把他的观点作了一个提要。

他的结论是，引起失业的主要原因是工资政策未能适应劳动力真实需求函数的变动而做充分调整。因此，庇古教授相信，在长时期中只要调整工资就可以救治失业问题。[2] 我的看法是，实际工资固然有个最低限度，即不能低于就业量的边际负效用，而且调整货币工资也许会影响实际工资，但主要决定实际工资的却并不是货币工资的调整，而是经济体系中的其他因素；其中有几个，尤其是资本边际效率表与利率之间的关系。据我了解，庇古教授没有把这些因素包括在他的分析体系之中。

最后，当庇古教授讨论"失业的起因"时，他确实也像我一样说到需求状态的变动；他把劳动力真实需求函数作为需求状态，可是他忘了依据他的定义，前者的意义太狭窄。我们在上面已经知道，依据他的定义，所谓劳动力的真实需求函数，只是由两个因素决定的：①在任一特定环境中，总就业量和为全体劳动者提供消费的工资品工业中的就业量二者的关系；②工资品工业中边际生产力的情况。但在《失业论》第五编中，"劳动力实际需求"情况的改变，却占据了重要地位。他把"劳动力实际需求"看作是在短期中可以有急剧波动的一个因素（《失业论》第五编第6～

---

① 庇古：《失业论》，第252页。
② 他不曾暗示这个结果的由来是因为利率发生了变化。

12章）。他似乎认为，"劳动力实际需求"的变动，再加上工资政策不能即时与此变动相适应是经济周期的主因。对读者而言，所有这些首先似乎都是合理的和熟悉的，因为除非读者追溯名词的定义，否则在他心目中很容易把"劳动力实际需求的变动"与我所谓的"总需求状况的变动"混为一谈。但一追溯到定义，则庇古教授的说法就绝对难以令人置信。在短期中，最不会有剧烈变动的莫过于"劳动力实际需求"。理由如下：

依据定义，庇古教授所谓"劳动力实际需求"，只是两个因素的函数，即 F(x) 和 φ(k)，前者是工资品工业中的生产情况，后者是工资品工业中的就业量与总就业量的函数关系。除非是在长期中逐渐改变，否则很难找出理由说明这两个函数为什么会改变；至少我们没有理由可以假定其在一个经济周期中会有变动。F(x) 只能慢慢改变，而且在生产技术逐渐进步的社会中，只能朝着进步的方向改变；至于 φ(x)，则除非工人阶级突然倾向于节俭，或说得更概括一些，除非消费倾向突然变迁，否则是很稳定的。如此说来，劳动力的实际需求在经济周期中是几乎不变的。我再重复说一遍：庇古教授没有把一个不稳定因素，即投资量的变动，包括在他的分析体系之中，而这个因素往往是就业量变动的根本原因。

我对庇古教授的失业理论作如此详细批判，倒并不是因为他比古典学派的其他经济学家有更多可以批评之处，而是因为据我所知，他是把古典学派的失业理论明确写出来的第一人。所以我认为要反对古典学派的失业理论，必须以该理论中最完备、最难击破者作为批判对象。

第二十章　就业函数[①]

一

在第三章第一节中，我们对总供给函数 $Z = \phi(N)$ 已经下了定义：所谓总供给函数（Aggregate Supply Function）是指就业量 N 与其相应产出（Corresponding Output）的总供给价格（Aggregate Supply Price）的关系。就业函数（Employment Function）与总供给函数的不同点只是：①前者是后者的反函数；②用工资单位作计量标准。就业函数所表示的是有效需求（用工资单位计量）与就业量的关系；其目的在于指出，如果一个工厂、一个行业或全部工业面临一个既定量的有效需求，那么，该工厂、行业或全部工业将提供何种就业量，才能使其产量的总供给价格恰好等于该特定量有效需求。今设一个工厂或一个行业的有效需求（以工资单位计量）为 D_{wr}，在该厂或该行业所引起的就业量为 N_r，则就业函数可写作 $N_r = F_r(D_{wr})$。或再概括一些，如果我们可以假定 D_{wr} 就是总有效需求 D_w 的唯一函数，那么就业函数可写作 $N_r = F_r(D_w)$。这就是说，设有效需求为 D_w，则 r 工业中所提供的就业量将为 N_r。

我们在本章将探讨就业函数的若干性能（Properties）。除了这些性能的自身兴趣以外，我们有两点理由说明为什么要用就业函数来替代通常的所谓供给曲线，以求与本书的方法及目的相一致：第一，它只用我们已经决定选用的单位来表达有关事实，其他在数量方面性质不明的单位一概不用。第二，它较之通常的所谓供给曲线，更易处理有关全部工业或全部产出等问题（以区别于在特定环境下，单独一个工厂或一个行业遇到的问题），其理如下：

要对某一特定商品作一条普通的所谓需求曲线，必须先设定社会各成员的收入不变；收入一旦改变，则需求曲线就必须重作。同样，要对某种

---

① 凡是不喜欢（理由很正当）数学的人，可以把本章第一节省去，损失极小。

商品作一普通供给曲线，必须先设定全部工业的产量；工业总产量一旦改变，则供给曲线也随之而变。因此，当我们研讨许多工业对总就业量的改变所起的反应时，我们所遇到的决不是每种工业只有一条需求曲线和一条供给曲线，而是随我们对总就业量所作假定的不同而有两组曲线。但如果用就业函数，那么，要得到一个能够反映全部工业总就业量变化的函数，确实比较容易做到。

假定消费倾向既定，第十八章中作为不变的其他因素也既定，我们所要讨论的问题就是当投资量改变时就业量会作何种改变。在此种假定之下，有一个用工资单位计量的有效需求量就有一个总就业量与之相对应；而且该有效需求量也必然按照一定比例在消费与投资之间分配。不仅如此，因为有一个有效需求水平就有一个特定的收入分配方法与之相对应，所以我们还可以进一步假定：一个既定量的总有效需求，也只有一个与其对应的在各行业的分配方法。

由此可知，如果总就业量为已知，我们就可推断各业中的就业量。这就是说，如果用工资单位计量的总有效需求量为已知，我们就知道各行业中的就业量，于是我们就可以把一个行业的就业函数写作：$N_r = F_r(D_w)$，这就是就业函数的第二种形式。写成这种形式有一个好处：如果我们想知道相当于一个既定量的有效需求时全部工业的就业函数什么样，只要把各行业的就业函数加总起来就可以了，即：

$$F(D_w) = N = \sum N_r = \sum F_r(D_w)$$

我们需要对就业弹性（Elasticity of Employment）下一个定义。一个特定行业的就业弹性等于：

$$e_{er} = \frac{dN_r}{dD_{wr}} \times \frac{D_{wr}}{N_r}$$

如果该行业预期用工资单位计量的公共产物的需求将有变化，那么其雇用的劳动力人数也将变化，该公式就衡量这种对变化的反应。全部工业的就业弹性则可写作：

$$e_e = \frac{dN}{dD_w} \times \frac{D_w}{N}$$

如果我们能够找出一个满意的方法来衡量产出，那么还可以用产出弹性或生产弹性（Elasticity of Output or Production）这个概念来衡量：当任何一个行业所面临的用工资单位计量的有效需求增加时，其产品增长率将是什么样；用符号表示则为：

$$e_{or} = \frac{dO_r}{dD_{wr}} \times \frac{D_{wr}}{O_r}$$

若价格等于边际直接成本，则：

$$\Delta Dwr = \frac{1}{1-e_{or}} \Delta Pr$$

其中，Pr 为预期利润。[1] 由此，设 $e_{or}=0$，即如果该行业的产出弹性等于 0，则用工资单位计算全部有效需求的增加量，都将变成企业家利润，即 $\Delta Dwr = \Delta Pr$；反之，设 $e_{or}=1$，即如果该行业的产出弹性等于 1，则有效需求的增加量，都被边际直接成本中的构成要素所吸收而没有任何利润。

再假定一个行业的产出量是该行业所雇用劳动力人数的函数，则有：[2]

$$\frac{1-e_{or}}{e_{er}} = -\frac{Nr\Phi''(Nr)}{Pwr\{\Phi'(Nr)\}^2},$$

其中，Pwr 为一单位产物用工资单位计量的预期价格。故 $e_{or}=1$ 这个条件即表示 $\phi''(Nr)=0$，亦即当就业量增加时，该行业的报酬既不递增也不递减。

古典学派假定实际工资总是等于劳动力的边际负效用，后者则随就业量的增加而增加。因此，如果其他情况不变，则当实际工资减少时，劳动力的供给也下降。这种假定无疑是说，如果用工资单位计量总支出，那么，总支出在事实上不可能增加。假使这种说法是对的，那么就业弹性这个概念就毫无用处。而且，在这种假定之下，我们也不能用增加货币支出

---

① 设 Pwr 为一单位产物用工资单位计量的预期价格，则

$$\Delta Dwr = \Delta(Pwr \times Or) = Pwr \times \Delta Or + Or\Delta Pwr = \frac{Dwr}{Or} \times \Delta Or + Or\Delta Pwr$$

故　$Or\Delta Pwr = \Delta Dwr(1-e_{or})$，

或　$\Delta Dwr = \dfrac{Or\Delta Pwr}{1-e_{or}}$

但　$Or\Delta Pwr = \Delta Dwr - Pwr \times \Delta Or = \Delta Dwr -$（边际直接成本）$\Delta Or = \Delta Pr$

故有　$\Delta Dwr = \dfrac{1}{1-e_{or}} \times \Delta Pr$

② 由于 $Dwr = Pwr \times Or$，故 $1 = Pwr\dfrac{dOr}{dDwr} + Or\dfrac{dPwr}{dDwr} = e_{or} - \dfrac{Nr\Phi'(Nr)}{\{\Phi'(Nr)\}^2} \times \dfrac{e_{or}}{Pwr}$

【该等式的推导如下：

$Or\dfrac{dPwr}{dDwr} = \dfrac{Dwr}{Pwr} \times \dfrac{dPwr}{dNr} \times \dfrac{dNr}{dDwr} = \left(\dfrac{Dwr}{Nr} \times \dfrac{dNr}{dDwr}\right) \times \dfrac{Nr}{Pwr} \times \dfrac{dPwr}{dNr}$，

因　$Pwr = \dfrac{Pr}{W} = \dfrac{dCr}{dOr}/W$，其中 $Or = \Phi(Nr)$，$Cr = Nr \times W$，

故　$Pwr = \dfrac{dNr}{dOr} = \dfrac{1}{\Phi'(Nr)}$，

故　$\dfrac{dPwr}{dNr} = -\dfrac{\Phi''(Nr)}{\{\Phi'(Nr)\}^2}$，

故有　$Or\dfrac{dPwr}{dDwr} = -\dfrac{Nr\Phi''(Nr)}{\{\Phi'(Nr)\}^2} \times \dfrac{e_{er}}{Pwr}$】

这个方法来增加就业量，因为货币工资将追随货币支出按比例增加，因此，如果用工资单位计量的支出没有增加，那么就业量也不会增加。但如果古典学派的假定是错的，那么，我们则可以靠增加货币支出来增加就业量，一直到实际工资降低到与劳动力的边际负效用相等为止。依据定义，这一点就是充分就业之点。

当然，在通常情形之下，e_{or} 的值总在 0 与 1 之间。因此，当货币支出增加时，用工资单位计量的物价上涨程度（亦即实际工资下降程度），要看用工资单位计量的支出增加时，产出弹性所起的反应如何而定。

令 e'_{pr} 代表有效需求 Dwr 改变时，预期价格 Pwr 的弹性，则

$$e'_{pr} = (dPwr/dDwr) \times (Dwr/Pwr)$$

因为，$Or \times Pwr = Dwr$

故有，$\dfrac{dOr}{dDwr} \times \dfrac{Dwr}{Or} + \dfrac{dPwr}{dDwr} \times \dfrac{Dwr}{Pwr} = 1$

或，$e'_{pr} + e_{or} = 1$

这就是说，用工资单位计算的有效需求改变时，物价弹性以及产出弹性之和等于 1。依据这个法则，有效需求的作用力一部分用在影响产量上，一部分用在影响物价上。

假如我们所讨论的是全部工业，而且我们还可以找出一个单位来衡量总产出，则运用同样论证可得 $e'_p + e_o = 1$，其中，e'_p 和 e_o 适用于全部工业的物价弹性及产出弹性。

现在我们不用工资单位来计量，改用货币计量，而把我们的结论推广到全部工业。

令 w 代表一单位劳动力的货币工资，令 p 代表一单位总产出的货币价格，则当用货币计量的有效需求改变时，货币价格的弹性可写作 e_p（$e_p = DdP/PdD$），货币工资 d 弹性可写作 e_w（$e_w = DdW/WdD$）。我们很容易就可以知道：

$$ep = 1 - e_o(1 - e_w)^①$$

我们在第二十一章中可以知道，这个方程式是推广货币数量说的第一

---

①　因为 $P = Pw \times W$，又 $D = Dw \times W$，故

$\Delta P = W\Delta Pw + \dfrac{P}{W} \times \Delta W = W \times e'_p \dfrac{Pw}{Dw}\Delta Dw + \dfrac{P}{W}\Delta W = e'_p \dfrac{P}{D}(\Delta D - \dfrac{D}{W}\Delta W) + \dfrac{P}{W}\Delta W$

$= E'_p \dfrac{P}{D}\Delta D + \Delta W \dfrac{P}{W}(1 - e'_p)$，

故　$e_p = \dfrac{D}{P}\dfrac{dP}{dD} = e'_p + \dfrac{D}{P\Delta D} \times \dfrac{\Delta W \times P}{W}(1 - e'_p)$

$= e'_p + e_w(1 - e'_p) = 1 - e_o(1 - e_w)$

步。若 $e_o=0$，或若 $e_w=1$，则产量将不变，物价将与有效需求（用货币计量）同比例上涨。如若不然，则物价的上涨比例要小一些。

二

现在我们再回到就业函数问题。以上我们假定有一个既定量的总有效需求在各个行业中的分配方法只有一个。但当总支出变化时，用以购买某一行业的产品一般而言不会同比例改变。一部分是因为当个人收入提高时，他对各行业产品的增购量不成同一比例；一部分是因为当各种商品的需求增加时，其价格的反应程度不同。

因此，假如我们承认当收入增加时，该增加量的使用方法不止一个，那么，以上所作的就业量仅仅随总有效需求（用工资单位计量）的变化而变化的假定，只是一个第一近似值而已。当总需求增大时，看我们假定该增加量如何在各行业分配，而就业量可以大不相同。例如，如果需求的增加大部分趋于就业弹性高的产品，则就业量就会有较大增加；反之，如果趋于就业弹性低的产品，则就业量只能有较小的增加。

同样，假定总需求不变，但需求转变了方向，倾向于就业弹性较低的产品，则就业量也会降低。

这种种考虑在讨论短期现象时尤其重要。此处所谓短期现象，是指事先未曾预料到需求转向或需求数量的变化。有些物品的生产需要时间，所以要很快增加供给几乎是不可能的。如果在事前没有通知，骤然把最大的需求量集中在这些产品上，则就业弹性很低；但如果早有通知，充分准备，则此类物品的就业弹性也许能接近于 1。

我发现生产周期（Period of Production）这个概念的原理性意义就在这里。我的观点是，假如必须把需求的改变在 n 个时间单位以前通知给一种产品，然后该产品才能提供最高的就业弹性，则该产品的生产周期为 n。[①] 照这样的说法，大体说来，显然消费品的生产周期最长，因为消费总是每个生产过程的最后阶段。如果有效需求的增加由消费的增加所引起，那么，与投资品的增加所引起的有效需求相比较，其就业弹性的最后均衡值小，而其初期的就业弹性则更小于其最后均衡值。不仅如此，如果对就业弹性太低的产品增加需求，那么，这种需求增量大部分将变为企业家的收入，只有小部分变为工资劳动者以及直接成本中其他要素的收入，结果可能对于消费不利，因为企业家收入增量中的储蓄额大概比工资劳动

---

① 这和通常所下的定义不同，但这样的定义似乎已得生产周期这个概念的要旨。

者要大。但两种情况的差别也不宜过分夸大，大部分反应还是相同的。①

　　无论多早把未来需求的改变通知企业家，除非在每一个生产阶段都有剩余存货或剩余生产能力，否则当投资作特定量增加时，初期的就业弹性值总没有最后均衡值那么大。此外，出清剩余存货实际是负投资，因此，对投资增量有抵消作用。如果在开始时，每一阶段都有剩余存货，则初期的就业弹性也许接近1；但在存货已经吸收完毕之后，生产阶段上的早期产品的增产量还不能充分源源而来之前，弹性还会降低；当新的均衡位置逐渐接近时，就业弹性又回涨而趋于1。如果当就业量增加时利率提高，或地租所吸收的支出增大，就需要加以修正。因为这种种理由，所以在动态经济体系中，物价不能完全稳定——除非是有特种机构可以使得消费倾向暂时变动，而且变动得恰到好处。但由此引起的物价不稳定，并不构成一种利润刺激，从而引起生产能力的过剩；这种种不能预期的收获，只有在当时恰巧持有生产阶段上较后期产品的企业家才能取得，凡是不持有这种特殊资源的人都无从将这种意外收获据为己有。因此，如果经济体系有变迁，物价自然也不可避免要波动，但这种物价的不稳定，并不影响企业家们的行为，只是把意外财富送给当时的幸运儿而已（如果变动的方向相反，那么以上原理仍然适用，但需要对细节作出修正）。我想当代讨论稳定物价政策的人往往忽略这一点。

　　在一个一切都可以改变的社会里，这种稳定物价的政策不会完全成功。但并不能因此说，只要物价稍为暂时不稳定，就必然引起积累的失衡。

三

　　上文说过，有效需求不足时就业量也不足。所谓就业量不足是指有人愿意接受比现行实际工资更低的报酬去工作，但无业可就；因此，当有效需求增加时就业量也增加，但实际工资率则比现行者要低或者至多相等，如此继续下去直到某一点为止，在该点，依照届时通行的实际工资率，已经没有可用的剩余劳动力了。换句话说，从这点以后，除非货币工资比物价涨得更快，否则，工人人数及工时都不能再增加。另一个问题是，如果在这点已经达到以后，支出还继续增加，情况将会如何？

　　一直到这点为止，在一个既定量的资本设备上增加劳动者，虽然报酬逐渐递减，但劳动者所愿意接受的实际工资也在递减，所以二者相抵消。在这点以后再要增雇一人，就必须提供较高的实际工资率（较多实物），

169

────────────

　　①　关于这方面的进一步讨论可参阅拙著《货币论》第四篇。

但由增雇一人所得的产品反而比以前减少。所以，为维持均衡，工资与物价必须随支出同比例上涨，以便使"实际"情况（包括就业量与产量）仍然一切与以前相同。达到这种情况，则简单的货币数量说（把"流通速度"解释为"收入流通速度"）完全适用：产量不变，而物价的上涨恰好与 MV 成比例。

不过要把以上结论应用于实际，就有几种需要修正的实际情况必须牢记在心：

（1）至少在一个时期以内，物价的上涨也许会使企业家们一时茫然，增加其雇用人数，超过了为获得最大利润（用自己产品计算）所需的就业量。这是由于企业家们一向以总售价（用货币计算）的增加作为扩充生产的信号，因此，即使事实上这种政策已经对他们不利，他们也许还继续奉行；换句话说，企业家们也许会低估其在新物价环境下的边际使用者成本。

（2）企业家必须把一部分利润转交给固定收入者；因为这部分利润是用货币规定的，所以，当物价上涨时，即使产量不变，也引起收入的重新分配，这种收入的重新分配有利于企业家而不利于固定收入者，消费倾向也许因而受到影响。然而这种过程并不是在达到充分就业以后才开始的；而是在支出渐增这段时期中一直进行着。如果固定收入者比企业家节俭，其实际收入又逐渐减少，那么，为达到充分就业所需的货币数量增加以及利率降低，比之在相反假设（企业家比固定收入者节俭）之下程度较轻。在充分就业已经达到以后，如果第一种假设仍继续适用，则当物价再上涨时，利率必须提高，以防止物价无限制上涨；而货币数量的增加比例也将小于支出的增加比例。若第二种假设适用，则情况相反。当固定收入者的实际收入减少时，因为该阶层逐渐变得贫乏，因此也许会有一个转折点，从第一个假设改为第二个假设；但这点可以在达到充分就业之前就达到，也可以在之后达到。

四

通货膨胀（Inflation）与通货紧缩（Deflation）显然不相对称：如果把有效需求紧缩到充分就业所必需的水平以下，则就业量与物价都降低；但若把有效需求膨胀到这个水平以上，则只有物价受到影响；这一点也许令人费解。然而这种不对称，正是事实的反映：如果某就业量的边际负效用大于实际工资，则劳动者就可以拒绝工作，使该就业量不能实现；但劳动者却不能因为某就业量的边际负效用并不比实际工资大，而一定要别人提供该就业量。

第二十一章 价格理论

一

经济学家在讨论所谓价值理论时，总说物价决定于供求状况；边际成本以及短期供给弹性更占重要地位。但当他们进入第二卷或另成一书，讨论所谓货币与物价理论时，我们就恍若进入了另一个世界，就连这些极其家常浅显（homely but intelligible）的概念都不提了，代之而起的是，决定价格的是货币数量、货币收入的流通速度、流通速度与交易额之比、囤积、强制储蓄、通货膨胀或紧缩……诸如此类；简直没有人想把这些空泛名词和以前的供需弹性等观念联系起来。如果我们把人家传授给我们的东西回想一下，并设法使其合理化，则在比较简单的讨论中，似乎是假定供给弹性必等于零，需求必与货币数量成比例；但到更复杂一些的讨论中，我们简直如堕五里雾中，什么也不清楚，什么都有可能。我们都已经习惯了在这样捉摸不定的东西中忽左忽右，自己也不知道怎样从这一边跑到那一边，二者的联系似乎是清醒与做梦（Waking and Our Dreaming）的关系。

以前几章的目的之一就在于为避免这种双重生活而导致整个价格理论重新与价值理论发生密切接触。我以为把经济学分为两部分：一部分是价值理论与分配理论，另一部分是货币理论，实在是错误的划分方法。我以为正确的两分法应当是：一方面是关于厂商理论或产业理论，研究如何把一种既定量的资源分配到各种用途，其报酬如何等；另一方面是适用于社会全体的生产论和就业论。假使我们的研究只限于一个行业或一个厂商，假定就业资源的总数不变，又暂时假定其他行业或其他厂商的情况也不变，那么我们的确可以不顾货币的特性；但当我们进而讨论是什么决定社会全体的生产量及就业量时，我们就需要一个关于货币经济（Monetary Economy）的全面理论。

我们或者也还可以把界线这样划分：一方面是静态均衡论（Theory of Stationary Equilibrium），另一方面是动态均衡论（Theory of Shifting

Equilibrium)；在适用于后一种理论的经济体系中，对未来的种种不同看法足以影响目前情况。我们之所以能够这样划分，是因为货币的重要性主要是从货币现在与未来的联系这一点产生的。我们可以先讨论：在一经济体系中，人们对未来的看法在各方面都是固定不变和可靠的，人们也依据正常经济动机而活动，则在均衡状态下，资源将如何分配于各种用途。这种经济体系还可以细分为二：其一完全不变；其二虽有改变，但一切都在事先能够完全预料到。我们可以从如此简单的引论出发，进而讨论现实世界的种种问题；在现实世界中，以往预期不一定实现，而现在对未来的预期又可以影响现在的行为。当我们从前一种讨论进入后一种讨论时，货币是现在与未来的联系这一个特性就进来了。动态均衡论虽然必须以货币经济为依据，但还是一个价值论或分配论，而不是一个单独的货币论。货币的最主要属性既然在于巧妙地联系现在与未来，那么，我们除非利用货币，否则简直没法讨论其改变时当前活动所受的影响如何？即使把金银以及法定补偿工具取消，我们还是摆脱不了货币。只要有任何持久性资产存在，这种资产就会有货币属性，[①] 就会引起货币经济所特有的许多问题。

二

就单独一个行业而言，其产品的价格水平一部分由边际成本中各生产要素的价格决定，一部分由生产规模决定。我们没有理由说为什么这个结论不能适用于全部工业。所以一般物价水平（General Price Level）也是一部分由边际成本中各生产要素的价格决定，一部分由生产规模决定。但因为我们假定设备与技术不变，所以生产规模就是就业量。固然，当我们讨论到社会总产量时，我们就要考虑到：任何一个行业的生产成本一部分要看其他行业的产量如何而定；但我们要考虑到比这更重要的是需求改变对成本与产量二者的影响。我们理论的创新之处都在需求（Demand）方面。我们所讨论的是总需求而不是单独一种商品的需求，后者则假定总需求是不变的。

三

如果我们把情况简化，假设边际成本中各生产要素收入的报酬以同一比例改变，换句话说，都随工资单位作同比例的改变，又假定设备与技术

---

① 参见第十七章。

不变，则一般物价水平一部分由工资单位决定，一部分由就业量决定。因此，改变货币数量对物价水平的影响是两种影响之和：其一是货币数量对工资单位的影响；其二是货币数量对就业量的影响。

为说明这种概念，我们再把情况简化。假定：①就生产效率而论，所有未被利用（Unemployed）的资源是完全相同、可以互换的；②边际成本中的各种生产要素，只要还有没有被完全使用，就不要求货币工资增加。在这种情况下，只要有失业现象存在，工资单位就不会变化，生产的报酬既不递增也不递减。因此，当货币数量增加时，如果还有失业现象，则物价就不受影响，就业量则随有效需求同比例增加，而有效需求则随货币数量的增加而增加；而当充分就业一经达到，则随有效需求同比例增加的就是工资单位与物价。因此，如果还存在失业现象，供给就有完全弹性（Perfectly Elastic），已经达到充分就业后，供给就毫无弹性；如果有效需求的变化恰好与货币数量的变化比例相同，那么，货币数量说就可以作如下表述："有失业存在时，就业量随货币数量作同比例变化；一旦充分就业实现后，物价就随货币数量作同比例变化。"

我们已经引进许多假定让情况简化，货币数量说才得以成立，这算满足了历来的传统；现在我们再进一步讨论事实上有哪些可能的复杂因素，可以加入进来：

（1）有效需求的变化，并不与货币数量的变化恰好成同一比例。

（2）由于资源的性能并不一致，因此当就业量逐渐增加时报酬将递减，并非一成不变。

（3）由于资源并不能互换，因此有些商品已经达到供给无弹性的状态，而有些商品却还有未被使用资源可供生产使用。

（4）在充分就业没有实现以前，工资单位就有上涨趋势。

（5）边际成本中各生产要素的报酬并不以同一比例变化。

因此，我们首先必须考虑，货币数量的变化对有效需求量的效果究竟如何。一般说来，有效需求的增加，一部分用在增加就业量上，一部分用在提高物价水平上。因此，事实上并不是当有失业存在时，物价就不变，而一经达到充分就业时物价就随货币数量同比例增加；而是当就业量增加时，物价就逐渐上涨。价格理论既然是分析货币数量与物价水平的关系，以便决定当货币数量改变时价格弹性的反应程度，因此就必须研究以上所列举的五个复杂因素。

现在我们虽然要逐个讨论，但切不可就此以为这些因素是绝对独立的。举例来说，有效需求增加时，一部分在增加产量，一部分在提高物价，这两部分的大小，可以影响货币数量与有效需求量之间的关系。又如各生产要素所得的报酬，其变化的比例不同则也有这种作用。我们分析的目的不在于提供一部机器或一种盲目的计算方法，使我们可以得出万无一失的答案；而在于为我们自己提供一种有组织、有次序的思维方法，来探索若干具体问题。我们先把这些复杂因素一个一个隔离，得出暂时的结论，然后再尽我们的最大能力，来说明这些因素之间可能有的相互关系。涉及经济方面的思维理应如此，用任何其他方法，来应用刻板的思维原则，都会引起错误；而没有这些原则，却又茫然而无所适从。把一组经济分析用符号化的伪数学方法变成公式，加以形式化，像本章第六节要做的那样，其最大弊端就在于这些方法都明白假定：其所讨论的各因素绝对独立；只要这个假设不能成立，则这种方法的力量与权威性便一扫而尽。在日常会谈中，我们并不一味瞎算，而是知道自己在做些什么，文字代表的意义是什么，又把以后必须要加的保留、修正与调整都记在心上；但我们却不能把复杂的偏微分记在几页代数的书角，因为这几页根本假定这些偏微分不存在。近代所谓"数理"经济学，太多的部分只是杂凑，其不精确性一如其开头所根据的假定；而容忍其作者对现实世界的复杂性与关联性视而不见，却迷失在神气十足但毫无用处的符号迷阵中。

四

（1）货币数量的变化对有效需求量的主要影响是由货币数量可以左右利率这一点产生的。假使这是唯一的反应，则影响的大小可由下列三个因素推导出来：①流动性偏好表，此表告诉我们利率要降低多少，才有人愿意来吸纳这些新货币；②资本边际效率表，此表告诉我们利率降低一个特定量时，投资将会增加的数量；③投资乘数，此数告诉我们投资增加一特定量时，总有效需求将会增加的数量。

但此处的①、②、③三点，部分地也和以下（2）、（3）、（4）及（5）几个复杂因素有关系，后者我们还没有讨论到。假如我们忘了这一点，则以上分析虽然有价值，可以使我们的研究有层次，有着手的地方，但实在是简单到自欺欺人的程度。流动性偏好表本身也关系到收入和经营两种动机将吸纳多少新货币；而此吸纳量的多少又关系到有效需求增加的大小，以及此增加量的分配方法：有多少是用于提高物价的，有多少是用于提高工资的，有多少是增加产量与就业量的。至于资本边际效率表，也关系到货币数量增加时随之而来的事态是否影响人们对于未来货币情况的预期，而当有效需求增加、收入增加时，这些新增的收入在各种消费者之间的分配方法也足以影响投资乘数。以上种种，当然不足以包罗一切可能的相互反应，但如果在我们前面有了全部的事实，我们就能够建立一组联立方程式来求解出具体的结果。例如，我们可以知道，当货币增加某个特定量时，把一切都考虑到以后，有效需求量要增加多少才能与该特定量货币增加相符合、相均衡，而且，也只有在非常例外的情况下，货币数量的增加反而会引起有效需求量的减少。

有效需求量与货币数量之比，和通常所谓的"货币收入的流通速度"颇为相似，不同之处在于有效需求相当于预期的收入（决定生产活动的收入），而非真正实现的收入；相当于毛收入而非净收入。但"货币收入的流通速度"也只是一个名词而已，什么也没有解释。而且我们也没有理由预期其不变，因为上面说过，决定这个速度的是许多复杂而变化的因素。我以为用这样一个名词，反而把真正的因果关系蒙蔽了，除了引起混乱，一无是处。

（2）上面说过（见第四章第三节），报酬递减与报酬不变的区别一部分要看工人所得的酬报是否绝对与其效率成比例，如果绝对成比例，则当就业量增加时，劳动力成本（用工资单位计算）不变，但如果某一级劳动者所得的工资，不论各人的效率如何都是一样的，则不论资本设备的效率如何，劳动力成本总是逐渐增加。如果资本设备的效率也不一致，利用某一部分设备生产时，每单位产品所需的直接成本较大，则边际直接成本的增加，除了由于劳动力成本的逐渐增加而外，还多了一个原因。

一般说来，要在一特定设备上增加产量，供给价格必然上涨。因此不论工资单位是否改变，产量增加总连带着物价上涨。

（3）在（2）中，我们曾考虑到供给弹性可能不完全。如果各种专业化的未使用资源配合得非常适当，则各该资源可以同时达到充分利用之点。但是一般说来，有些商品或服务的量已达到一种水平，如果需求再增，则该商品或服务的供给将暂时毫无弹性；而在其他方面则还有大量剩余资源未曾使用。所以，当产量增加时，会接连产生一组"瓶颈"（Bottle-necks），换言之，若干种商品已经毫无供给弹性，故其价格必须上涨到一种程度，使其需求转移方向。

当产量增加时，只要每一种资源都有可用而还没有充分利用的部分，则一般物价水平大致不会上涨太多。但当产量已经增加到有"瓶颈"现象发生，则若干种商品的价格将急剧上涨。

不过本项及第（2）项的所谓供给弹性，一部分也要看时间的长短而定。如果时间很长，资本设备的数量也可以变化，那么，最后的供给弹性值必然大于初期。所以，当存在普遍失业的时候，如果有效需求能温和地增加，那么，用以提高物价的部分很少，主要部分都作用在增加就业量上；而如果增加较大而又出人意料，以致暂时引发"瓶颈"现象，则有效需求用于提高物价的部分与就业量相比在初期要比后期大。

（4）在达到充分就业以前，工资单位就有上涨的趋势，这一点不须多加解释。如果其他情况不变，那么，每一个工人集团都因其本身工资的提高而受益，而所有集团都要求增加工资也是很自然的事情；企业家们在经营状况良好时，也愿意满足这种要求。因此，有效需求增加时，大概有一部分就被工资单位上涨趋势吸收了。

充分就业固然是一个关键的分界点（Critical Point），达到这点以后，如果用货币计量的有效需求继续增加，那么货币工资必然随工资品价格的上涨而同比例提高；但在这一点以前，还有一组半分界点（Semi-critical Points），在这许多点上，有效需求增加时货币工资也提高，只是不及工资品价格的上涨比例而已；有效需求减少时亦然。在实际经验中，并不是有效需求稍有改变工资单位就随之而变的：工资单位的改变是不连续的。决定这些不连续点的是工人的心理以及雇主与工会的对策。在一个国际经济体系中，如果一国改变其工资单位，则各国之间的工资成本便产生相对变动；在一个经济周期内，即使在一个封闭体系内工资的变化，也会使得当前工资成本与未来预期工资成本之间发生相对变动。因此这些不连续的半分界点，其实际的重要性可能很大。又因为在这些点上，有效需求（用货币计量）如果再增加，就将引起工资单位作不连续的上涨，所以从某种观点看来，这些点可以称为半通货膨胀（Semi-inflation）状态，有些和以下所谓绝对通货膨胀相似，虽然相似程度很低；所谓绝对通货膨胀（Absolute Inflation）是指在充分就业条件下再增加有效需求时所产生的情况。另外，这些点在历史上的重要性也很大，但不容易用理论来加以概括。

（5）本章第三节开头第一句就假定边际成本中各生产要素的报酬按同比例变化。但事实上以货币计量的各种生产要素的报酬，其刚性程度很不一致，当货币报酬变化时，其供给弹性也不同。否则我们就可以说，物价水平是由工资单位与就业量两个因素决定的。

在边际成本中，首先是边际使用者成本的变化比例与工资单位不同，且其变动范围也比较大。当有效需求增加时，人们会改变以往的预期，认为设备必须重置的时间将大大提前，如果有这种情况（往往如此）发生，则在就业状况开始改善的时候，边际使用者的成本会急剧上涨。

从许多目的的角度，假定边际直接成本中各生产要素收入的报酬随工资单位同比例改变，固然是一个非常有用的第一接近值；但较好一点的办法，是将边际直接成本中各生产要素的报酬加权平均，称为成本单位

（Cost-unit）。成本单位可视为价值的基本标准；如果各生产要素的报酬确实按同比例改变，则工资单位也可以作这种标准。如果技术与设备不变，则物价水平一部分由成本单位决定，一部分由生产规模决定。因短期内有报酬递减现象，所以当产量增加时，物价水平的上涨比例大于成本单位的上涨比例。如果产量已经达到某一水平，此时各生产要素代表单位的边际产物仅等于各该生产要素为继续维持该产量所要求的最低实际报酬，我们就已经达到充分就业的状态了。

五

当有效需求再增加时已经没有增加产量的作用了，仅使成本单位随有效需求同比例上涨，这种情况可称为真正的通货膨胀（True Inflation）。到这点为止，货币膨胀的效果只是程度问题，在该点以前，我们找不出任何一点可以画一条清楚界线，宣称现在已到通货膨胀的状况。因为在该点以前货币数量每增加一次，有效需求还能增加，因此其作用一部分在提高成本单位，一部分在增加产量。

该分界线两边情况并不对称，当有效需求（以货币计算）降至此界线以下时，如果用成本单位计算，其数量也减少；而当有效需求（以货币计算）扩张到此界线以上时，则一般说来如果仍用成本单位计算，其数量并不增加。这个结果基于一个假定：生产要素（尤其是工人）对其货币报酬的降低总要抵抗，但并没有动机拒绝其货币报酬的增加。这个假定显然与事实颇为相符。因此，如果货币报酬的变化并不是全面的而只限于局部，则局部的要素将因货币报酬上涨而受益，或因其下降而受损。

反之，当就业量小于充分就业量时，货币工资就无限制下降，则这种不对称就会消失。但在这种情况下，除非利率已降到无可再降，或工资已等于零，否则在充分就业以下就没有稳定之点。事实上，假使在货币经济体系中价值还有任何稳定性，则我们必须要有若干要素，且其货币价值即使不固定也至少是粘性的。

有一种观点认为任何货币数量的增加都具有通货膨胀的性质。除非我们把通货膨胀一词仅仅解释为物价上涨，否则这种看法还是跳不出古典学派的基本假定。这个假定是说，生产要素的实际报酬降低时，其供给量必然减少。

六

我们可用第二十章所用的符号将以上主要意思表示出来。令 M 代表货币数量，V 代表货币收入流通速度（这一定义与通常稍有不同，已在本章第四节（1）交代过），D 代表有效需求，则有 MV＝D。设 V 为常数，再设 e_p（$=\dfrac{DdP}{PdD}$）等于 1，则物价的改变比例与货币数量的变化比例相同。$e_p＝1$ 的条件是 $e_o＝0$，或 $e_w＝1$（见第二十章第一节）。$e_w＝1$ 表示货币工资将随有效需求同比例上涨，依据定义，$e_w＝\dfrac{DdW}{WdD}$；因 $e_o＝\dfrac{DdO}{OdD}$，故 $e_o＝0$，表示有效需求再增加时产量不再有反应。在以上两种情况下，产量都不变。

若 V 不是常数，则须再引进一个弹性，即有效需求对货币数量的弹性，写作：

$$e_d＝\frac{M}{D}\times\frac{dD}{dM}$$

故有：

$$\frac{M}{D}\times\frac{dD}{dM}＝e_p\times e_d，其中，e_p＝1-e_e\times e'_o(1-e_w)；$$

$$e'_o＝\frac{N}{O}\times\frac{dO}{dN}；故：$$

$$e＝e_d-(1-e_w)\,e_d\times e_e\times e'_o＝e_d\,(1-e_e\times e'_o+e_e\times e'_o\times e_w)$$

其中，e 即代表 $\dfrac{M}{P}\times\dfrac{dP}{dM}$，为金字塔的尖顶，衡量当货币数量变化时，货币价格所发生的反应。

最后一式表示的是货币数量的比例变化所引起的物价比例变化，所以此式可视为货币数量说的推广。我自己对这种演算并不重视；我愿意把以上所提出的警告重复一遍：这种演算也和日常会谈一样，暗中假定着什么是自变量，而把许多偏微分式全部忽视。我很怀疑这种演算能比日常会谈高明多少。把货币数量与物价关系用公式来表示，其最大用处也许只在指出二者的关系如何万分复杂，货币数量的变化对于物价的影响，要视察 e_d，e_w，e_e 及 e'_o 如何而定。其中，e_d 代表流动性偏好因素，决定每种情况下的货币需求；e_w 代表劳动力因素（说得更严格些是代表直接成本中的各生产要素），决定就业量增加时，货币工资的上涨程度；e_e 及 e'_o 代表物质因素，决定当在现有设备上增雇工人时，报酬递减的速率。

如果公众所持有的货币经常与其收入保持一定比例，则 $e_d＝1$；设货币工资固定不变，则 $e_w＝0$，设生产报酬总是不增不减，则边际报酬等于平均报酬，则 $e_e\times e'_o＝1$；设劳动力或设备已达充分就业，则 $e_e\times e'_o＝0$。

如果 $e_d＝1$，$e_w＝1$；或 $e_d＝1$，$e_w＝0$，$e_e\times e'_o＝0$；或 $e_d＝1$，$e'_o＝0$；那么都有 e＝1。很明显，除此以外，还有许多特例使 e＝1。但是一般说来 e

不等于1；我们可以很放心地下一个概括性结论：不论根据任何假定，只要不离现实世界太远，又不讨论"通货逃避"（Flight from the Currency）情况（若有通货逃避情况，则 e_d 及 e_w 变大），则 e 大概总是小于1。

七

以上是就短期立论，主要是讨论在短期内货币数量的变化对物价的影响。在长期中关系是否要简单些呢？

这个问题，最好让历史下结论，不要用纯理论讨论。如果在长期中，流动性偏好状态相当有规律，那么就悲观时期与乐观时期的平均值而言，在国民收入与货币数量之间，大致总有某种关系存在。例如，人们愿意以国民收入的一定百分比持有货币，这个比例数在长期中也许相当稳定；故在长期中，如果利率大于某种心理上的最低限度，人们就不会把超过这个比例数的国民收入用货币形式保持而闲置不用；除积极流动的需要以外，货币数量在国民收入中所占比例还超过此比例数，则迟早总有一个趋势，使利率降低到此最低限度左右。利率降低而其他情况不变，则有效需求增加；有效需求增加，则会达到一个或一个以上的半分界点，于是工资单位也作不连续的上涨，物价也因此受影响。如果剩余货币数量在国民收入中所占比例数太低，则会发生相反的趋势。所以在一段时期中，利率变动的净结果是在确立一个平均值，以适合于国民收入与货币数量之间的稳定比例。这一稳定比例既然是基于公众心理，所以迟早总会复归。

这种趋势在向上时比向下时所遇阻力大致较小。但货币数量如果不足很多且历时已久，则解决困难的方法通常总是改变货币本位或货币制度，以增加货币数量，而不是压低工资单位，以致增加债务负担。所以，就极长时期而言，物价总是向上：因为货币比较丰裕时工资单位上涨，而货币比较稀少时总有办法增加货币的有效数量。

19 世纪，就每 10 年的平均数字而论，人口的增加、发明的涌现、新区域的开发、公众的信心以及战乱频仍等种种因素，再加上消费倾向，似乎已足以建立一个资本边际效率表，一方面使得就业的平均水平可以令人相当满意，另一方面利率也高到使财富持有人在心理上认为可以接受的程度。记载中我们知道大概有 150 年这么长的一段时间，各主要金融中心的典型长期利率，总在年息 5％左右，金边债券（Gilt-edged Securities）的利率也在年息 3％～3.5％；然而这种利率，在当时还不觉得太高，在此利率下的投资量，还能使平均就业量并不低得太不像话。有时工资单位调整，但是调整得更多的是货币本位或货币制度，其中尤以银行货币的运用最为显著。调整以后的货币数量（用工资单位计算）足够满足正常的流动性偏好，而利率又不比以上列举的标准利率低得太多。工资单位的趋势和平常一样大体上是一直向上的，但劳动生产率也在增加。各种力量势均力敌，因此物价相当稳定——依据索贝克（Sauerbeck）物价指数，1820～1914 年，如果取 5 年平均数，则最高者也只比最低者大 50%。这个绝非偶然，论者归功于势均力敌，实属确当之论。这个时期中的各资本家集团的力量强大，工资单位上涨不太超过生产效率的增速；同时金融体系既很活泼，又很保守，所提供的平均货币数量（用工资单位计算），使得平均利率水平正好等于财富持有人在其流动性偏好势力之下所愿意接受的最低利率。当然，平均就业量要比充分就业低很多，但也没有低到不能忍受以致引起革命。

现在（未来大致亦复如此）的情况则不同，资本边际效率表由于种种原因要比 19 世纪低许多。如果平均利率低得可以使平均就业量相当合理，则又低得使财富持有人认为不能接受；因此，我们不容易仅仅从操纵货币数量着手，使利率降至该水平。当代问题的尖锐性与特殊性都由此而起。只要货币供给量（用工资单位计算）充分，20～30 年以内的平均就业量就可相当过得去，如果问题只是如此，则 19 世纪便可以找出一条出路。如果这是现在仅有的问题，换句话说，假使我们所需要的只是适度的通货贬值（Devaluation），则我们现在一定可以找出一条出路。

但在当代经济体系中，到现在为止（恐怕未来亦复如此）最稳定、最不容易变更的因素是一般财富持有人所肯接受的最低利率。[1] 如果要就业量还过得去，利率必须比 19 世纪之平均利率低许多，则这种利率是否仅仅操纵货币数量即可达到颇成绝大疑问。资本边际效率是贷款者可以预期取得的收益，但从此收益中还要减去：①拉拢借贷双方的费用；②所得税及附加税；③补偿贷款者所负风险，减剩的数额才是净收益，才可作为财富持有人牺牲其周转灵活性的代价。假使平均就业量还过得去，但此净报酬微小不足道，则由来已久的方法也许无效。

回到我们眼前的题目：在长时期以内，国民所得与货币数量的关系由流动偏好决定；而物价水平稳定与否要看工资单位（或说得更精确些，成本单位）的上涨与生产效率的增加速度谁快谁慢而定。

---

① 巴杰豪特（Bagehot）曾经引用过一句 19 世纪的谚语："约翰牛可以忍受许多东西，可就是受不了 2% 的年息。"

第六篇　通论引起的
几篇短论

第二十二章　略论经济周期

以上各章旨在探索任一时期决定就业量的各种因素，如果我是正确的，那么我们的理论就一定可以解释经济周期（Trade Cycle）① 现象。

以任何一个经济周期实例详加考察，都必然发现其异常复杂。要想完全解释它，则以上分析中的每个因素都有用处；特别是消费倾向、流动性偏好状态和资本边际效率三者的变动在经济周期中的作用尤为明显。但我认为经济周期之所以可以称为周期，尤其是在时间先后上及期限长短上之所以有规律性，主要是从资本边际效率的变动上产生的。虽然当资本边际效率变动时，经济体系中的其他重要短期因素也随之而变，因此情况更趋复杂和严重，但我认为经济周期的主要原因还是资本边际效率的周期性变化。要阐述这个论点，需要对事实进行深入考察，篇幅可能需要一本书，而不是一章所能胜任的。以下短短几节只是根据以前理论指出一条研究的路径而已。

一

所谓周期性循环运动（Cyclical Movement）是指当经济体系向上前进时，促使其向上前进的各种力量初期会逐渐增大，相互加强，继而则逐渐不支，到某一点之后代之而起的是向下的力量，后者也是初期逐渐扩大，互相加强，达到发展的最大值；然后逐渐衰退，最后又让位于相反的向上力量。但是，我们所谓的周期性循环运动，并不仅仅是指，向上或向下趋势一经开始，不会在同一方向上一直继续下去，最后物极必反；我们还指，向上与向下运动在时间先后和期限长短两点上都有相当明显的规律性。

要充分解释经济周期，则还有一个特征不容忽略——那就是危机

---

① 经济周期（Trade Cycle），有时也被直接翻译成"商业循环"，但其作为一种经济现象，则以经济周期表述更贴近实际——译者注。

（Crisis）现象。换言之，我们要解释为什么从向上趋势变为向下趋势时会转变得非常突然和剧烈；但从向下趋势变为向上趋势时却一般并没有尖锐的转折点（Sharp Turning-point）。

如果投资量变化而消费倾向不变，那么就业量必然发生变化。但决定投资量的因素异常复杂，硬说投资本身的一切变化或资本边际效率的一切变化都有周期性也太不近情理。变化的特例之一就是由农业变化引起的经济周期，这个问题将在本章的另一节中讨论。虽然如此，我还认为在 19世纪的环境中，就工业上典型的经济周期而言，我们的确有理由相信资本边际效率的变化确实有周期性。理由本身并不生疏，也常被人用来解释经济周期。此处只是把这些理由和以上理论联系起来。

二

我们最好从经济繁荣（Boom）之后的"危机"来临说起。上面说过，资本边际效率[①]不仅关系到现有资本品的多少及其当前生产成本的大小，也要看现在人们对于资本品的未来收益作何预期而定。如果是持久性资产，则在决定新投资的多少时，对人们对于未来的预期影响很大也在意料之中。但预期的基础非常脆弱，其证据也时常变幻且不可靠，因此预期常有突然而剧烈的变化。

向来对于"危机"的解释都侧重在利率上涨方面；利率之所以上涨，是因为商业和投机两方面对于货币的需求增加。这个因素，虽然有时可使事态严重化，偶尔也引起恐慌，但是我认为，一个典型的（常常是最普通的）危机的起因往往不是利率上涨，而是资本边际效率突然崩溃（Sudden Collapse）。

繁荣后期的特征是一般人对资本品的未来收益作乐观的预期，因此即使资本品逐渐增多，其生产成本逐渐加大或利率上涨，也都不足以遏制投资增加。但在有组织的投资市场上，大部分购买都各自茫然不知其所购为何物，投机者所注意的也不是对资本资产的未来收益合理的估计，而是推测市场情绪在最近的将来会有什么变动。因此，在过度乐观（Over-optimistic）和过度购买（Over-bought）的市场上，当失望来临时往往凶猛而强烈。[②] 不仅如此，资本边际效率宣告崩溃时，人们对未来的看法也随之

---

① 文中不会引起误会之处，常用"资本边际效率"一词代表"资本边际效率表"。

② 以上说过（第十二章）私人投资者很少直接负责作新投资，但直接负责的雇主，即使自己看得很明白，也往往不能不迎合市场看法，因为这样的做法有利可图。

变得黯淡和灰心，于是流动性偏好大增，利率上涨。资本边际效率崩溃时，常常连带着利率上涨，这一点可以使得投资量降低得非常厉害；但是事态的重心仍在于资本边际效率的崩溃，尤其是以前被人非常看好的资本品。至于流动性偏好，则除了由于业务增加或投机增加所引起以外，要在资本边际效率崩溃以后才会增加。

正因为如此，所以经济衰退（Slump）非常难以对付。以后降低利率对经济复苏（Recovery）会大有帮助，而且也许是后者的必要条件；但对于当下（For the Moment）而言，资本边际效率可能崩溃到在实际可行范围内利率无论如何降低都不足以使经济复苏的程度。假使仅仅降低利率已经是有效的补救办法了，那就不必经过相当长一段时间才能复苏，而且复苏之道多少已在货币当局直接掌控之中。然而事实往往并非如此，要使资本边际效率复苏并不容易，而且决定资本边际效率的是商业世界中不受控制、无法管理的市场心理。通俗地讲，在个人主义的资本主义经济体系（Economy of Individualistic Capitalism）中，信心最难操纵，最不容易恢复。银行家与工商界一向重视经济衰退的这一方面，实在是对的；而经济学家倒反而不重视，因为后者过分相信"纯货币的"（Purely Monetary）补救办法。

这就到了我的论点。要解释经济周期中的时间因素，要解释为什么一定要经过一段时间以后才会开始复苏，必须先探究在什么力量控制下资本边际效率才会复苏。理由在于：一是从特定的持久性资产寿命与特定时代中（Given Epoch）人口的增长速度之间的关系产生的；二是从过剩存货的贮藏费（Carrying-costs）中产生的。它们使得向下运动的期限有一定的长度，不是这次是 1 年，下次是 10 年，而是呈现一定的规律性，总在 3～5 年变动。

现在再回到危机发生时的情况。只要经济繁荣还在维持着，那么许多新投资的当前收益总不算太坏。幻灭感（Disillusion）的产生或是由于人们对于未来收益的可靠性突然发生怀疑；或是由于新产的持久品（Durable Goods）数量一直增加而使当前收益有下降的迹象。假使人们认为当前生产成本要比以后高，就又多了一个资本边际效率要下降的理由。怀疑一经开始，传播会非常迅速，因此在经济衰退之初也许有许多资本品的边际效率变得微不足道，甚至是负数。经过一段时间以后，因为使用、腐蚀或折旧等原因，资本品又显得稀少起来，于是边际效率又提高。这段时间的长短也许是一个时代（Epoch）资本品平均寿命的函数，而且这一函数关系很稳定。如果时代的特征改变，那么标准的时间间隔也随之而变。例如从人口渐增时期进入人口渐减时期，则衰退时期将延长。由上所述，我们已经可以知道，为什么衰退时期的长短和持久性资产的寿命，以及某时代人口的正常增长率，二者之间有具体关系。

第二个稳定的时间因素在于过剩存货的贮藏费。因为有贮藏费，所以必须把过剩存货在某一时期内吸收完毕，这个时期既不太短也不很长。危机发生后，新投资骤然停止，也许半制成品有许多过剩存货要堆积下来。这些存货的贮藏费很少会小于每年10%，因此其价格必须下降使产量缩减，以便在3～5年把存货吸收完毕。吸收存货等于负投资，在此吸收过程中就业量更受打击，要等吸收完毕以后，就业量才会有显著改善。还有在向下时期产量将缩小，运营资本必然跟着减少，这又是一项负投资，而且可能很大；衰退一经开始，这一项就强化了下坡的趋势。在一个典型的经济衰退中，最初期的存货投资也许增加，可以帮助抵消运营资本方面的负投资；而下一阶段可能在短时间内在存货和运营资本两方面都有负投资；最低点过去以后，存货方面大概还是负投资，但运营资本方面已有重置投资，二者会互相抵消一部分；最后等到经济复苏已经进行了相当时期，则二者同时都利于投资。要有这样一种背景才可以考察：当持久品投资量变动时，到底额外产生些什么结果。设持久品方面投资减退，以致发动了一个循环性变动，则在这个循环尚未完成其一部分进程以前，这种投资很难复苏。①

不幸得很，如果资本边际效率降得很厉害，那么消费倾向也受到不利影响。前者引起证券市场上证券价格的剧烈下降，对证券投资产生积极兴趣的人，尤其是那些用借款从事投资的人，当然因证券市价的下落而有沮丧之感。这些人在决定其消费量时，恐怕受收入的大小影响小，受其投资价值涨落的影响大。现在美国公众的"证券意识"（Stock-minded）很强，证券市价上涨，几乎是消费倾向好转的必要条件。这种环境当然会强化资本边际效率降低时所产生的不利影响，但迄今为止注意到这一点的人还很少。

复苏一经开始，其力量如何生长和加强当然不难理解。但在经济衰退期间，一时固定资本及原料存货都嫌过剩，运营资本又在缩减，所以资本边际效率表可能会到很低的程度，以至于在实际可能范围以内无论利率如何降低，新投资量还是差强人意。就当今的情况而言，市场的组织形态是这样的，而市场所受的影响又是那样的，所以，市场上对资本边际效率的估计可能有很大变动，决不是变动利率就能够抵消的。不仅如此，资本边际效率降低时的证券市场也趋向下游，于是在我们最需要消费倾向扩大之

---

① 拙著《货币论》第四篇所讨论的内容，有一部分与以上有关。

时，消费倾向反而缩减。在自由放任情况下，除非投资市场心理有彻底改变，否则没有办法避免就业量的剧烈变动；但是，我们又没有理由可以预料会有这种彻底改变。所以我的结论是，不能放心地把决定当前投资量的职责放在私人手中（The Duty of Ordering the Current Volume of Investment cannot Safely be Left in Private Hands.）。

三

以上分析似乎和一种看法相同：有人以为经济繁荣的特征就是投资过度，要避免以后发生经济衰退，唯一可能的办法就是避免这种投资过度。我们固然不能用低利率来防止经济衰退，但是我们可以用高利率来避免经济过度繁荣。根据以上分析，这种看法也不无理由。

但从以上得出这样的结论，那是误解了我的分析，而且，照我的想法，还犯了严重错误。投资过度（Over-investment）一词，实在含义不明，既可指预期收益一定不能实现的投资，或在失业严重时无法从事的投资；又可指每一种资本品都已非常丰富，即使在充分就业情况下也没有任何新投资可以在该投资品寿命中，使收益超过重置成本。严格说来，只有后一种状态才可称为投资过度。这里意思是指投资如果再增加，就完全是浪费资源。① 但即使采取这种解释，即使这种投资过度是经济繁荣期间的正常特征之一，补救措施也不应是提高利率，因为提高利率也许要阻挠某些有用的投资，还会降低消费倾向；而应是采取严厉步骤，例如重新分配收入或其他办法来刺激消费倾向。

但是据我分析，只有采取前一种解释，才能说经济繁荣的特征是投资过度。我认为在典型情况下，并不是资本已经丰富到再多一些社会全体就无法加以合理运用的程度，而是从事投资时的环境既不稳定，又不能持久，因而投资时所作的预期根本不能实现。

当然在繁荣时期，可能甚至不可避免地有人会眼花缭乱，于是有某些资本资产的确生产得过多，其中有一部分不论用什么标准来判断都是浪费资源。这种情况即使不在繁荣时期，有时也会发生。这可以说是投资方向错误（Misdirected Investment）。然而在此之上，繁荣时期的一个重要特征是有许多投资在充分就业情形之下实在只能产生 2% 的收益，但在人们预期之中以为可以产生 6% 的收益，于是就贸然根据这种错误预期而下

186

---

① 若对消费倾向在时间上的分配作某种假定，则即使其收益为负数，投资仍然是有利的——意思是说就社会全体而言，该投资能使社会的满足成为最大值。

手。一旦真相大白，代之而起的是过度悲观的错误（Error of Pessimism），于是有许多投资在充分就业条件下，其实可以产生 2％ 的收益，但在人们预期之中以为不仅不能生息，而且还要赔本，结果是新投资崩溃，产生失业状况，于是在充分就业情况下原来可以产生 2％ 收益的投资，现在真的就不能生息还要赔本了。我们的处境就好像是闹着房荒（Shortage of Houses），但现有房子却又没有人住得起。

要挽救经济繁荣的手段不是提高利率，而是降低利率，① 后者也许可使繁荣延长下去。矫正经济周期的正确方法不是取消繁荣（Abolishing Booms）使我们永远处于半衰退（Semi-slump）状态；而是消除衰退（Abolishing Slumps），使我们永远处于准繁荣（Quasi-boom.）状态。

经济繁荣之后必然继之以经济衰退的原因是由利率及预期状态二者拼凑起来的。如果预期完全准确，则利率已经太高，与充分就业不相容；但如果预期不准，虽然利率高但事实上不发生阻挠作用。冷静地看，利率已经太高，但过度的乐观还能战胜利率，这种境界就是经济繁荣。

除了战时，我很怀疑在最近的经验中，究竟有没有过一个经济繁荣强烈到引起了充分就业的程度。美国在 1928～1929 年，就业量固然很满意，但除了少数高度专业化的工人集团以外，我看不出有劳动力不足的迹象；"瓶颈"固然有几个，但总产量还可以扩充。有两种情况：一是住宅的标准和数量已经高到某种程度，在充分就业的情况下每个人已各得其所，而房屋在其寿命中所产生的收益也仅仅刚超过其重置成本，并不能产生利息；二是运输、公用事业及农业改良等方面的投资已经达到某一点，如果再要增加，则其未来收益甚至不足以补偿其重置成本。假如投资过度是这种解释，那么美国在 1929 年还没有投资过度；说当时美国有这种投资过度反倒是荒谬的。当时的实际情况的性质完全不同。在以往 5 年内，新投资总量的确绝对大，如果冷静观察（Coolly Considered），那么再要增加投资，其未来收益必然急剧下降。如有先见之明（Correct Foresight），则资本边际效率已经降到前所未有的低点（Low Figure），因此，除非压低长期利率至极低水平，或避免方向错误被人过分热衷的投资，否则"繁荣"再继续下去，基础就不健全了。当时事实刚好相反：超过的利率已经足以遏制新投资，只有在投机冲动下，过分热衷的嫌疑特别大的那些方面，投资还在继续进行；如果把利率提高到足以克服这种投机冲动，那么就又把一切合理的新投资都遏制住了。在大量新投资已经持续了一段时期

---

① 相反方面也有若干理由，参阅本章第六节。假如我们对于现在所使用的方法不能加以彻底改变，那我也同意在某种情况下，在经济繁荣时期提高利率是两害相权取其轻的办法。

以后，还想用提高利率的办法来挽救由此所产生的情况，那就愚蠢和笨拙得简直和要给人治病却把病人治死一样不相上下。

像英国和美国这样富裕的国家，假定消费倾向和现在一样，如果类似充分就业的状态能够延续一段岁月，则新投资量很可能会大到最后实现充分投资（Full Investment）的程度。所谓充分投资是指不论哪一类持久品再增加，根据合理计算的收益总和不会超过其重置成本。而且，这种情况可能在相当短（Comparatively Soon）的时期内（例如 25 年或更短）就可以达到。请不要因为我曾说过，这种意义上的充分投资状态在过去昙花一现都不曾有过，就以为我否认有这种可能性。

更进一步说，即使我们假设在当代经济繁荣时期的确曾暂时达到充分投资或投资过度（依照上述定义）的程度，我们还是不能把提高利率作为合适的补救办法。假如真有这种情况，那么把病因归于消费不足的那些人就要理直气壮，振振有词了。真正的补救办法是用各种方法，例如收入的重新分配等来增加消费倾向，使得一个较小的投资量就可维持某种特定的就业水平。

四

有好几派学说从各种不同观点出发，都认为当代社会之所以有就业不足的长期趋势，是因为消费不足，换句话说，是因为社会习惯以及财富分配使得消费倾向不免太低；这里不妨对这种学说做简要的评论。

在现有情况下（或至少是在不久以前的情况下），投资是没有计划和控制的，主要受资本边际效率以及长期利率的支配。前者决定于私人判断，这种判断要么茫无所知，要么从事投机，因此资本边际效率变幻多端；后者则有基于惯例的最低水平而不能（或很少）再低。在这种情形之下，用这种学说作为实际施政的指南无疑是对的；因为除此以外没有别的方法可以把平均就业量提高到更满意的水平。假使事实上不大可能增加投资量，则除了增加消费以外，没有别的方法可以达到较高就业水平。

就实际政策而言，我和这些学派不同之处只有一点：我觉得他们不免太着重于增加消费，而在现在这个时候增加投资实际上对社会还有许多好处。就理论而言，他们可批评之处在于忽视了增加产量的方法不止一个，而有两个。即使我们决定最好让资本慢慢增加，集中力量来增加消费，我们也应当扩大视野，把其他方法仔细考虑以后再作决定。我自己认为，增加资本数量，使得资本不再有稀缺性，对社会有极大好处。然而这只是一个实际判断，不是理论上非如此不可。

我也承认最聪明的办法还是双管齐下。一方面设法由社会来控制投资量，让资本边际效率逐渐下降；另一方面用各种政策来增加消费倾向。在目前消费倾向之下，无论用什么方法来操纵投资，恐怕充分就业还是很难维持，因此，两种对策可以同时并用：增加投资的同时提高消费。投资一旦增加，则即使在目前消费倾向之下消费也必然提高，以与此投资增加相符合；所谓提高消费不是仅仅指这一层意思，而是还要提高一层。

用整数举一个例子。设现在的平均产量比充分就业情况下所可能有的产量要低 15%，又设现在的平均产量中有 10% 代表净投资，90% 为消费，再设在目前消费倾向之下若要达到充分就业，则净投资必须增加 50%，于是在充分就业条件下，产量由 100 增加为 115，消费由 90 增加为 100，净投资由 10 增加为 15。所谓双管齐下是指我们也许可以修改消费倾向，使得在充分就业条件下，消费由 90 增加为 103，净投资由 10 增加为 12。

五

还有一派思想认为要解决经济周期问题，既不在增加消费，也不在增加投资，而在减少求职人数。换句话说，把现有就业量重新分配一下，就业量或产量则不增。

我觉得这种计划与增加消费计划相比还嫌过早。将来也许会有一天每人都会权衡增加闲暇（Leisure）或增加收入的利弊得失；但就目前情况而言，似乎绝大多数人都愿意选择增加收入，不选择增加闲暇。我看不出有什么充分理由可以强迫这些人多享受一些清闲。

六

真有点奇怪，居然有一派思想认为要解决经济周期最好是提高利率以防患于未然，这样在初期就把经济繁荣遏制住了。唯一可为这种政策辩护的是罗伯森的学说；他实际上假定充分就业是不能达到的一种理想，我们至多只能希望达到一个就业水平，比现在要稳定许多，平均起来比现在稍为高些。

假使在投资计划或消费倾向方面，想不出太多办法，又假定现有状态大体上会继续下去，那么采取一种银行政策使利率高到足以遏制最过火的乐观主义者，使得经济繁荣在萌芽时期就遭到铲除，这样是否反而好些倒值得商讨。经济衰退时期，因为预期不能实现可能引起许多损失与浪费，如果先遏制，那么也许有用投资（Useful Investment）的平均水平反而要高一些。根据他自己的假定，这个看法是否正确很难断言；因为这作为一个事实判断所依据的数据资料并不够充分。这种看法也许忽略了一点：即使投资方向事后证明为完全错误，但由此引起的消费增加对社会还是有利的。所以即使是这种投资也比毫无投资好。还有，假使遇到美国 1929 年那样的经济繁荣，手中所有武器又只是当时联邦储备体系（Federal Reserve System）所有的那几种，则即使让最开明的货币当局来调控也会感到棘手；其权限中所有的办法，无论用哪一项结果都差不多。无论如何，我认为这种看法都是危险而不必要的宿命论（Defeatist）。至少它默认现存经济体系中的缺点而不努力设法补救。

只要就业水平显著超过（例如）前 10 年的平均水平，便即刻提高利率来加以抑制，这是一种严酷的做法。但为此种看法辩护的人除了以上所举的罗伯森外，还大都头脑不清，出言无据。例如有人以为在繁荣时期，投资会超过储蓄；提高利率一方面可以抑制投资，另一方面可以刺激储蓄，所以可恢复均衡。这种说法假定储蓄与投资可以不相等，在没有对这两个名词下特殊定义以前，这种说法没有意义。又有人说，投资增加时，储蓄固然也随之而增加，但这种储蓄增加是要不得和不公平的，因为物价也往往随之而上涨。照此说法则现有产量及就业量作任何向上的改变都值得商榷。物价上涨的主要原因不在投资的增加，而是因为在短时期内生产上有报酬递减现象，或当产量增加时成本单位（用货币计量）有上涨趋势，所以，供给价格常随产量的增加而上涨。如果短时期供给价格为常数，则物价当然不涨，但当投资增加时，储蓄还是随之而增加，储蓄增加是由于产量的增加，物价上涨只是产量增加的副产品而已；而且即使储蓄不增加，但消费倾向加大时物价还是要上涨。没有人有合法的既得权利可以压低产量以便低价购买；物价的低只是因为产出低。

又有人说，假使因为货币数量增加而引致（Engineered）利率降低，所以投资增加，那么这种投资增加是要不得的。然而先前的利率也没有什么特别的优点非保留不可，新货币也不能强迫人去接受。利率既然下降，交易量既然增大，那么流动性偏好自然也要增加。所以要通过增发新货币才能满足；持有这种新货币的人也是自愿存钱（Hold Money），而不愿低利贷出（Lend it）。更有人说，经济繁荣的特征就是资本消费（大概是指负的净投资），换句话说，就是过度的消费倾向。除非是把经济周期现象和第一次世界大战后欧洲币制崩溃时发生的通货逃避现象混为一谈，否则事实完全相反。而且，即使这种说法是对的，那么要医治投资的不足，降低利率还是要比提高利率更合理些。总之，我对这些思想完全不能理解——除非是加一个暗中假定，即总产量不能改变。但一个理论假定产量不能变更，当然不大能用来解释经济周期。

<h1 style="text-align:center">七</h1>

早期研究经济周期的人，尤其是杰文斯（Jevons），想从农业气象的变化而不从工业现象中找出经济周期的解释。从以上理论来看，这条路径来研究这个问题倒是非常合理。即使现在，农产品存量的多少还是某一年与其他年份之间投资量不同的重要原因之一。在杰文斯写作的年代，这个原因的重要性大概一定超过其他一切因素；尤其是他所搜集的统计资料，大部分比其写作时期更早。杰文斯以为经济周期的出现主要是由于农作物收获量不确定。这种说法可转述如下：设某年五谷丰登，则本年的农产品转移到以后几年用的储备粮也常常增加。这些超额储备（Carry-over）增加量的售价是农民当年的收入，农民也把它视为收入。但社会其他各阶层的支出却并不因此超额储备的增大而减少，因此这种增加量的售价出自购买者的储蓄。换句话说，农作物储蓄量的增加是本年投资量的增加。即使物价下降幅度很大，这种说法仍能成立。同理，设某年歉收，则将动用储备粮作本年度的消费，于是有一部分的消费支出并不构成农民本年度的所得。换句话说，储备粮的减少是本年投资的减少。如果其他方面的投资不变，则在两年之间，一年储备粮增加很多而另一年减少很多，这两年的总投资量可以相差极大。在以农立国的国家，储备粮增减这一个原因与其他任何可以引起投资量变动的原因相比，都有压倒的优势。因此如果向上转折点常为丰年，向下转折点常为歉岁，自然也不足为奇。至于是否有气象上的原因使得丰年与歉岁成为有规则性的循环，当然是另一问题，不在此处讨论之列。

近期又有若干学说，以为有利于工商业者的倒不是丰年，而是歉岁。理由是如果五谷歉收，则或者工人们肯接受较低的实际报酬而工作，或者购买力方面会重新分配而利于消费。不必说，我以上所说，用农作物丰歉现象来解释经济周期指的并不是这些学说。

但在近代，农业变动这一原因的重要性大为降低。理由有二：第一，农产物在社会总产出中所占比例要比以前小得多；第二，自从农产品发展为世界市场以后，世界各国的丰歉可以互抵，因此全世界农作物产量变动的百分比，比一国产出变动的百分比要小许多。但在以往，各国大都依靠本国农作物产量的供给，因此除了战争以外，农产品积存量的增减要算是引起投资变动的最大原因了。

即使现在要决定投资量的大小，也还得密切注意农矿产原料的积存量有什么变化。进入经济衰退以后之所以一时不能复苏，我认为主要是因为在衰退期间存货逐渐由过多减至正常——减少存货是有紧缩作用的。经济繁荣崩溃以后，一时的存货累积起来，崩溃速率比较一般；燃眉之急当然要解，但也不是没有代价：以后复兴速度也因此而迟缓。有时存货必须先减少得相当彻底，然后经济才有复苏的迹象。如果存货方面没有负投资，则在其他方面作某种数量的投资，或许就已经能够产生向上的复苏运动；但如果负投资仍继续发生，则这样的投资量也许就显得很不足。

美国实行"新政"（New Deal）初期就是最好的例证。当罗斯福总统开始其大量举债支出时，各种货物——尤其是农产品——存货都很大。"新政"的一部分就在于用缩减生产等方法竭力减少存货。把存货量减至正常水平是一个必要步骤，必须忍痛为之；但在减少过程中其他方面发债支出的功效也大为削减；必须把这个过程完成以后，经济复苏才能踏上康庄大道。

美国最近的经验又可说明一点：制成品和半制成品存货数量的变动可以在经济周期的主要运动中引起次要波动。制造商总是预测数月以后的消费量，从而调整其今天的生产规模；但计算时总不免稍有错误，一般大概是估计过高，一旦发现错误，则在短时期内生产量又低于消费量，让过多存货逐渐吸收完毕。这种在步伐上一时抢前、一时落后的现象对投资量的影响，在统计完备的美国完全能够在统计资料上清晰地显示出来。

第二十三章　略论重商主义、
禁止高利贷法、加印货币
以及消费不足说

一

大约 200 年来，经济学家和实业家都深信不疑：贸易顺差对一国有特别好处，而贸易逆差则有严重危险，如果后者引起贵金属外流，则危险更大。但在最近 100 年内，意见却有很大分歧，大多数国家的大多数政治家和实业家还是忠于旧的学说；英国虽是相反意见的发源地，但即使在英国，政治家和实业家效忠旧学说者还占一半。相反，几乎所有英国经济学家都认为替这种事情担心完全是杞人忧天（Absolutely Groundless），目光短浅；国际贸易机制会自动调整，凡是设法干涉这种机制的行为不仅徒劳无功，还会使本国贫乏，国际分工的好处将因此丧失。我们可以遵照传统，称旧学说为重商主义（Mercantilism），称新学说为自由贸易（Free Trade）。但这两个名词都有广义和狭义之分，读者要参照上下文理解。

一般说来，近代经济学家不仅认为国际分工的好处足以超过实行重商主义所可能取得的好处，而且认为重商主义是彻头彻尾的头脑不清，一团糟。

举一个例子：马歇尔[①]提到重商主义时，总不能算是毫无同情，但他从未尊重重商主义的核心理论，甚至没有提到过他们论证中的真理成分。[②] 至于这些真理成分是什么，我在以下再讨论。同样，在当代论战

---

① 马歇尔：《工业与贸易》（Industry and Trade），附录 4《货币、信用与商业》（Money, Credit and Commerce），第 130 页；《经济学原理》（Principles of Ecomomics）附录 1。

② 他对于重商主义者的看法，都归纳在《原理》第 1 版第 51 页脚注中："在英国和德国，对于中古时代论述货币与国家王室关系的问题，曾经作了很多研究，大体说来，我们最好说，他们因为对货币的功用缺乏清楚的了解，所以思想不清；倒不是因为故作假定，认为要增加国家财富，只能从增加该国贵金属的数量着手，所以误入歧途。"

中，赞成自由贸易（Free-trade）的经济学家虽然在鼓励幼稚工业（Infant Industries）、改善贸易条件等方面肯对重商主义者作理论上的让步，然而这些无关宏旨。关于财政政策在 20 世纪开头 25 年内有许多争论。据我所知没有一个经济学家在争论中肯承认：保护政策也许可以增加国内就业量。用我自己写的东西作为例证应该是最公允的了。1923 年，我还是古典学派的忠实信徒，对这个问题曾经毫无保留地说过："假使有一件东西保护政策是束手无策的，那就是医治失业，赞成保护政策的理由有很多，其中有些是因为基于可能得到的，但可能性不大的种种利益，因此无法作简单答复。但如果保护主义者认为保护政策可以医治失业，则保护主义的谬误可以说是到了最荒唐、最赤裸裸的地步。"① 当时关于早期重商主义理论也没有好书可读，所以追随先辈相信重商主义只是一派胡说。古典学派的支配力真是达到了无孔不入、绝对压倒的优势地位！

二

让我先用自己的话说出（我现在认为的）重商主义学说里面含有的科学真理成分，然后再拿来和重商主义者（Mercantilist）实际所用的论证相比较。当然，实行重商主义所能取得的好处只限于一国而不会惠及全世界。

当一国财富急剧增加时，在自由放任条件下的这种幸福状态会因从事新投资的动机不足而中断。如果决定消费倾向的社会政治环境以及国民特性都是既定不变的，那么根据前述理由，国家要维持继续进步的状态，这种投资引诱（Inducements）必须充分。引诱可来自对内投资，也可来自对外投资（后者包括贵金属的积累）；二者构成总投资。在总投资量完全由利润动机决定的条件下，国内投资机会在长时期内由国内利率的高低决定，而对外投资量要视贸易顺差的大小而定。如果在一个社会内国家不能直接从事投资，那么，政府在经济方面关注国内利率和国际贸易差额自然是相当合理的。

假定工资单位相当稳定而且不会自动大幅度改变（这个条件几乎总是满足的），又假定流动性偏好状态的短期变动平均数也相当稳定，而银行所遵守的惯例也没有大的变化，那么，利率的高低要看国内有多少贵金属（用工资单位计量）可以用来满足社会的流动性偏好。如果在一时代内既无大量国际借贷，又极少可能在国外购置产业，则贵金属数量的增减主要

---

① 《民族与图书周刊》（The Nation and the Athenaeum），1923 年 11 月 24 日。

看贸易究竟是顺差还是逆差。

因此，当时的政府当局关注贸易顺差实在是一箭双雕，而且也只有这个办法。当时当局既不能直接控制利率，又不能直接操纵国内投资的其他引诱，增加顺差是政府可以增加国外投资的唯一直接办法；同时，贸易为顺差时贵金属内流，这又是政府可以降低国内利率、增加国内投资动机的唯一间接办法。

然而这种政策的效果也有两种不可忽视的限制。首先，国内利率降低时投资量会增加，以致就业量冲破一定界线后工资单位上涨，那么，国内成本增加，对国际贸易差额开始有不利影响。增加顺差的各种努力以后会物极必反，而归于失败。其次，国内利率下降后比其他国家的利率低，以致刺激对外贷款，超过顺差额，则可以引起贵金属外流，这种情况的变化导致前功尽弃。国家越大，其国际地位越重要，则这两种限制的危险性也越大；如果每年贵金属的产量相当小，那么一国有贵金属内流，就有其他国家有贵金属外流，重商主义政策推行过度，不利影响不仅来自国内的成本上涨、利率下降，也来自国外的成本下降、利率上涨。

一国的国际贸易会因贵金属太多、工资单位上涨而遭毁灭。15世纪下半叶及16世纪的西班牙经济史可以提供证据。20世纪内，英国在第一次世界大战前的经验可以说明，如果对外贷款以及在国外购置产业过分方便，往往会使国内利率不能下降，于是充分就业不能实现。如果一个国家的流动性偏好太强，以致即使贵金属长期大量内流，都不足以使利率下降、实际财富增加，那么，国家会经常处于贫乏状态，印度在这方面是典型实例。

虽然如此，假定有某一社会，其工资单位、决定消费倾向的国民特性以及流动性偏好都相当稳定，其货币制度又以贵金属为基础，在货币数量与贵金属数量之间经常保持一个稳定关系，那么政府当局为了维持繁荣，必须密切注意贸易差额。如果贸易为顺差而又不太大，那么就有相当的鼓励作用；如果为逆差，则可能很快就会产生顽固的经济衰退。

但并不是限制进口越严，国际贸易的顺差就越大。早期重商主义者很重视这一点，因此常常反对贸易限制，他们认为把目光放远些，贸易限制是会不利于顺差的。在19世纪中叶英国所处的特殊环境中，实行自由贸易恐怕最能够促进当时英国的贸易顺差，就当代经验而言，第一次世界大战后欧洲各国都设法限制贸易，增加顺差，而结果适得其反。

读者不要因为各种理由就轻易认为我将主张什么实际政策。除非有特殊理由可以为之辩护，否则一般说来，贸易限制的确是很可非议的。国际分工的好处虽然被古典学派过分夸大，但毕竟是真实的，也是很可观的。而且，一个国家从贸易顺差得到的好处往往就是其他国家蒙受的损失（重商主义者很明白这一点），尤其应当自己克制，避免过火，不要使得一国贵金属数量超过公平合理的限度；况且假使这种政策推行过度，会引起毫无意义的国际竞争，大家都争取顺差，结果大家受损。① 最后，实行贸易限制政策也不一定能达到预期效果，因为有私人利益、行政无能以及事情本身存在困难等原因，结果可能和初衷背道而驰。

因此，我所批评的重点是我以前师承而且拿来教人的自由放任学说，其理论基础不够充分；我所反对的学说是利率与就业量会自动调整到最合适的水平，所以关注贸易差额是在浪费时间。倒是我们经济学界同仁犯了冒冒失失的毛病，把几百年来执政者尽力追求的东西当作是庸人自扰。

在这种错误理论的影响之下，伦敦的金融界逐渐设计了一个危险到无以复加的办法来维持均衡：那就是一方面严格维持外汇汇率，另一方面让银行利率涨落。这就使得国内利率和充分就业彻底分崩离析了。因为事实上不能不考虑到国际支付差额，于是设计了一个办法来管理；这个办法，不仅不保护国内利率，反而把国内利率牺牲在盲目势力（Blind Forces）之下。最近，伦敦银行界得到了许多教训，我们希望从此以后，英国不再重蹈以往覆辙：因为要保护其国际支付差额，所以要提高利率，从而引起国内失业。

古典理论在解释单独一个厂商的行为以及解释使用一特定量资源所得产物的分配办法方面自有其贡献，功不可没。在这几个方面如果不利用这套思想方法，简直无法澄清思路。请不要因为我说他们忽略了前人学说中的有价值部分，就以为我否认这一点。但政治家所关注的是如何使整个经济体系中的全部资源最适度利用（Optimum Employment）。在这方面，16、17 世纪的经济思想倒获得了处世智慧（Practical Wisdom）的一鳞半爪，而李嘉图不切实际的抽象思维，反而把这些一鳞半爪先遗忘后抹杀了。重商主义者从禁止高利贷、维持国内货币数量、防止工资单位上涨等方面竭力设法压低利率；如果国内货币数量因为不可避免的贵金属外流、工资单位上涨等②出现不足，则不惜诉诸货币贬值弥补不足。这种种都表示出重商主义者的智慧。

---

① 根据同样的理由，如果工资单位不固定，用减低工资来应付经济衰退，实在也是损人利己的做法。

② 至少从梭伦（Solon）时代以来（假使有统计资料，还可以上溯许多个世纪），经验告诉我们，在长时期内，工资单位一直有上涨趋势，只有当经济社会在腐败或解体时才会下降；其实这个经验，由人性中就可推测而知了。因此除了社会进步，人口增加这一原因以外，货币数量还必须逐渐增加。

三

也许有人会说，早期的经济思想先驱者只是偶然获得了一些处世智慧，而并不了解其背后的理论基础。因此我们要把他们的理由以及建议都作一番简短的检讨。这件事情现在容易办到，因为海克雪尔（Heckscher）教授的著作《重商主义》已经把两个世纪的经济思想提纲挈领地写了出来，可供一般的经济学读者参考。以下所引的主要是录自该书。①

（1）重商主义者从来没有认为利率会自动调整而达到适宜的水平；相反，他们反复申述利率太高是抑制财富扩张的主要障碍；他们甚至知道利率是由流动性偏好以及货币数量决定的。他们所关注的是一方面降低流动性偏好，一方面增加货币数量；其中有几人还明确指出，他们之所以要设法增加货币数量，是因为要降低利率。海克雪尔教授把重商主义者的这方面学说总结如下：

在某种限度以内，敏锐的重商主义人士在这方面所采取的立场和在其他方面一样非常明确。在他们看来，货币用现在术语说是一个生产要素，与土地处于同等地位；他们有时把货币看作是"人为的"财富，以别于"天然的"财富。利息就是租用货币的代价，性质一如地租。在这一时期，探讨决定利率高低的客观理由的重商主义者越来越多，他们总认为货币数量决定利率。这方面材料很多，此处只选几个典型例子说明这一观念如何根深蒂固，历时弥久而颠扑不破。

在 17 世纪 20 年代早期，货币政策以及东印度贸易引起了一场论战，但论战双方的领袖对这一点意见完全一致。杰拉德·梅林斯（Gerard Malynes）说："货币充足可以减少高利贷"，又举出详细理由维护这句话［《商法》（LexMercatoria）以及《维持自由贸易》（Maintenanceof Free Trade），1622］。其劲敌爱德华·米赛尔顿（EdWard Misselden）也说："医治高利贷的办法，也许是让货币充斥［《自由贸易或使贸易兴旺之道》（Free Tradeor the Means to make Trade Flourish），同年］。"半个世纪以后，重要作家之一切尔德（Child）是东印度公司的万能领袖，又最善于为该公司辩护。他竭力要求由国家制定最高利率；他还讨论了（1668）假使荷兰人把钱从英国提走，则对于法定最高利率将发生什么影响。他觉得要对付这个威胁，最好用债券作为通货，随便转让，因为如此一来，则

---

① 大体上说来，海克雪尔教授信奉古典学派，对重商主义学说的同情要比我小得多。这点对我倒很适合，因为他所选引文，决不会因为要说明重商主义者的智慧，而有断章取义之嫌。

"至少有一半我国所用现款，将因此而得到弥补"。还有一个叫配第（Petty）的作家是超然于党派之争的，他也和别人一样认为利率之所以由10％下降到 6％，是因为货币数量增加［《政治算术》（Political Arithmetic），1676］，他认为，如果一国铸币太多，那么放款取利就是合适的补救办法［《货币略论》（Quantulumcunque Concerning Money），1682］。

这种想法当然并不限于英国，几年之后（1701、1706），法国商人和政治家都不满意当时的高利率，而都诿罪于货币稀少；他们想通过增加货币流通量而设法降低利率。①

洛克（Locke）大概是把货币数量与利率关系用抽象语言表达出来的第一人。这见于他和配第的争论之中。② 配第主张由法律来限定一个最高利率，他则坚决反对，认为这样的规定一如规定最高地租一样不切实际。他说："货币会从利息方面每年产生收入；在这方面，货币的自然价值（利率），是由当时在一国流通的货币总量以及该国的贸易总值所决定的。"③ 洛克解释货币有两种价值：①使用价值，其大小由利率定，在这方面，货币的性质与土地相同，不过一种收入称为地租，另一种收入称为利息而已；②交换价值，在这方面，货币的性质与商品相同，货币的交换价值由货币的多少以及商品的多少所决定；与利率无关。因此洛克是两种货币数量说的鼻祖。第一，他认为利率由货币数量（顾及流通速度）与贸易总值（Total Value of Trade）之比决定；第二，他认为货币的交换价值，由货币数量与市场上商品总量（Total Volume of Goods）之比决定。但他一只脚伸在重商主义世界，一只脚伸在古典学派世界，④ 对两种比例的关系却弄不清楚；而且他完全忽略了流动性偏好状态也有变动的可能。但他竭力说明，降低利率对物价水平并不发生直接影响，"只有当利率的改变引起货币或商品的进口或出口，以致商品与货币的比例与前不相同时，物价才会受到影响"。换句话说，如果利率的降低引起现金出口或产

---

① 海克雪尔：《重商主义》（Mercantilism），第 2 卷，第 200、201 页，略有删节。

② 《略论降低利息和提高货币价值的后果》（Some Considerations of the Consequences of the Lowering of Interest and Raising the Value of Money，1692），但写作要比出版早几年。

③ 他加了一句："不仅要看货币数量，也要看货币流通速度而定。"

④ 再稍微晚一些，休谟（Hume）就把一只半脚伸入到古典理论的世界来了。休谟是经济学家中第一个重视均衡位置而轻视趋向均衡的过渡状态的人；但他还不失为一个重商主义者，他还知道，实际上我们总生存在过渡状态之中。他说："只有在取得货币以后，物价上涨之前的这一段时间内，金银的增加才利于工业……货币数量的多少，与一国的国内幸福丝毫无关紧要。假使可能的话，执政者应当使货币数量继续增加方才是良策，因为这样可使工业健康发展，劳动者增加；劳动者增加，才使国家真强真富。假使有两个国家，一国的货币数量在减少，另一国正在增加，但总数量则不比前者多，那么比较这两个国家，还是前一国一时较弱，较贫（论文《论货币》，1752）。"

量增加，那么物价将改变。但是我认为他从来没有进一步作真正的综合研究工作。①

在重商主义者心目中很容易分辨利率与资本边际效率的不同，这一点可从洛克引自"与友人谈高利贷的一封信"（A letter to a Friend Concerning Usury, 1621）的一段文字中得知："高利息使商业解体。利息既然高于商业利润，于是富商停业而放款取利；小商人则破产。"福特雷（Fortrey）在"英国的利益和改良"（England's Interest and Improvement）一书中也认为降低利率可以增进国民财富；而且他更强调这一点。

重商主义者并没有忽略流动性偏好太强会把内流的贵金属都囤积起来，则利率得不到好处。也有人［例如孟（Mun）］因为要增加国家威力，主张由国家囤积金银；但别人率直反对（frankly opposed）这种政策：

例如施若特（Schrotter）用重商主义者常用的论证，认为假使国家大增库存，则流动中的货币将搜刮殆尽，其结果不堪设想。他还认为在寺院中库存的金银和贵金属出超（Export Surplus），二者性质完全相同，而后者他认为是最坏的东西。达芬南特（Davenant）解释东方国家之所以极度贫困（当时人都相信东方国家所积存的金银要比世界上任何其他国家都多），是因为金银在国库停留不动。如果由国家来囤积金银，还至多是瑕瑜互见，且常常危险甚大；那么私人囤积金银，自然应当避之唯恐不及了。重商主义者攻击私人囤积金银者不计其数，简直没有人独持异议。②

（2）重商主义者知道物贱之病，也知道过度竞争会不利于一国的贸易条件。例如梅林斯说"商法"（1662）："不要因为要增加贸易就比别人降价出售以致损害本国利益；毕竟贸易并不因物贱而增加，物品之所以贱，是因为货币稀少对物品的需求不大；反之，则是货币充足，对物品的需求加大，物价上涨时贸易反而扩大。"③ 海克雪尔教授把这一股重商主义思想总结如下：

这一观点在一个半世纪内一再提出，而提出这一观点的人都说：如果一国货币比别国稀少，则该国一定"卖价便宜，买价昂贵"（Sell Cheap and Buy Dear）……

这种态度，在"公共福利的谈话"（Discourse of the Common Weal）

① 重商主义者的看法，以为利息就是货币利息，我现在认为毫无疑义是对的。然而这种看法却完全被人遗忘了；所以海克雪尔教授以古典学派经济学家的身份在叙述完洛克的理论以后加了这样一个按语："假使所谓利息真是贷款的代价，那么洛克的论证是无法反驳的；然而利率并非如此，所以他的论证完全不相干（同前书，第2卷，第204页）。"
② 海克雪尔：《重商主义》第2卷，第210、211页。
③ 海克雪尔：《重商主义》第2卷，第228页。

一书初版中，即在 16 世纪中叶时已经很明显了。海尔斯（Hales）曾经说过："只要外国人肯买我们的东西，我们为什么要把自己的东西价格定得很低，而让他们把他们的东西（其中有我们要向他们购买的）价格提高呢？假使他们出售自己东西时索要高价，从我们处买进东西时出低价，那不是他们得利我们损失吗？不是他们致富我们变穷吗？我宁可采取现行办法，他们抬价时，我们也抬价。当然有人因此受损，但受损的人数要比采取其他办法少。"几十年以后（1581），该书校订者对这一点完全赞同。在 17 世纪的时候这种态度一再出现，并没有明显改变。例如梅林斯相信，这种不幸情况的产生是因为外国人把英国汇率定得太低。这是他最担心的事情……以后这个观念仍继续出现。在《哲理录》（Verbum Sapienti）一书中（1665 年作，1691 年出版），配第相信："要等到我们所有的货币，不论是在绝对方面还是在相对方面，都超过任何一个邻国所有者时"，我们才能停下来不再努力增加货币数量。从以上所引书着手写作以至于出版这一时期中，考克（Coke）说过："只要我们所有金银比邻国多，则即使减少到现有量的 1/5，我也不在乎（1675）。"①

（3）重商主义者还是"货物恐惧"（Fear of Goods）的创始人，认为货币稀少是失业的原因；两个世纪以后这一观点被古典学派斥为荒谬：

用失业现象作为禁止进口理由的最早实例之一见于 1426 年意大利的佛罗伦萨……英国在这方面的立法，至少可追溯到 1455 年……1466 年的法国法令虽然建立了里昂的丝织工业，而且以后虽颇负盛名，倒不太饶有兴味，因为并未实际抵制外国商品；但该法令也曾提及，成千上万的失业男女可能由此而获得工作。可见这种论据在当时如何风行……

最初对此问题（其余社会经济问题亦然）进行热烈讨论的是英国，约在 16 世纪中叶或更早些，在亨利八世和爱德华六世两个朝代。这里只能提些书名，著作年代大概不会晚于 1530～1540 年；其中有两种大概出于克来蒙特·阿姆斯壮（Clement Armstrong）的手笔……依照他的说法，则"洋货每年进口，充塞英国市场，不仅引起货币稀少，而且破坏了手工业，于是有许多平民无从谋生，不得不闲散，从事乞讨、偷窃"。②

据我所知，重商主义者对这种情况的典型讨论，当推 1621 年英国下议院关于货币稀缺问题的辩论为最佳实例。当时非常不景气，布匹出口业尤甚。国会中声望最高的议员之一爱德文·桑迪斯（Edwin Sandys）爵士把当时情形描写得很清楚；他说农工几乎到处受到打击，布机停而不

① 海克雪尔：《重商主义》，第 2 卷，第 235 页。
② 海克雪尔：《重商主义》，第 2 卷，第 122 页。

织，因为国内货币不足；农民被迫违约，"倒不是因为土地出产不足（感谢上帝），而是因为货币缺乏"。于是发动了详细调查，到底货币到哪里去了，为什么如此奇缺。凡是有出口贵金属嫌疑的人，或者虽没有出口贵金属，但其在国内的活动足以使贵金属消失的人，都受到许多攻击。[①]

重商主义者也意识到，他们的政策用海克雪尔教授的说法，有"一箭双雕"（Killed Two Birds with One Stone）之妙，"一方面可以出清过剩物资，解除失业；另一方面又可以增加货币数量"，[②] 压低利率。

重商主义者从实际经验中得到许多观念；我们在研究许多观念之后不能不感觉到在人类史上，储蓄倾向总有强于投资引诱的长期趋势。投资引诱的薄弱，总是各时代经济问题的要害。现在这种引诱之所以薄弱，主要原因恐怕是现在资本数量积累得太多了；但在以前却是各种风险因素也许比较更重要。而结果是一样的。私人可以从节约消费中增加个人财富，但要国家财富增加，则必须由雇主真正雇用工人从事制造持久性资产，然而私人的储蓄意愿总是大于雇主所感觉到的投资引诱。

（4）重商主义者心里很明白，他们的政策是有民族主义色彩（Nationalistic Character）的，而且会引起战争。他们承认其所追求的是国家利益以及国力的相对强大（Strength）。[③]

重商主义者接受国际货币体系下必然产生的后果而漠然无动于衷，这一点固然可以批评。但当代也有一些头脑不清醒的人主张采取国际金本位制，对于国际借贷则实行自由放任的政策，并且相信只有这种政策最足以促进和平。两相比较，还是重商主义者的现实态度要高明得多。

如果在一经济体系内，有货币契约以及风俗习惯的存在可以历时甚久而轻易不变，而该体系的国内货币流通量以及国内利率主要都由国际支付差额决定（如第一次世界大战前英国的情形），那么除了争取顺差、由邻国输入货币材料（贵金属）以外，当局实在没有正统的办法来解决失业问题。历史上还没有设计出一个比国际金（以前为银）本位更有效的办法使得各国利益避免冲突。在国际金本位之下，一国的国内繁荣与一国争取市场以及争取贵金属的成绩有直接关系。如果幸而金银的新供给相当丰富，那么这种争夺会稍为减缓。财富日益增加而边际消费倾向渐减，则此种冲

---

① 海克雪尔：《重商主义》，第 2 卷，第 223 页。

② 海克雪尔：《重商主义》，第 2 卷，第 178 页。

③ "在一国以内，重商主义所追求的完全是动态的目标；然而重商主义对于世界经济资源却作静态的分析；这二者连在一起，造成了根本的不调和，产生了无尽的商业战争。这是重商主义者的悲剧。中世纪的全部静态观念，自由放任的全盘动态观念，都避免了这种后果（同前书，第 2 卷，第 25、26 页）。"

突就越发尖锐和猛烈。正统经济学家的逻辑既有毛病，其常识又不足以纠正其逻辑，于是一错到底，糟不可言。有些国家在暗中摸索，想寻找一条出路，使得国内利率自主，就抛弃了在金本位之下的种种义务，正统经济学家就教导我们说，要有通常的经济复苏，第一步先得恢复以前的这些桎梏（Shackles）。

事实刚好相反。采取利率自主政策不受国际关系支配，再采取一个全国性的投资计划，使得国内就业量达到最适度的水平，这倒是利己利人之道。各国都同时采取这种政策，然后国际间的经济健康以及经济力量（用国内就业量或国际贸易量来衡量）才能恢复。①

四

重商主义者感觉到问题的存在，但其分析还不能将其解决；古典学派则根本忽视了这一问题。根据古典学派的前提，这个问题不会存在，于是古典理论所得结论与常识所得结论之间就有明显的裂痕。古典理论的卓越成绩就在于能克服常人所相信的东西，而同时自己却是错误的。海克雪尔教授说：

假使从十字军东征一直到18世纪，常人对于货币以及币材金属的基本态度始终不变，则这种观念的根深蒂固可见一斑。18世纪以后，这种观念还继续存在，不过不到"货物恐惧"的那种程度而已……除了自由放任这一段时期以外，各时代都未能摆脱这种观念。自由放任学说那样卓尔不群，坚韧不拔，也不过是把常人的信念暂时克服了一下。②

在货币经济之下，"货物恐惧"是常人最自然的态度，要对自由放任学说有绝对信仰才能摆脱这种态度。但自由贸易主义对许多明显因素否认其存在，所以当自由放任学说不能再维持其往日信徒的人心时，也必然遭常人唾弃。③

我记得波纳·劳（Bonar Law）在经济学家面前又恼又怒，因为他们不肯承认很明显的事实，他真的百思不得其解。我们如果把古典学派经济学说的力量与某种宗教相比较，恐怕比宗教力量还要强大，因为要让常人否认明显的事实，比让常人相信一个虚无飘渺的东西要困难得多。

---

① 国际劳工局在托马斯（Albert Thomas）及巴特勒（H. B. Butler）的先后领导之下，始终理解这个道理，算是在第一次世界大战之后许多国际机构所发表的言论中卓尔不群的。
② 海克雪尔：《重商主义》，第2卷，第176~177页。
③ 海克雪尔：《重商主义》，第2卷，第335页。

五

我们现在要讨论一种相关但不相同的学说。千百年来，社会舆论都认为这种学说明白无误，不可怀疑，但古典学派则斥之为幼稚，所以值得旧事重提，加以尊敬。我指的是这样一种学说，认为利率不会自动调整到一种最适合于社会利益的水平；反之，利率常有太高的趋势，而开明当局（Wise Government）应当用法令、风俗习惯甚至道义制裁加以抑制。

有记载的经济法令如防止高利贷法要算是最早的实践之一了。流动性偏好过度以致摧毁投资引诱，阻碍财富增长，这种弊端在上古以及中古时代就已很显著；因为当时有种种生活上的风险，一方面降低资本边际效率，另一方面增加流动性偏好。如果在一个社会中，人人都觉得不安全，则除非该社会用尽各种方法抑制利率，否则利率总会太高而投资引诱不会充分。

我以前接受别人的学说，觉得中古时代教会对利率问题的态度从根本上是荒谬的；中古时代许多分辨贷款报酬与投资报酬之间差异的讨论只是些诡辩，无非是想从谬论之中找出一条实际出路而已。我现在再翻阅这些讨论，觉得他们倒是着实下了一番工夫。能把古典学派混为一谈的东西分辨清楚，那就是利率和资本边际效率。我现在觉得，经院学派讨论的目的就在找出一种对策提高资本边际效率表，同时用法令、风俗习惯以及道义制裁等压低利率。

亚当·斯密（Adam Smith）对禁止高利贷法的态度也还温和。他知道个人储蓄不一定用于投资，也可以用于放债（Debts）。他赞成较低的利率，因为这样可以使储蓄用于新投资的机会多些，用于放债的机会少些。因为这些理由，所以他主张把高利贷法作温和的运用。[①] 边沁（Bentham）对这一点则严加攻击。[②] 边沁的主要批评是说亚当·斯密不愧为苏格兰人，过分谨慎，对"创办人"不免太严厉了一点，如果规定最高利率，则凡负担正当的、对于社会有利的风险者，其所得报酬将太少。边沁所谓的创办人（Projectors）范围很广，"凡以追求财富（或任何其他对象）为目的，拟获得财富的资助，设法寻求新发明途径者都属于此类……这些人确实以进步改良为志向。规定最高利率，则这些人最受打击……总之，凡人

---

① 《国富论》，第二篇第四章。

② 边沁：《给亚当·斯密的信》（Letter to Adam Smith），附录于《为高利贷辩护》（Defence of Usury）。

类聪明才智的运用需要依靠财富资助的都会遭到打击"。当然,如果法令可能妨碍人民负担正当风险,则应当加以抗议。边沁继续说:"在这种情形之下,深谙世故之士不再选择创办计划的优劣,因为他根本不想创办什么。"①

边沁这里所说的是不是亚当·斯密的原意倒颇成问题,难道边沁是用19世纪的口吻(虽然该文作于1787年),向18世纪说话吗?因为除非是在投资引诱最强的时代,否则不会看不到在理论上存在投资引诱不足的可能性。

六

这里不妨提一个很离奇的、被人过分忽略了的先知——西尔维奥·格赛尔(Silvio Gesell,1862~1930)。在他的著作中的确有若干真知灼见之处,可惜仅仅是昙花一现,没有能够直达问题的核心。在战后几年,他的信徒拼命把他的著作寄给我,但是因为他的论证显然有缺点,所以我当时并未能发现其著作的长处。等到我自己用自己的方法得到自己的结论以后,才发现他的著作的重要性;大概未经彻底分析的直觉都会遭遇同一命运。在当时,我和其他学院经济学家一样,把他非常有独到见解的种种努力看作是一个怪人的异想天开。我想本书读者知道格赛尔的重要性者大概不多,因此我多给他一些篇幅。

格赛尔②是一个成功的德国商人,在布宜诺斯艾利斯经商。19世纪80年代③后期的经济危机在阿根廷特别严重,因此引起他研究货币问题。他的第一本著作叫《币制改革为走向社会国家之桥》(Die Reformation im Münzwesen als Brückezum sozialen Staat),1891年在布宜诺斯艾利斯出版;同年,他又在布宜诺斯艾利斯发表了他对于货币的基本观点,书名为《事物精华》(Nervus Rerum)。此后一直到他退休,又出了许多书和小册子。1906年他退休到瑞士,此时家道已相当殷厚,不必为谋生操心,晚年便致力于人生最愉快的两件事情:著书立说和农业实验。

他的代表作(Standard Work)的第一部分1906年在瑞士日内瓦出

---

① 已经引了边沁该文,我不能不请读者注意他最美的一段"工艺事业(The Career of Art),即创办人足迹所经的大道可以看作是一个辽阔的、也许是漫无止境的平原,其间布满陷阱。每一个陷阱必须先吞噬一人才能填平,但一经填平之后就永远平坦而不再有人陷落;于是这小小一段对于后来者就安全了"。

② 格赛尔生于卢森堡边境,父亲是德国人,母亲是法国人。

③ 指19世纪——译者注。

版，书名为《全部劳动产物权的实现》（Die Verwirklichung des Rechtes auf dem vollen Arbeitsertrag）；第二部分 1911 年在柏林出版，书名为《利息新论》（Dieneue Lehre vom Zins）。合订本是第一次世界大战时期（1916 年）在柏林和瑞士两地同时出版，在他生前一共发行了 6 版，书名为《经由自由土地和自由货币达到的自然经济秩序》（Dienatürliche Wirtschaftsordnung durch Freiland und Freigeld），英译本称为《自然经济秩序》（The Natural Economic Order）。1919 年 4 月，格赛尔加入短命的巴伐利亚苏维埃内阁当财政部长，此后受到军法审判。生前最后 10 年，他在柏林、瑞士两地做宣传工作，取代亨利·乔治（Henry George）的地位吸引了一批具有宗教热诚的信徒，被尊为一种教义的先知；信徒分布于世界各地达数千人。1923 年，瑞士和德国的自由土地自由货币协会以及其他各国的类似组织在瑞士巴塞尔城举行第一次国际大会。从他 1930年作古以后，像他这类学说所能引起的特殊热诚，又转移到其他先知身上；据我看来，后者没有像他那样卓越。布奇（Büchi）博士是英国这种运动的领袖，但其文献又似乎是从美国得克萨斯州的圣安东尼奥地方零鬻贩卖而来。该运动的主力现在在美国。在学院经济学家之中，费舍尔（Irving Fisher）教授是唯一认识其价值的。

格赛尔的信徒把他装饰得像一个先知，但格赛尔的主要著作还是用冷静的、科学的语言写出来的，但全书不免充满了对社会正义感的热诚与崇奉，似乎（也许有人会觉得）与科学家的身份不符。他从亨利·乔治继承下来的一部分，[①] 固然是该运动所以发生力量的主要源泉，但倒完全是次要的，没有多大兴趣。全书的目的就在于建立一个反马克思的社会主义（Anti-marxian Socialism），又是对于自由放任学说的一种反动（Reaction Against Laissez-faire）。他所根据的理论基础和马克思不同。第一，他否认古典学派的前提，而马克思是接受的；第二，他主张解除妨碍竞争的桎梏，而不主张取消竞争。我相信后世学者从格赛尔处获得的要比从马克思处获得的多。读者只要读一读英译本《自然经济秩序》（The Natural Economic Order）序言，即可领略格赛尔的道德品质。要回答马克思主义，我认为还得从该序文所指示的路径中去寻找。

格赛尔在货币与利息理论方面的特殊贡献在于：第一，他把利率和资本的边际效率分得很清楚，他说利率限制了实际资本的扩张速度；第二，他指出利率完全是个货币现象；货币利率之所以重要，是因为货币有个特征，即货币持有人所负担的保藏费微不足道；凡是有保藏费的财富，其之

---

① 他与乔治的不同是主张当土地收归国有时国家应付补偿费。

所以也能产生收益，是因为货币有收益，货币定下了一个标准。他用各时代中利率的相当稳定作为佐证，说明利率决不是决定于纯物质因素，因为后者从一个时代到另一个时代所经历的变迁，比利率的变迁不知要大多少。用我的术语来说，利率是由变化不大的心理因素决定的，因此相当稳定；至于变动极大的资本边际效率表，则不是由其利率决定的，而是由在一特定利率下的实际资本扩张速率决定的。

但格赛尔的学说有个大缺点。他指出，因为有货币利率存在，所以出贷商品也能取得收益。他利用罗宾逊·克鲁索（Robinson Crusoe）和另一陌生人的假想对话来①说明这点——这是经济学上最经典的寓言之一。但他在举出理由说明与其他商品利率不同的货币利率不能是负数以后，却忘了进一步说明为什么货币利率一定是正数；他也没有解释，为什么决定货币利率高低的并不是（像古典学派所说那样）生产资本上收益的大小。这是因为他不知道流动性偏好这个概念；因此他只建立了半个利率论。

因为理论的不完备，所以他的著作并未受到学术界注意。但是他已经根据自己的理论提出了实际建议。他所提的方案可能无法推行，但倒不失为对症下药。他说货币利率限制了实际资本的扩张，如果把这个限制去掉，则近代实际资本将迅速扩张，在相当短时间内利率恐怕就要降到零点。因此第一件要紧事情，就是降低货币利率；他认为只要让货币和其他不能产生收益的商品一样有保藏费用，就能降低货币利率。于是他想出了著名的"加印"货币（"Stamped" Money）方案，他也因此而得名。费舍尔（Irving Fisher）教授对此也相当赞许。依照此方案，则流通的现钞（当然必须包括几种银行货币在内）像保险单一样，必须每月加贴印花，才能保持其价值。印花在邮局出售，至于印花的费用自然可以酌情而定。按照我的理论，应当先确定何种新投资量能与充分就业并行不悖，然后求出该投资量的资本边际效率，印花费用的多少应大致等于货币利率（不把印花费用计算在内）与该资本边际效率的差额。格赛尔自己提议，应该每周贴 0.1%，每年贴 5.2%。在现在的情况下，这个数目似乎太高，但正确数目到底是多少，只能通过试错来寻求；而且也必须常常更动，而不能一成不变。

加印货币所代表的思想倒是健全的。而且也许真可以找出方法把这个办法小规模付诸实施。但是还有许多困难格赛尔没有设法解决。其中之一是他并没有意识到，货币并不是唯一有流动性收益的物品，其他物品也有这种性能，只是在程度上差别而已；货币之所以重要，是因为货币的流动

---

① 《自然经济秩序》（The Natural Economic Order），第 297 页及以下。

性收益要比任何其他东西大些。因此，如果用加贴印花的办法去掉流通现钞的流动性收益，则有一大串替代品将代之而起，例如银行货币、即期债务、外币、宝石、金银，等等。我在上面说过，以前也许有过一段时期，不管土地的收益如何，大家都想持有土地，因此把利率抬高。但在格赛尔体系之下，因为土地国有，这个可能性倒可以免掉。

七

以上所讨论的各种学说，大致都是针对有效需求的原因之一，即投资引诱不足的。然而把失业的问题归咎于另一个原因，即消费倾向不足者也由来已久。后一种对于当代经济病症的解释，在 16、17 世纪还不占重要地位，至近代才逐渐开始得势；但这种解释也并不为古典经济学家们所赞同。

对消费不足的指责，在重商主义思想中虽然只占有非常次要的地位，但海克雪尔教授也举出很多例子说明："奢侈有利（Utility of Luxury），节俭有弊（Evil of Thrift），也是一个根深蒂固的信念。节俭之所以被认为是失业的原因，有两个理由：第一，公众相信一定量货币不进入交易，则实际所得就会同量减少；第二，公众相信所谓储蓄就是把货币从流通过程中抽取出来。"[①] 1598 年，拉费马斯（Laffemas）在《置国家于繁华的金银财富》（Les Trésors et Richesses Pour mettre I' Estat en Splendeur）一书中对反对使用法国丝织品的人大加非难，理由是凡购买法国奢侈品的人都为穷人谋生计；那些吝啬守财之徒倒使穷人贫困至死。[②] 1662 年，配第为"穷奢极侈，建造凯旋门等"辩护，说这些费用，还是要流回酿酒师、面包师、裁缝、鞋匠等的钱袋中去的。福特雷（Fortrey）也曾为服饰华丽（Excess of Apparel）辩护。范舒特（Von Schrötter，1686）不赞成节约消费，希望服饰等还是要多讲究一些。巴尔邦（Barbon）在 1690 年说过："挥霍这个缺点，对于个人虽然不利，而对于商业倒不然；贪财这个缺点则对于个人和商业都不利。"[③] 加莱（Cary）在 1695 年说：假使每个人都多花一些钱，则每个人的收入都要多些，"而且每个人都可以生活得舒服一些"。[④]

巴尔邦的思想经贝尔纳德·曼德维尔（Bernard Mandeville）的《蜜

---

① 海克雪尔：《重商主义》，第 2 卷，第 208 页。
② 海克雪尔：《重商主义》，第 2 卷，第 290 页。
③ 海克雪尔：《重商主义》，第 2 卷，第 291 页。
④ 海克雪尔：《重商主义》，第 2 卷，第 209 页。

蜂的寓言》（Fable of the Bees）一书宣传后大为流行。该书在人文科学史上以声名狼藉著称，英国米德尔塞克斯郡的大陪审官们在 1723 年曾宣判该书为败类。据说只有一个人曾为该书说过一句好话，那就是约翰逊（Johnson）博士。他说，该书没有使他觉得大惑不解，倒让他对于现实世界开了眼界。该书的歪理邪说可从斯蒂芬（Leslie Stephen）的《本国人名辞典》对该书的提要中窥见一斑：

曼德维尔招惹众怒的这本书用巧妙的似是而非之论，以宣扬一种含有讽刺性的道德观而引人入胜，认为促进经济繁荣在于消费而不是储蓄；此说也可列为迄今尚未绝迹的经济邪说之一。[①] 他从两点出发：第一，他接受消极遁世者的看法，认为人类的欲望大致是坏的，因此会产生"自私的恶劣品质"；第二，他又接受一般人的看法，认为财富是"公众之福"，从这两点，他很容易推出：有文明，就有恶习……

"蜜蜂的寓言"是一首寓言诗，内容是说：有一个很繁荣的社会，忽然其中公民都决定放弃奢侈生活，国家也削减军备，大家都致力储蓄，结果却弄得一团糟。

因为大家都崇尚节俭，

于是奢侈品无人过问，

原有奢侈品如华丽的服饰、车马、宫殿之类，

或变卖偿债，或任其荒芜。

结果是土地、宫殿等价格大跌，

靠供给奢侈品为生者无法谋生；

又因各行业都人满之患却也无法改行。

由此所得教训是：

仅有美德不能使国家繁荣昌盛；

想恢复黄金时代者，

致力于俭朴时，

也要顾及到民生。

寓言诗后面附有评语，选择摘录两段以表明该诗也并非没有理论根据：

因为在私人家庭之中处处节俭打算，从事储蓄，的确是致富之道，于是有人就认为，不论一个国家的资源禀赋厚薄，假使每个人都实行这个方

---

① 斯蒂芬于所著《18世纪英国思想史》中，在提及曼德维尔的邪说时曾经说过："需求商品不就是需求劳动力这句话，可以把此邪说完全驳倒；然而懂这句话的人太少了，能够完全懂得，就不愧为经济学家。"

法，则国家也可以致富。例如有人以为，假使每个英国人都择其节俭邻居而从之，则英国人比现在还要富。我认为这是错的。①

相反，曼德维尔下结论说：

使国家兴盛、人们幸福之道主要是给予每人以就业机会。为实现这个目标，政府应当做的是，第一，提倡各种制造业、技艺业、手工业，凡人类聪明才智所能表现的，都给予提倡；第二，奖励农渔业，使各部分土地也像人一样出力。要靠这种政策，国家才能伟大幸福（Greatness and Felicity）；用一些琐碎规章来限制奢侈，提倡节约，是于事无补的。金银的价值可以任其涨落，社会享受的多少是由土地的出产以及人民的劳动决定的，此二者联合起来就是可靠的、真正的无穷的宝藏，那些巴西之金、普托西之银何足道哉。

这种歪理邪说，无怪乎两个世纪以来一直受到道学先生及经济学家的一致抨击，这两种人自己有一套严肃的学说，认为除了国家和个人都实行极度节俭、极度经济以外，别无良策。因为有这种学说，他们自觉胜人一筹。继配第的"穷奢极侈，建造凯旋门等"之后而起者，是格拉斯顿（Gladstone）锱铢必较的国家财政，国家既然"无力举办"医院、广场、高贵建筑，甚至不肯出钱保存历史古迹，更别谈提倡音乐戏剧了；这些只能让私人慈善事业来举办，或让奢华浪费成性者来慷慨解囊。

经过一个世纪以后，曼德维尔的观点才又在上流社会重新出现。马尔萨斯晚年正式用有效需求不足这个概念来解释失业现象。我在《论马尔萨斯》一文中②已有详细论述，此处只就该文所引述的最能够代表马尔萨斯思想的段落，摘录一两段：

世界各处几乎都有大量生产力搁置不用，我对这种现象的解释是，实际收入的分配方法有欠恰当，以致继续生产的动机不够充分……我认为如果人们想积累财富，而且想积累得很快，那么不生产的消费必然大大减少，于是生产动机就会受到巨大的伤害，而财富的扩张也在时机未成熟时就遭到遏制……但是假设努力积累财富的动机可以在劳动者与利润之间划下一条鸿沟，以致未来积累财富的动机与能力几乎全部遭到破坏；而日益增加的人口也无法就业谋生，那么我们还能够说这种过多积累财富的动机或储蓄太多对国家无害吗？③

问题是：如果生产增加与地主及资本家不生产的消费不成适当比例，

---

① 参阅古典经济学先驱亚当·斯密之说："凡私人家庭行之有效的良策，若在全国推行，则可能成为失策。"斯密此说大概是针对以上所引曼德维尔之言而发。

② 《传记集》（Essaysin Biography），第139～147页。

③ 1821年7月7日马尔萨斯致李嘉图的信。

以致资本停滞，随后又引起劳动力的需求停滞，我们能够说，这种情况对国家无害吗？假使地主及资本家不生产的消费从一开始就与社会过剩物资作适度配合，所以生产动机继续不断，对于劳动力的需求，既没有先过度扩张，也没有骤然缩减，这种情况不是比前一种情况更乐观、更富裕吗？假使如此，那么我们怎么能够说节俭也许对生产者不利，但对国家不会不利呢？又怎么能够说，生产动机消失时，增加地主和资本家不生产的消费，无论如何总不是适当对策呢？①

亚当·斯密说过：资本由节俭而增，凡生活节俭者，都是公众的恩人，又说财富是否增加要看生产是否超过消费。这些命题大致都很对，不能怀疑……但也显然不能无条件限制都是正确的。如果储蓄过度，也足以摧毁生产动机。假使每个人都吃最简单的食物，穿最朴素的衣服，住最简陋的房屋，则决不会再有其他种类的食物、衣服及房屋存在……这两个极端都很明显，因此在两个极端之间必然会有一点，若把生产能力以及消费意志二者都计算在该点之内，则财富的增加将受到最大的鼓励。只是恐怕政治经济学（Political Economy）还不能确定此点在何处。②

聪明睿智之士所发表的议论很多；我所见的，则以萨伊的学说立论最不健全，又最与事实大相径庭。萨伊说，用掉或毁掉一件物品就等于堵塞一条出路。这一观点是从商品与商品的关系立论，而不从商品与消费者的关系立论。我倒要问，假使除了面包和水以外，一切消费都停止半年，那么商品的需求将变成什么情形？商品会堆积如山，但出路何在？何处是庞大的市场？③

但是李嘉图对马尔萨斯所说的情况充耳不闻。等到约翰·斯图亚特·穆勒（John Stuart Mill）讨论其工资基金说时，④ 这场论战又回光反照（Controversy）。穆勒是在这场论战中熏陶出来的，他的工资基金说在驳斥马尔萨斯晚期思想方面占有重要地位。继穆勒之后不接受穆勒工资基金说的人，却忘了穆勒之所以能推翻马尔萨斯全赖此说。此后这个问题就不成为论战对象，也不在经济学讨论的范围之中，倒不是这个问题已经解决，而是经济学家们都不提了。凯恩克劳斯（Cairncross）先生最近想从

---

① 1821 年 7 月 16 日马尔萨斯致李嘉图的信。

② 马尔萨斯：《经济学原理序》，第 8、9 页。

③ 马尔萨斯：《经济学原理》，第 363 页，脚注。

④ 约翰·斯图亚特·穆勒：《政治经济学》第一篇第五章。穆莫里及霍布森在合著的《工业生理学》一书（第 38 页及以下）中，对于穆勒的这部分学说，尤其是"需求商品不就是需求劳动力"这个学说，有重要而透彻的讨论。马歇尔对于工资基金说的讨论，实在不能令人满意，但他又设法为"需求商品不就是需求劳力"这个学说解释误会。

比较次要的维多利亚时代作家之中,[①] 寻求这个问题的遗迹,结果发现比
预期要少得多。[②] 消费不足之说一直蛰伏着,直到 1889 年,又在霍布森
(J. A. Hobson) 及穆莫里 (A. F. Mummery) 合著的《工业生理学》
(The Physiology of lndustry) 一书中出现了。50 年以来,霍布森以百折
不挠的勇气和热诚,著书攻击正统学派,然而没有用。该书是第一册,也
是最重要的一册,今天已经完全被人遗忘了。但在一种意义上说,该书的
出版在经济思想史上是划时代的。[③]

该书是和穆莫里合著的。霍布森叙述写作该书的缘由如下:[④]

在 19 世纪 80 年代中期,我的异端经济学说逐渐形成。亨利·乔治攻
击土地价值,各种社会主义团体暴露工人阶级被压迫的情形以及两位鲍斯
(Booth) 先生发表的伦敦贫困状态,这些在我的情感上都留下很深的印
象,然而都不足以破坏我对经济学的信心。我对经济学的信心发生动摇可
以说是偶然引起的。我在爱克塞特 (Exeter) 城一个中学教书时,认识了
一位名叫穆莫里的商人,此人在当时及以后都以爬山著称。他发现了一条
新路,可以上马特宏峰 (Matterhorn),不幸在 1895 年爬喜马拉雅山的南
加帕巴峰 (NangaParbat) 时殒命。当然,我和他交往不在这方面。此人
在智力方面也像爬山那样登峰造极,总是不顾一切学术权威而自辟蹊径。
他和我辩论储蓄过度这个问题,他认为储蓄过度是商业不景气时资本和劳
动两者都不能充分利用的原因。有很多时候我用正统经济学上所有的武器
想来驳倒他的论据;但最后他说服了我,于是我们二人著书发表储蓄过度
论,书名为《工业生理学》,于 1889 年出版。这是我公开踏上异端之路的
第一步,当时完全不知道此事后果严重。那时我刚辞去中学职务而开始一
项新事业,在大学课程普及部担任经济学与文学讲师。第一次使我大吃一
惊的是伦敦大学课程普及委员会不让我再教经济学,因为有一位经济学教
授出面干涉;此人读了我的书,觉得该书的荒谬简直和要证明地球是方的
企图不相上下。本来嘛,储蓄的点点滴滴都会用来增加资本结构,增加工
资基金,然则储蓄的有用数量怎么可能会有限度? 储蓄既是工业进步的源

---

① 《维多利亚女王时代的人与投资》(The Victorians and Investment),《经济史》(Economic History),1936 年。

② 在他所列举的各类书中,以福拉顿 (Fullarton) 的《通货管制理论》(On the Regulation of Currencies) 一文最为有趣。

③ 罗布森 (I. M. Robertson):《储蓄的谬误》(The Fallacy of Saving),1892 年。本书也拥护穆莫里与霍布森的异端邪说。但该书的价值及意义都不大,因为完全缺乏《工业生理学》一书所具有的透彻的直觉。

④ 霍布森 1935 年 7 月 14 日在伦敦伦理学会的演讲词,讲题是:一个异端派经济学家的供词。此处转载,曾得霍布森的允许。

泉，那么遏制储蓄就是遏制工业进步，因此理智健全的经济学家，对储蓄可能过度之说不能不深恶痛绝。① 以后又经历了一件事情，使我自己觉得好像犯了什么罪。我虽然不能在伦敦教经济学，但牛津大学课程普及运动要自由宽容一些，还允许我任教，让我下乡演讲，不过限制我只讲关于工人阶级生活的实际问题。当时有个慈善事业协会正在计划一套系统演讲，专门讲经济题材，请我担任一门。我已经表示愿意接受，但是聘约突然撤回，也不加解释。然而在那时我还没有觉察：因为我怀疑无限制节俭的美德，所以罪无可道。

在这本早年的著作中，霍布森及其合著人对古典经济学的批评，要比他晚年的著作来得更直截了当些。因为这个理由，又因为该书是他第一次把他的理论表达出来，因此我专从该书引录，指出这两位作家的批评与直觉多么有道理，多么有价值。两人在该书序言中说明他们所攻击的结论是些什么性质：

储蓄不仅使个人致富，也使社会致富；消费不仅使个人变穷，也使社会变穷。这句话等于是说，爱钱是一切经济福利的源泉，不仅使节俭者本人致富，而且可以提高工资，让失业者有业可就，恩泽普及各方。从报纸到最新的经济学巨著，从教堂讲坛到国会议院，这句话说了又说，一再申述。现在要对这句话发生疑问，简直是像亵渎神灵。然而一直到李嘉图出版其著作时为止，有识之士以及大部分经济思想家都否认这种学说，其最后之所以被人接受，只是因为没法驳倒工资基金说。现在工资基金说已告破产，而这种学说还巍然独存，这个道理只是因为作此说者声望太高了。经济学批评家只敢攻击这个学说的枝节，不敢碰这个学说的主要结论。现在我们想指出：第一，这些结论不能成立；第二，储蓄习惯可能行之过度；第三，行之过度则会社会变穷，工人失业，工资降低，整个工商界变得阴暗惨淡，这就是所谓不景气……

生产的目的是为消费者谋效用与便利。从处理原料起，直至商品到消费者手上变成效用与便利时止，生产过程是连续不断的。资本的唯一用处既然在于帮助生产这些效用与便利，那么所用资本的多少，自然随每日或每周效用与便利的消费量的改变而改变。储蓄一方面增加现有资本总量，同时在其他方面又减少效用与便利的消费量，因此，如果储蓄习惯表现过度，则累积下来的资本数量将超过实际需要数量，于是发展为一般的生产

---

① 霍布森用不敬的语气说："节俭是国家财富之源，一国越节俭就越富有。几乎所有经济学家都如是说，许多经济学家都在宣扬节俭，推崇备至，语气中道貌岸然：在他们阴沉的歌曲之中，只有这一调颇受公众赞赏（《工业生理学》，第26页）。"

过剩。[①]

以上所引用的最后这句话，似乎是霍布森错误的由来。他认为，假使储蓄过度，则真正累积下来的资本会超过实际所需数量。假使真是如此，倒不过只是预测错误所产生的一点次要祸害。主要祸害在于，如果充分就业情况下的储蓄倾向大于实际所需资本数量，那么，除非预测有错误，否则充分就业就不能实现。但是一两页以后，霍布森把问题的一半说得非常精确透彻，不过他还没有注意到，利率的改变以及商业信心状态的改变可能产生些什么影响，他似乎假定这两个因素不变：

　　因此我们可以下结论，自亚当·斯密以来，经济学说所根据的基础，即每年的产量是由该年可用的自然资源要素、资本和劳动力三者的总数量所决定的，实在是错误的。反之，这三者的总数量只规定了产量的最高限度；产量当然不可能超过这一限度，但若因为储蓄过度，以致供给过多而影响生产，则产量可以而且真的会比这一最高限度低很多。换句话说，在现代工业社会中，正常情况下是消费限制生产，而不是生产限制消费。[②]

　　最后，霍布森也注意到，他这种学说与正统学派用来维护自由贸易的种种论据是否正确大有关系：

　　正统经济学家常用自由贸易的种种论据斥责美国以及其他实行保护主义的国家为白痴，不懂生意经。现在不能再作这种斥责了，因为这种种论据都是建立在"供给不能过度"这个假定上的。[③]

　　霍布森在该书中所用论据当然不能称为完备，但这是第一次明白说出：资本不是来源于储蓄倾向，而是来源于需求。需求则又来源于现在的和未来的消费。下面一段引文，是杂凑起来的，可以窥见霍布森思路之一斑：

　　如果社会商品消费量在未来不会增加，则在现在增加该社会的资本必然无利可图……储蓄与资本每增加一次，而且增加后不再减少，则最近未来的消费量必须作相应的增加……[④]当我说未来消费时，所谓未来并不是指10年、20年或50年以后；而是指离现在很近的那个未来……假使因为节俭和谨慎动机加强，因此人们在现在多储蓄一点，那么他们必须得肯在未来多消费一些[⑤]……在生产过程的任何一点，合乎经济原则可以利用

　　① 霍布森、穆莫里：《工业生理学》，第Ⅲ—Ⅴ页。
　　② 霍布森、穆莫里：《工业生理学》，第Ⅵ页。
　　③ 霍布森、穆莫里：《工业生理学》，第Ⅸ页。
　　④ 霍布森、穆莫里：《工业生理学》，第27页。
　　⑤ 霍布森、穆莫里：《工业生理学》，第50、51页。

的资本数量，以提供当前所必需的消费量为限①……很明显，我一个人的节俭并不影响社会全体的节俭；而只决定此全体节俭之中的某一部分到底是来自于我还是来自于别人。我们以后要指出，社会上一部分人实行节俭，可以导致别人入不敷出②……大部分现代经济学家都否认消费有不足的可能，我们能够找出一种经济力量可以引起社会犯这种毛病吗？假使可以找得出来，则商业机构可以提供有效的遏制吗？以下要指出，第一，在每一个高度组织化的工业社会之中，总有一种力量在推动而使节俭过度；第二，一般认为商业机构所能提供的遏制之道，或者完全不起作用，或者不足以防止严重后果③……李嘉图用来答复马尔萨斯以及切尔莫斯（Chalmers）两人的论证，措辞非常简单，但后世经济学家似乎都接受其说，认为充分。李嘉图说："用以购买产物的总不外乎产物和劳动，货币只是交易媒介而已；因此当生产增加时，购买能力以及消费能力也随之相应增加，没有生产过度的可能（李嘉图：《经济学原理》，第 362 页）。"④

霍布森与穆莫里二人知道利息只是使用货币的代价而已。⑤ 他们也很清楚，反对者会说："利率（或利润）会下降到足以遏制储蓄、恢复生产与消费之间正常关系的程度。"⑥ 二人在回答时指出："如果利润下降而可以引诱人民少储蓄一些，则路径无非两条：或者引诱人民多消费一些，或者引诱他们少生产一些。"⑦ 至于第一条路径，二人认为当利润下降时，社会的总收入也减少，"我们没有理由可以说：当平均收入正在下降之时，因为节俭可以得到的报偿也在减少，所以人民会增加其消费量"；至于第二条路径，二人则说，"我们决不否认，若供给过度，利润下降，则生产将受遏制；反之，承认有这种遏制的存在，正是我们论据的重心所在"。⑧但是，两人的学说并不完善，主要是因为两人没有一个自己的利率理论，因此，霍布森（尤其在他以后的著作中）不免对于消费不足可以引起投资过度（意指无利可图的投资）这一点过分重视，而未能说明如果消费倾向相当薄弱，则可以引起失业，因为一个相当薄弱的消费倾向，需要但得不到充分的新投资量以资补救。固然有时因为有过度乐观之误，此种大小的新投资量也不是完全没有，但是一般说来，因为利率定了一个标准，而利

---

① 霍布森、穆莫里：《工业生理学》，第 69 页。
② 霍布森、穆莫里：《工业生理学》，第 113 页。
③ 霍布森、穆莫里：《工业生理学》，第 100 页。
④ 霍布森、穆莫里：《工业生理学》，第 101 页。
⑤ 霍布森、穆莫里：《工业生理学》，第 79 页。
⑥ 霍布森、穆莫里：《工业生理学》，第 117 页。
⑦ 霍布森、穆莫里：《工业生理学》，第 130 页。
⑧ 霍布森、穆莫里：《工业生理学》，第 131 页。

润低于利率时此种投资量根本不会发生。

第一次世界大战以后，消费不足之说纷至沓来，其中以道格拉斯
（Major Douglas）少校的观点最为出名。当然，道格拉斯少校的观点之所
以得势，大部分还是因为正统学派对他所作的致命批评无法解答。但他的
详细诊断，尤其是所谓 A＋B 定理，有许多只是故意玄乎其词。如果道格
拉斯少校所谓的日常支出只包括企业家所提出的折旧准备金，而现在还没
有用作维持和修理，那么还算言之成理。但即使这样解释，我们还得要考
虑到其他方面的新投资以及消费支出的增加可以与这种折旧准备金相抵
消。道格拉斯少校比正统学派较胜一筹的是他至少没有完全遗忘当代经济
体系的主要问题；但是他不能和曼德维尔、马尔萨斯、格赛尔、霍布森等
相提并论——他在勇敢的异端军中，大概只是一名小兵，不是少校。后面
这几个人宁愿依凭直觉对真理作一知半解的窥测，也不肯信任逻辑而知错
不改；逻辑是容易的事，推理固然很清楚，固然前后一致；但无奈其所根
据的假设与事实不符啊！

第二十四章　结论：《通论》可能引起的社会哲学

一

我们生存其中的经济社会，其显著缺点在于不能提供充分就业以及财富与收入分配有欠公平合理。上述理论，与第一种缺点的关系非常显而易见，与第二种缺点在很重要的两方面也很有关系。

自 19 世纪末以来，所得税、超额所得税、遗产税等直接税，在消除财富与收入的绝对差异方面已有长足进步，英国尤其如此。许多人都愿意将这种办法再推进一步，但是，因为有两种顾虑而不免投鼠忌器：一部分固然怕故意规避之风将由此而愈演愈烈，而且承担风险的动机也将大大削弱；但主要的顾虑还是人们相信：资本的增长取决于个人储蓄动机的强弱；大部分资本的增加由富人过剩收入储蓄而来。我所提出的结论并不影响第一种顾虑，但对第二种顾虑，我们应持何种态度却大有修改余地。我们知道，在达到充分就业这点之前，资本的增长并不取决于消费倾向低，反而因其低而遭遏制；只有在充分就业的情况下，低消费倾向才有利于资本增长。而且，经验告诉我们，在现行情况下，各公私机构用偿债基金等方式所作储蓄已经绰绰有余，因此如果现在采取步骤重新分配收入以提高消费倾向，则对资本的增长大概是有利无弊的。

现在还很流行这样一种信念，认为遗产税可以使一国的资本财富减少。这正可以说明公众对这些问题还模糊不清，缺乏正确认知了解。如果国家把遗产税税收用作经常性支出，以此减免所得税及消费税，则在此种消费政策下，高额遗产税固然有增加社会消费倾向的功效，但是因为当社会消费倾向永久增加时，在一般情况下（除去充分就业情形）投资引诱也同时增加，以此一般的推断恰好与真理相反。

因此我们可以得到结论：在当代情况下，财富的增长不仅不取决于富人的节约（像普通所想象的那样），反而会遭到这种节约的阻挠。因此，主张社会财富分配应绝对不均者，其主要理由之一已经不成立了。我并不是说再没有其他理由可以在某种情况下，为某种程度的财富不均辩护，而不受上述理论的影响；但是，我们的理论的确去掉了以往不敢大胆行动的最重要理由。我们对遗产税的态度尤其受到影响，因为有一些可以替收入不均辩护的理由，却不能为遗产不均辩护。

就我本人而言，我相信的确有社会的以及心理的理由，可以为财富与收入分配不均辩护，可是不均得像今天这样厉害，那就无法辩护了。人类有许多有价值的活动，必须要有发财这个动机和私有财产这个环境才能充分收效。而且人类有许多危险性格，也因为有发财动机存在而导入比较无害之途；假设没有这条泄洪道，这些危险性格也许会爆发成为残忍、不顾一切唯个人权势是图以及各种自大狂。我们宁可让一个人做他银行存款的暴君，也不要让他做其同胞公民的暴君；固然，有人说前者是后者的手段，但至少有时前者可以替代后者。不过要鼓励这些活动，要满足这些性格，赌注不必像今天这样大。即使把赌注减少许多，只要做此游戏者都习惯于小赌，还是一样可以达到目的。我们不要把改变人性和管理人性混为一谈。在一个理想社会中，人们可以因为教育、感召、环境等关系，根本对赌注不发生兴趣，但如果一般人或社会上很大一部分人有强烈的发财欲望，则让人在规则与限制之下作这样发财的游戏，恐不失为聪明睿智的政治家作风。

二

但是，我们从论证中还可以得出第二个更重要的推论，和财富不均的前途有关——这个论证就是我们的利率论。到现在为止，一般人之所以认为有维持相当高利率的必要，是因为觉得不这样的话，储蓄的诱惑力将不够充分。但是我们在上面说过了，有效储蓄的数量决定于投资的数量，而在充分就业限度以内，鼓励投资应该是低利率。因此我们最好参照资本边际效率表，把利率降低到可以达到充分就业的水平。

毫无疑义，用这一标准制定出来的利率，一定比现行利率低许多。当资本数量逐渐增加时，资本边际效率表下降，根据我们对后者的主观判断，或多或少出于维持充分就业的目的，利率大概会以坚定的步伐逐渐趋于下游——除非是社会全体（包括国家在内）的消费倾向有极大改变。

我相信资本的需求是有严格限度的；意思是说，资本数量不难增加到使其边际效率降至极低的水平。这并不是说，使用资本品可以几乎不付出代价；而是说，从资本品得到的收益除了抵补折旧以外，所余下的只是负担风险、行使技巧与判断等功能所必须的代价而已。总之，持久性资产在其整个寿命中所产生的总收益，也像寿命极短的商品一样，仅够补偿劳动力成本再加上一些风险成本、一些技巧和监督的代价。

这种情况跟某种程度的个人主义可以很不冲突，但在资本主义体系中，坐收利息的阶级（Rentier Aspect of Capitalism）的确会慢慢自然消亡，资本家也逐渐不能再利用资本的稀缺性扩大他们的压迫力量。当今情形下，利息与地租的性质相同，并不是真正牺牲的代价。资本所有者之所以能取得利息，完全是因为资本稀缺，正如地主能够取得地租是因为土地稀缺一样。但土地稀缺还有其真正的理由，在长期中，资本稀缺的必要理由并不存在。这里所说的必要理由是指一种真正牺牲，如果没有利息作报酬，将没有人肯负担这种牺牲。例如，如果资本家数量还不十分丰富，而私人的消费倾向又要把充分就业下的全部收入都用作消费，丝毫不作净储蓄，则资本稀缺的确有了真正理由。但即使是这样还可以由国家来举办集体储蓄，把储蓄维持在一定的水平，让资本扩大到不再有稀缺性。

所以我认为，资本主义体系中有坐收利息的阶级就是一种过渡时期的现象，一旦完成历史使命就将自行消亡。坐收利息阶级一经消灭资本主义便将大为改观。我的主张还有一个极大的好处：坐收利息阶级以及毫无用处的投资者自然消亡并不是突然的，而只是把最近在英国已经可以看到的现象慢慢延长下去而已，因此不需要革命。

在实际施政时不妨确立两个目标：第一，增加资本数量，使资本不再有稀缺性，毫无功能的投资者从此不再坐收利息；第二，建立一个直接税体系，使理财者、雇主以及诸如此类人物的智慧、决策、管理技能等，在合理报酬之下为社会服务，这些人对本行都非常有兴趣，因此，即使报酬比现在低很多，还是肯继续干。这两个目标并没有难以达成的困难。

至于在何种范围以内，国家（公共意志的代表者）应当设法增加并补充投资引诱；在何种范围以内，应当鼓励普通人的消费倾向，同时又可以在一两个世纪以内使资本不再有稀缺价值，那只能由经验来决定。也许当利率下降时，消费倾向很容易加强，所以在充分就业时，资本积累速率也不比现在大。假使如此，则对大额收入以及大额遗产课以更重的税，也许可以有非难之处，即按照这种政策达到充分就业时，资本的积累速度要比现在小得多。请不要以为我不承认有这种结果的可能性。在这些问题上，预期普通人在不同环境之中会有什么样的反应，不免过于草率。然而，如果不难接近充分就业，同时资本的积累速度又比现在大一些，即使大得不多，但至少解决了当代一个问题。至于在怎样的范围内，以何种方法，可以要求当代人多节约一些，以便为后人创造一个充分投资的环境，同时又不违背常理，那是另外一个问题，需要另外讨论决定。

三

在其他几个方面，以上这个理论的含义倒是相当保守的。虽然现在有些由私人操作的事情将由国家集中管理，但是还有许多活动不受影响。国家必须用改变租税制度、限定利率和其他方法，指导消费倾向。还有，仅仅依靠银行政策对利率的影响，似乎还不足以达到最合适的投资量。因此我觉得，要达到近期充分就业的目标，其唯一办法就是把投资的事情由社会统筹解决；但这也不是毫无妥协折衷的余地，还有很多办法可以让国家与私人的策动力量互相合作。除此之外，似乎没有充分的理由要实行国家社会主义（State Socialism）制度，把社会上大部分生活包罗在政府权限之内。要紧的倒不是生产资料的国有化（Ownership of the Instruments）；只要国家能够决定两件事情：一是在资源总量中要保证一定的数量用于增加生产设备；二是对持有各种资源的人国家要保证其基本报酬，这样就已经尽了职责。而且，实行社会化的种种必要步骤，也可以慢慢逐渐引进，不必打断社会上的一般传统。

我们对古典理论的批评，不在于发现其分析方法有什么逻辑错误，而在于指出其理论所依据的几个假定前提很少或从未能够满足，因此，这种理论就不能解决实际问题。但是如果实行管理以后，总产量与充分就业之下的产量相差无几，那么，从这点开始古典学派的理论还是对的。现在设产量为已知，换句话说，设决定产出多少的力量不在古典学派的思想体系之内，则古典理论所作的分析，例如私人为追求自己利益决定生产什么？怎么生产？如何把最后生产所得价值分配给各生产要素？这些都是无可非议的。此外，虽然我们对节俭这个问题看法不同，但对于现代古典理论而言，在完全竞争与不完全竞争两种情况之下，公共利益和私人利益并行不悖的程度如何也没有什么异议。因此，除了消费倾向和投资引诱两种情况，必须由中央政府统一管理，以便二者互相配合、互相适应以外，其他则确实没有理由要使经济生活比以前更社会化（Socialisation）。

把这点说得更具体一些，就已经利用的生产要素而论，我觉得没有理由可以说，现行经济制度没有把生产要素作绝对不当使用之处。当然预测不免有错误，然而这在中央统制计划之下也是免不了的。假使有1000万人愿意而且可以工作，其中900万人得到了工作，我们没有证据可以说，这900万人的劳动力有使用不当之处。我们对现行经济制度的不满，倒不是这900万人应当去做别的工作，而是其余100万人也应当有工作。现行

制度的缺点不在实际就业者的方向，而在实际就业者的数量。

因此，我同意格赛尔的观点，要弥补古典理论留下的缺点，不在于把曼彻斯特体系（Manchester System）一笔抹杀，而在于指出应该具备什么样的环境条件，然后经济力量的自由运用才能把生产潜力充分发挥出来。当然，为确保充分就业所必须有的中央调控，已经把传统的政府职能扩大了很多。现代古典理论也曾称，在几种情形下，不能让经济力量自由发挥作用，而必须由政府来约束或指导；但是，他们仍然坚持还有很广阔的领域可以由私人的活动推动和负责。在这些领域内，个人主义的传统优点仍将继续存在。

让我们稍作停留来重温一下这些优点是什么。一部分当然是效率高，这是管理不集中以及追求自身利益带来的好处。决策不集中以及个人负责对效率的好处恐怕比 19 世纪设想的还要大；而当代对借助利己动机的不屑可能又走得太远。除此以外，假设能够把弊端去掉，则个人主义还是个人自由的最佳保证。和其他任何制度相比，个人主义使个人可以行使选择权的范围要大得多。同时，个人主义又是使生活丰富而不单调的最佳保障，因为社会生活的丰富多彩源自广泛的个人选择；而集权国家的最大损失在于丧失了这种多方面的、不单调的生活。既然社会生活是多方面的，那么既可维持传统，效仿古人，又可发挥想象，独自创新，增加生活的色彩。生活方式如果得力于传统、想象和实验，则最容易改善。

因为要使消费倾向和投资引诱相互适应，所以政府的职能不能不扩大。这在 19 世纪政论家看来，或者在当代美国理财家看来，恐怕认为是对个人主义的极大侵犯。然而我为之辩护，认为这是唯一切实可行的办法，既可以避免现行经济制度全部毁灭，又是让私人动力有适当运用的必要条件。

如果有效需求不足，那么不仅是资源的浪费，而且是公众不能忍受的耻辱。即使私人企业家想运用这些资源，也必然遭受重重失败。企业的这种赌博方式有许多空门，如果赌徒们有精力且希望把所有纸牌都玩遍，那么赌徒全体的总结果一定是输的。到现在为止，世界上财富的增加量，总小于个人正储蓄（Positive Individual Savings）的总和。二者之所以相差，就是因为有人虽然有胆量、有动力，但运气不是很好，技巧也不很高明，所以亏了本；亏本的数额恰好等于二者的差额。但是如果有效需求很充分，那么，只要平均的技巧和运气就够了。

今天的集权国家似乎解决了失业问题，但牺牲了效率和自由。有一点很明确：世界上不能再长久容忍失业现象。而在我看来，除了短暂的兴奋期之外，失业现象是和当今资本主义的个人主义有不解之缘的。不过把问题进行正确分析以后，也许可以医治了疾病，同时保留了效率和自由。

四

我偶尔提到，这种新制度也许比旧制度更有利于和平。这一点值得我们反复强调。战争有各种原因。独裁者很容易利用人们好勇斗狠的心理挑起战争；而在战争贩子看来，至少在预期中战争是一件愉快的事情。但是，好勇斗狠之心只能使独裁者容易鼓动群众情绪，除此之外，还有经济原因，即人口压力以及互相争夺市场。第二种原因在 19 世纪的战争中大概处于支配地位。未来也可能如此，所以应该在这里特别指出。

我在前一章中指出，如果采取 19 世纪后半期的正统办法，对内自由放任，对外采取金本位，则除了争夺市场以外，政府实在没别的更好的办法减轻国内经济的痛苦。因为在这种体系之下，所有可以解决长期的或时断时续的就业量不足问题的种种办法都不能用；除非改善国际往来账户上的贸易差额。

因此，经济学家颇为赞赏盛行于世的国际体系，认为既可享受国际分工的好处，又可调和各国的利益。但是，这种体系之中实在潜伏着不和谐的因素。而有些政治家则凭借常识对事物的真实原因有正确的解读，认为如果一个老牌的富裕国家忽视争夺国际市场，那么，其繁荣将演化为衰败。不过假如各国能用国内政策提供充分就业，又能在人口趋势上维持均衡，就不至于有重大经济力量使各国利害冲突。在这种情况下，还有正当的国际分工以及国际借贷的余地，但是，已经没有迫切的动机竭力向外推销本国商品，或拒绝接受外国商品。当前这样做的目的倒不是因为必须要维持收支相抵，而是故意使收支不相抵，造成对自己有利的贸易顺差。国际贸易的性质也将与现在不同：国际贸易不再是一种铤而走险的办法，因为要维持国内就业量，所以不能不限制进口，并竭力向国外推销本国商品。这种办法即使成功，也不过是把失业问题转嫁给邻国，使得邻国的情况更加恶化而已。不！国际贸易将不再是这样，而是互利条件下各国自愿地不加阻挠地把商品与劳务互相交换。

五

这种理想的实现，是不是空想呢？这种思想会不会深入人心，形成政治社会进化的原动力呢？这种思想所要压制的利益，是否比要关照的利益更明显而强有力呢？

　　我不想在这里提出答案。至于应当采取什么办法才能把这种思想逐渐实施，即使是提纲挈领地指示也需要另外的专著。不过假使这种思想是对的（作者本人必须有此假定，才能着手写书），那么我敢大胆预言，说这种思想在未来不会有多大力量一定是错的。在现在这个时候，一般人都渴望有一个更基本的判断，非常愿意接受，而且要说得入情入理，很热心要去尝试。即使撇开当今这种情怀不谈，经济学家以及政治哲学家的思想，其力量之大，也往往出乎常人意料。事实上，统治世界者，就只是这些思想而已。许多实践家自以为不受任何理论的影响，却往往当了某个已故经济学家的奴隶。狂人执政，自以为得自天启，实则其狂想的由来，乃得自若干年前的某个学者。我很确信，既得利益的势力，未免被人明显地夸大，实际上远不如思想的逐渐渗透力强大。这当然不是在即刻实现的，而是在经过一段时间以后。理由是，在经济哲学以及政治哲学方面，一个人到了25岁或30岁以后，很少再会接受新的观点，所以公务员、政客甚至演说家应用于当前时局的种种理论，往往不是最近的。然而或早或晚，不论是好是坏，危险的倒不是既得利益而是思想。